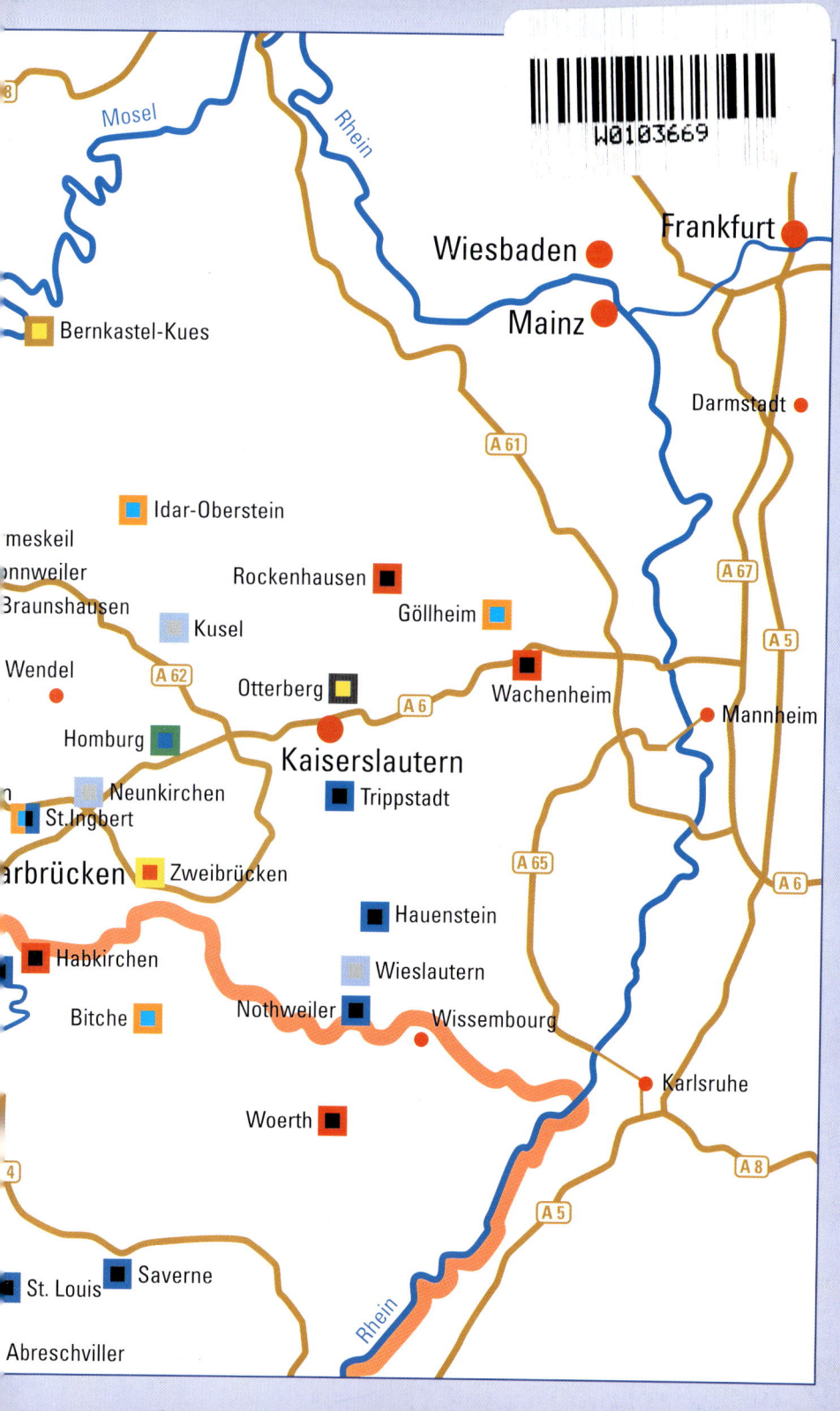

Tour de Kultur

g GOLLENSTEIN

Mit einem Vorwort von Fritz Raff
sowie Fotos von Winfried Götzinger und anderen

Tour *de* *Kultur*

**100 Entdeckungsreisen
in Saar-Lor-Lux mit SR 3**

Herausgegeben von Stefan Miller

**Verlegt bei Gollenstein
und Editions Guy Binsfeld**

Industriekultur

Kultur für Kids

Kirchengeschichten

Feudaler Glanz

Denkma(h)lzeiten

Natürlich Kultur

Das etwas andere Museum

En Route

LiteraTour

Ortsregister

Von der Tour de France zur Tour de Kultur

„Durch dichten Septembernebel brachen zwei Kinder, genauer gesagt zwei Brüder, aus dem lothringischen Städtchen Phalsbourg auf. Gerade hatten sie das große befestigte Tor durchschritten, das man Porte de France nennt." So begann im Jahre 1877 die französische Schriftstellerin Antoine Fouillée unter dem Pseudonym G. Bruno ihr Buch „Le Tour de la France par deux Enfants". Sie beschrieb darin eine Rundreise durch Frankreich. Kurz nach dem Krieg 1870/71 machten sich da zwei Jungen auf den Weg, um ihre französische Heimat kennenzulernen. Die Leser, so wollte es die Autorin, sollten wieder lernen, stolz zu sein auf ihr Vaterland. Die Kenntnis des Vaterlandes sei die Grundlage jeder richtigen sozialen Erziehung, erläuterte sie ihr pädagogisches Ziel.

Das Buch wurde ein Bestseller und war Vorbild für jene „Tour de France", die bis heute jedes Jahr den Höhepunkt der internationalen Radsportsaison darstellt. Niemand sieht in diesem Sportevent noch eine nationalistische Veranstaltung. Die Etappen werden bewußt immer wieder ins europäische Ausland gelegt. Ja, die Rivalen des deutschen und des französischen Teams, Jan Ullrich und Richard Virenque, schienen 1997 ihre Sache partnerschaftlich und diplomatisch gemeinsam auszutragen, als sie sich gegenseitig auf der schweren Bergetappe Windschatten spendeten.

Die Auseinandersetzungen der Vergangenheit sind vergessen. Die Länder Europas wachsen zusammen, so jedenfalls ist es geplant. Jedoch Papier ist geduldig. Ob es aber ernst wird mit Europa, merkt man an der Grenze zuerst. Bis heute gibt es fast keinen grenzüberschreitenden Reiseführer in der Saar-Lor-Luxregion. Wer eine Tour wie die Helden von G. Bruno im lothringischen Phalsbourg beginnen will, der muß sich die Route aus verschiedenen Büchern zusammensuchen, sobald er sich nach Osten wendet.

Das Überschreiten von Grenzen ist beim Saarländischen Rundfunk indes Tradition. Die Radiowellen aus Saarbrücken haben schon lange vor dem Schengener Abkommen die Hörer diesseits und jenseits der Grenze erreicht. Und SR3 Saarlandwelle, das Hörfunkprogramm, das sich vor allem mit Informationen und Berichten aus der Region profiliert, hat seit je ganz selbstverständlich Ereignisse aus Luxemburg, Lothringen, dem Elsaß, Rheinland-Pfalz und dem Saarland in seinen Magazinen gleichberechtigt nebeneinander dargestellt. Da lag es nahe, den nächsten Schritt zu tun und die gemeinsamen kulturellen Wurzeln dieser Region freizulegen für eine Tour de Kultur.

Seit nunmehr zehn Jahren sind SR3-Reporter jeden Sommer unterwegs, um für diese Tour kulturtouristische Ausflugstips zusammenzutragen. Der 10. Geburtstag dieser Serie wird jetzt mit einer Auswahl von 100 Reisebeschreibungen in Buchform begangen. Dazu gratuliere ich den Mitarbeitern von SR3 ganz herzlich. Unseren Hörern und Lesern machen diese „Entdeckungsreisen nach Hause" – wie das begeisterte Echo in der Vergangenheit gezeigt hat – offenbar ebensoviel Freude, wie einem zugereisten Intendanten. Ihnen wünsche ich auch weiterhin viel Spaß mit der Tour de Kultur.

Fritz Raff
Intendant des Saarländischen Rundfunks

Der beste Reiseführer ist blind –
Radioleute sehen mit den Ohren

Als im Jahre 1831 ein gewisser Karl Baedeker die Denkmäler beschrieb, die zwischen Mainz und Köln am Rhein liegen, und in einem „Handbuch für Schnellreisende" veröffentlichte, war dies nichts Geringeres als die Erfindung des modernen Reiseführers. Natürlich hatte es auch schon früher Reisebücher gegeben. Goethe etwa las begeistert in seinem Winckelmann – für heutige Begriffe eher eine Kunstgeschichte – als er durch Italien reiste. Und seine eigene „Italienische Reise" wurde wiederum für zahllose bildungshungrige Italienreisende zum Reiseführer. Aber im Unterschied zu den Lesern von Karl Baedeker hatte Goethe Zeit – ungefähr zwei Jahre. Baedeker hingegen beginnt mit der Klassifizierung von Sehenswürdigkeiten durch Sterne, um deren Bedeutung zu gewichten. So hat der „Schnellreisende" ein sicheres Kriterium, was er in seiner knappen Reisezeit gesehen haben muß und was entbehrlich ist im Bildungsprogramm. Das Zeitalter des modernen Tourismus hat begonnen.
Die Reisegeschwindigkeit hat weiter zugenommen wie das Tempo des Alltags überhaupt. Wir beim Rundfunk, dem zur Zeit schnellsten Medium, können ein Lied davon singen. Die Haltbarkeitsdauer von Nachrichten nimmt ab, die Ereignisse haben kaum Zeit, sich richtig zu ereignen, da sind sie schon versendet und von dem nächsten Reiz überholt. Es klingt paradox, aber gerade die Geschwindigkeitsprofis, die Reporter von SR3 Saarlandwelle, die täglich unterwegs sind, um aktuelle Nachrichten aus der Saar-Lor-Luxregion zusammenzutragen, legen in diesem Buch Vorschläge zum Verweilen vor. Sie erzählen Geschichten von den Schönheiten und kulturhistorischen Besonderheiten der Länder an den Grenzen hier, die sich häufig erst beim zweiten Hinsehen erschließen. Vieles davon ist in keinem Reiseführer genannt, Entdeckungen, die wir selbst bei Reisen durchs Land gemacht haben, wie etwa

die kleine rostige Kirche Sainte Barbes in Crusnes, die einzige Stahlkirche Europas, oder die Alte Schmelz in St Ingbert, die bedeutendste Arbeitersiedlung aus barocker Zeit in Südwestdeutschland. Aber auch ein Museum in einem Tunnel zwischen zwei Sparkassengebäuden in Luxemburg gehört nicht gerade zu den Sehenswürdigkeiten, die im Baedeker mit drei Sternen ausgezeichnet werden, und daß im luxemburgischen Echternach ein Restaurant an die Geschichte eines

Galerie im Tunnel.

sagenumwobenen Geigers erinnert, mag noch bekannt sein, daß dort aber einer der Pioniere der luxemburgischen Photografie lebte, arbeitete und Bilder hinterließ, ist weitgehend vergessen. Oder nehmen wir den Bahnhof von Metz. Die Rolandsfigur an seiner Fassade war ein politisches Symbol und trug den Kopf des Kommandanten von Metz, des preußischen Feldmarschalls von Haeseler. Franzosen schlugen diesen Kopf nach dem ersten Weltkrieg ab und ersetzten ihn durch einen gallischen. Die Deutschen setzten im zweiten

Weltkrieg wieder einen preußischen Kopf auf, nach 1945 fand der dritte Wechsel statt. Allerorts wird hier an der Grenze deutlich, welche kuriosen Blüten der Nationalismus trieb.

Die Beispiele machen klar, worum es in diesem Buch nicht geht. Es geht nicht darum, die bekannten Tourismusziele dieses Raumes kunsthistorisch und politisch korrekt zu inventarisieren. Nein, die 100 Entdeckungsreisen, die hier geschildert werden, sollen kein repräsentatives Bild der Region für Schnellreisende abgeben, sondern ein bißchen von der Begeisterung vermitteln, die uns umtreibt, wenn wir unsere nächste Umgebung immer wieder neu entdecken. Deshalb unterscheiden sich diese Texte auch stilistisch von den „normalen" Reiseführern. Sie tragen Spuren der mündlichen Rede, wie sie im Rundfunk üblich ist. Da werden Gesprächspartner genannt, persönliche Erfahrungen fließen in die Schilderungen ein, politische Zusammenhänge werden kommentiert, Doppelpunkte und Gedankenstriche stehen für das, was der Radioreporter mit seiner Stimme moduliert. Und die Auswahl der Themen erstreckt sich weit über die klassischen Ziele des Kulturtourismus hinaus. Neben Schlössern und Kirchen stehen selbstverständlich Zeugnisse der Indutriekultur und immer wieder Beispiele für Kultur, die man mit Kindern zusammen erobern kann. Sei es nun ein Besuch im Schmetterlingspark in Grevenmacher, das rollende Spielzeugautomuseum „Den Dinky", das ein findiger Luxemburger in einem Lastwagen untergebracht hat, oder das Diorama in Göllheim, das mit Ritterfiguren eine mittelalterliche Schlacht nachstellt. Leider sind Familien mit Kindern, so scheint es, für die meisten Reiseführer eher Randgruppen, und deshalb erfreute sich das Kapitel „Kultur für Kids" bei den Hörern von SR3 Saarlandwelle immer besonders großer Beliebtheit.

Und damit sind wir beim Kern dieses Unternehmens, beim Hörer. Als die Kulturredakteurin Elisabeth Sossong, vor zehn Jahren die Reihe „Tour de Kultur" initiierte, da war das eine handvoll Beiträge über versunkene Gärten, deren Geschichte wir unseren Hörern erzählen wollten.

Kaum waren sie gesendet, da kamen auch schon Anfragen nach Manuskripten. Die Nachfrage wurde immer größer, und so plazierten die Hörer durch ihr Interesse schließlich die neue Serie von kulturtouristischen Tips fest in unserem Programm. Statt ein paar hektografierter Texte gibt es mittlerweile alljährlich eine bebilderte Broschüre und Serviceinformationen zum Nachfahren.

Spielzeugauto-Museum auf Rädern: „Den Dinky".

Rundfunk, das ist ein flüchtiges Medium. Uns tat es leid, daß so viele Beiträge, die in diesen zehn Jahren gesendet worden waren, unwiederbringlich verloren sein sollten. Und so beschloß die Redaktion Kultur Interregional, ein „the best of", eine Auswahl von 100 Tips in Buchform aufzulegen – nicht ahnend, was sie damit beginnen würde. Denn vieles was vor Jahren ein Geheimtip war, ist zwar inzwischen anerkanntes Kulturgut. Die Völklinger Hütte, die nicht öffentlich zu begehen war und für deren Erhalt wir noch vor einigen

Jahren heftig stritten, ist Weltkulturerbe geworden. Andere Ziele aber existieren nicht mehr, oder nicht mehr so, wie wir sie noch beschrieben hatten. Wir haben also versucht, unsere Beiträge zu aktualisieren. Dennoch: Telefonnummern, Eintrittspreise und Öffnungszeiten in diesem Buch sind ohne Gewähr. Korrigierende Rückmeldungen nehmen wir für eine Neuauflage gerne zur Kenntnis.

Und dann die Bilder. Im Hörfunk sind unsere Bilder die „Originaltöne". Aber dank der hingebungsvollen Unterstützung von Winfried Götzinger konnten wir dieses Buch mit attraktiven Fotos ausstatten. So war es Johanna Krimmel möglich unter der Beratung von Professor Aniela Kuenne an der Fachhochschule Trier, unsere Bilder fürs Ohr in wunderbarer Weise optisch Gestalt annehmen zu lassen. Freilich, man sieht nur was man weiß. Wieviele Menschen fahren jeden Tag an der Völklinger Vesöhnungskirche vorbei, ohne zu wissen, daß da an der Fassade die Figur eines Soldaten mit Handgranate für die Tugend der Treue steht. Ohne zu wissen, daß innen auf einem Fresko ein Adler, der seine Ketten gesprengt hat, sich zum Himmel aufschwingt, als Symbol für das „befreite" Saarland, das sich gerade (1935) in einer Abstimmung für den Anschluß an Nazideutschland entschieden hatte. Und weil viele Menschen, die sehen können, eben nichts sehen, sind manchmal die blinden Reiseführer die besten. So wie in Max Frischs Roman „Gantenbein" der gleichnamige blinde Reiseleiter immer fragt: „Was sehen Sie?" und so seinen Begleitern die Augen öffnet, so wollten wir mit unseren Berichten und Geschichten vor allem die Augen öffnen, damit man diese Gegend lesen kann, wie ein offenes Buch.

Diese Gegend? Ja, welche Gegend meinen wir überhaupt. „Saar-Lor-Lux" ist ja nur ein Notwort. Ein Begriff, der alles und nichts bezeichnet. Saar-Lor-Lux, das ist die Summe aller Politikerversprechen aus Saarland, Lothringen und Luxemburg, eine Region zusammenwachsen zu lassen. Saar-Lor-Lux ist mehr Wunsch als

Realität. Real daran, so scheint es manchmal, sind nur die „Wetteraussichten für den Saar-Lor-Luxraum", wie es beim Saarländischen Rundfunk so schön heißt. In der Arbeitsgruppe Saar-Lor-Lux sitzen auf höchster politischer Ebene neben Vertretern von Saarland, Lothringen und Luxemburg auch die Europastrategen von Rheinland-Pfalz und Wallonien. Und unsere „Entdeckungsreisen im Saar-Lor-Luxraum" haben wir ganz selbstverständlich auch im Elsaß gemacht. Das ist ja gerade das Charakteristische dieser Region, daß die Grenzen immer unsicher waren. Mehrfach wechselten die Menschen hier ihre Staatsangehörigkeit und die Sprache. Die politische Identität war so unsicher wie der Boden, der sich über den Grubenstollen senkte. Kein Wunder, daß hier einer der Väter des neuen Europa, Robert Schuman, geboren wurde. In einer Gegend, wo deutscher und französischer Kulturkreis aufeinandertreffen, sich häufig überlappen. Wo die Luxemburgerin Aline Mayrisch einen Salon unterhielt, in dem Thomas Mann und André Gide, Ernst Robert Curtius und Pierre Viennot „Europa" dachten noch bevor der Zweite Weltkrieg ausgebrochen war. In diesem geschichtsträchtigen Raum, wo nach Karl dem Großen ein Reich in Ost- und Westteil getrennt wurde. Kein Wunder, daß hier Europa zusammenwächst. Kein Wunder auch, daß es außer einem schmalen Bildatlas noch keinen Reiseführer für diesen Raum gibt, der die komplizierten Geschichten hier zu einer Geschichte zusammenfügt, diesen Raum als Einheit betrachtet. Denn diese Einheit ist ein Projekt.
An diesem Projekt arbeiten die Mitglieder des SR3 Teams täglich auf ihre Weise mit. Allen, die mitgeholfen haben, dieses Buch zu verwirklichen, möchte ich ganz herzlich danken. Es ist ein Buch von vielen Autorinnen und Autoren, so vielgestaltig wie Saar-Lor-Lux. Sehen Sie selbst. Bonne Route!

Stefan Miller

Industriekultur

Per Mouseclick durch das Weltkulturerbe Völklingen	16
Kacheln für Rio de Janeiro Saargemünd	20
Mit Volldampf zurück zur Jahrhundertwende Fond de Gras	24
Die heissen Sohlen des Peter Kraus Hauenstein	28
Großer Bahnhof für Professor Knatschke Avricourt	32
Galerienbummel im Schieferbergwerk Naturpark Obersauer	38
Der Eisenhammer in Waldeinsamkeit Trippstadt	40
Arbeitersiedlung mit Industriekulturdisco St. Ingbert	44
Zur Kommunion ist Hochsaison Esch an der Sauer	48
Opa der Datenautobahn Saverne	52
Aufzug für Penichen Saint-Louis	56
Schienendom Metz	60
Die Steinerne Provokation Luxemburg	64
Nicht nur für Geologen Nothweiler	68
Blick unter die Krinoline Husseren-Wesserling	70
Spaziergang durch die Wasserleitung Trippstadt	76
Im Land der roten Erde Esch-sur-Alzette	78

Per Mouseclick durch das Weltkulturerbe
Ein virtueller Spaziergang durch die Völklinger Hütte

Manche kommen mit sehr gemischten Gefühlen. Sie haben zwar irgendwie über die Medien davon erfahren, daß die Industrieanlage in Völklingen von der UNESCO zum Bestandteil des Weltkulturerbes erklärt worden ist, aber angesichts der rostigen Winderhitzer und der bröckeligen Fassade der Sinteranlage fragt sich der eine oder andere doch, ob er nicht lieber zu den anderen Weltkulturerbestätten, den Pyramiden, der Akropolis oder dem Tadsch Mahal hätte fahren sollen. Skeptisch gekommen sind viele, unzufrieden gegangen ist keiner.

Wo hat man das sonst auf der Welt, ein komplettes Eisenwerk nur zum Ansehen? Das sind nicht diese kleinen Spielzeugmodelle in Technikmuseen, sondern eine Gichtbühne am „Hochofen 6" in 28 m Höhe, Gasgebläsemaschinen deren Muttern ein Goliath drehen müßte. Wo hat man noch Maschinen, wie die im Gasgebläsehaus, die wie Dinosaurier aus der Eisenzeit dastehen und den Geist einer industriellen Revolution verkörpern, den Glauben an eine mechanisch beherrschbare Welt? Zuerst fasziniert immer die Größe, die Schwere, die Wucht. Dann will man etwas über die Geschichte wissen, wenn man den Hüttenweg vom Hochofenbüro bis zum Schichtgasometer entlang spaziert. Geschichten von den „Völklinger Erzengeln", Frauen, die Anfang des Jahrhunderts schwerste Ladearbeiten ausführten. Geschichten von dem Hüttenbaron Herrman Röchling, der mit trickreichen Erfindungen die Standortnachteile der Völklinger Hütte ausglich, alles wiederverwertete, was irgend verwertbar war. Aus der Hochofenschlacke ließ er Pflastersteine und Düngemittel herstellen und mit dem „Abfallprodukt" Gichtgas trieb man Maschinen an. Auch die Schattenseiten dieser unternehmerischen Erfolgsstory kann man in Völklingen kennenlernen. 80 bis 90 % des Edelstahls für die Stahlhelme des Ersten Weltkrie-

---

Die CD-ROM „Alte Völklinger Hütte" kostet 19,80 DM.
Sie ist zu beziehen über das Hochofenbüro
66333 Völklingen
Tel.: 0 68 98/ 2 77 31
Fax: 0 68 98/ 2 77 45

Völklinger Hütte über Internet:
www.weltkulturerbe-vk.de

Anfahrtsweg
A 620 Abfahrt Völklingen.
Das Weltkulturerbe ist ausgeschildert.

ges kamen aus Völklingen. Natürlich behält man nicht alles, was einem die ehemaligen Hüttenarbeiter anekdotenreich und sachkundig über Verhüttungsprozesse und Arbeitsalltag anhand dieser Industriefossilien erzählen. Aber wer will, der kann diese Führungen zu Hause wiederholen, am Bildschirm eines PC mit Hilfe der CD-ROM „Alte Völklinger Hütte" oder via Internet über die Adresse: www.weltkulturerbe-vk.de. Per Mouseclick erklärt da der Saarländische Ministerpräsident, welchen zentralen Symbolwert die Hütte für die Seele der Saarländer hat. Da gibt es Videos, die Arbeiten an den Hochöfen im Jahre 1938 zeigen, mit allem Pathos der Wochenschauen dieser Zeit. Da kann man sich aber auch über die Geschichte der Familie Röchling informieren oder über alle Einzelheiten der Stahlherstellung vom Puddelofen bis zur Thomasbirne. Ein

Heiße Luft erzeugten die Winderhitzer der Völklinger Hütte.

Schornsteine, die heute malerisch als Industriekulisse dastehen, bliesen jahrzehntelang Ruß über Völklingen.

Lageplan gibt Auskunft über die verschiedenen Teile des Weltkulturerbes, und die einzelnen Gebäude werden in Bild und Text erläutert. Natürlich kann dieser virtuelle Spaziergang nicht das reale Erlebnis eines Hüttenbesuches ersetzen. Der Panoramablick, wenn man mit dem Fahrstuhl auf die Plattform des Hochofens hinaufgefahren ist, diese Mischung von Schwindelgefühl und Staunen, ist nicht durch elektronische Bildpunkte zu vermitteln, ebensowenig die wirklich lebendige Geschichte der Arbeitswelt, wenn sie von Zeitzeugen erzählt wird. Aber man kann sich von manchem ein Bild machen, was in den Erklärungen eines Führers schwer nachvollziehbar erscheint. Wie beispielsweise hat ein Umwalzer mit einer Zange am Ende der Walzstraße glühende Stahlbänder umgeleitet, die mit 8m pro Sekunde aus der Maschine schossen und in ein kleines Loch einer anderen Maschine eingefädelt

werden mußten? Wie ein Tänzer hat er sich bewegt, das kann man auf einem Video dieses multimedialen Hüttenweges beobachten. Und plötzlich kann man sich ausmalen, was es bedeutete, wenn er daneben griff und sich in dem glühenden Stahlband verfing. Nein, es geht nicht nur um die Hochofenskyline vor strahlendem Himmel hier in Völklingen. Es geht auch um ein Stück Geschichte der Arbeit, das verstehbar macht, warum manche Väter und Großväter in diesem Land so geworden sind, wie sie wurden, warum sie auf Fotografien in dieser Zeit immer so ernst in die Kamera starren. Und weil man in Völklingen so vieles verstehen lernt, ist man dann am Ende froh, doch nicht auf dem Kamel vor einer Pyramide zu sitzen und für den Urlaubsschnappschuß zu posieren.

Stefan Miller

Nicht nur Raritäten, wie diesen Kühlturm will die UNESCO erhalten, sondern das Hüttenensemble als Ganzes.

Kacheln für Rio de Janeiro
Der Fayencerie-Weg in Saargemünd

Kontakt
Musée de Sarreguemines
15 -17, rue Poincaré
F-57200 Sarreguemines
Tel.: 0 03 33/87 98 68 51
Fax: 0 03 33/87 98 37 28

Öffnungszeiten
Mo - Sa: 10 -12 Uhr
und 14 - 18 Uhr.
Führung: So um 14.30 Uhr
Dauer: 1 Stunde

„Was wären wir ohne ihn...?" So steht es in einer Dokumentation zur Keramik aus Saargemünd. Gemeint ist Nicolas Henri Jacobi, der Begründer der Steingutfabrik in Saargemünd. 1790 hatte er sie aufgebaut – damals noch in der Wackenmühle am Ufer der Blies. Jacobi stellte dort Keramik her, die (später) in alle Welt exportiert wurde. Selbst nach Brasilien, wo Saargemünder Wandkacheln das städtische Theater von Rio de Janeiro zieren. Aber nicht nur dort wußte man die Funktionalität und Schönheit der lothringischen Keramikprodukte zu schätzen. Sogar mitten auf Borneo wurden Saargemünder Keramikprodukte entdeckt. Wie sie dorthin gekommen sind, kann man heute beim besten Willen nicht mehr feststellen...

Über die Geschichte der Saargemünder Fayencerien und über ihre Produkte informiert auf anschauliche Weise der Keramikwanderweg, der „Circuit des Faienceries". Der Rundweg beginnt mit einem Besuch im Regionalmuseum. Hier ist neben Tafelgeschirr mit unterschiedlichen Dekors – vom Historismus über Exotismus bis hin zu Art-Deco und Jugendstil – vor allem auch der große Jugendstil-Wintergarten zu bewundern; er wurde 1880 geschaffen. Mit seiner Größe, den zahlreichen Verzierungen und eingearbeiteten Bildwerken, zählt er zu den beeindruckendsten Werken, die je aus Keramik gefertigt wurden. Im Museum erläutert ein Film die Keramikherstellung und berichtet darüber hinaus auch über die Arbeit an den Dekors.

Nur wenige Schritte vom Museum entfernt stößt man hinter dem Hôtel de Ville auf einen Keramik-Brennofen. Das neun Meter hohe, spitz zulaufende Ungetüm stammt aus dem Jahre 1862 und ist in Saargemünd der letzte Zeuge alter Brenntechnik. Durch die Rue Louis Pasteur, dann über die Pont des Alliés geht es weiter zum Casino des Faienceries, das von Alexandre de Geiger gebaut wurde. Es zählt zu den Prachtbauten der kleinen lothringischen Stadt. Das Gebäude ist malerisch direkt an der Saar gelegen und lädt unter schattigen Bäumen ein, kurze Rast zu halten. Wer den Rest des Weges zu Fuß schaffen möchte, wird schon noch einige Reserven brauchen! Zu den Cités des Faienceries, der ehemaligen Arbeitersiedlung, sind es zwar nur noch ein paar hundert Meter – aber schließlich steht ja noch die alte Mühle auf dem Programm, wo mit Nicolas Jacobi die Keramikfabrikation in Saargemünd ihren Anfang genommen hat.

Bei der Mühle an der Blies ist also Endstation. Man erreicht sie zu Fuß am besten über die Avenue de la Blies (die große Straße, die vom Grenzübergang Hanweiler

Nach dem Willen des Barons sollten die Arbeiter der Fayencerie in Saargemünd ihre Freizeit im Casino verbringen, nicht im Wirtshaus.

nach links führt). In der ehemals dreistöckigen Industrieanlage mit ihren zahlreichen Nebengebäuden kann man sich (nach Voranmeldung beim Touristikamt der Stadt) auch unter der Woche die Herstellung der unterschiedlichen Keramikmassen erläutern lassen. Führungen gibt es sonst nur jeden Sonntagnachmittag um 15.30 Uhr. Ein Faltblatt mit der kompletten Beschreibung des Keramik-Wanderweges ist im Rathaus erhältlich, das sich direkt neben dem Museum befindet.

Wolfgang Schmitt

Die alte Mühle des Nicolas Jacobi an der Blies.

Links:
Fayencen aus Saargemünd gingen in die ganze Welt.

Mit Volldampf zurück zur Jahrhundertwende
Der Train 1900 und der Bahnhof Fond de Gras

Die Reise in die industrielle Vergangenheit Luxemburgs startet man am besten mit dem „Train 1900" vom „Bois de Rodange" am Ortsausgang von Rodingen in Richtung Lasauvage.

Ursprünglich wurde die Strecke 1873-78 gebaut, um das Erz, das in zahlreichen kleinen Gruben gefördert wurde, zu den Hütten im In- und Ausland zu transportieren. Deshalb wurde die Trasse so geführt, daß möglichst viele Abbaupunkte direkt bedient werden konnten. Entsprechend groß fielen die Steigungen und entsprechend eng die Radien der Kurven aus. Mit den schwachen Lokomotiven, die damals zur Verfügung standen und den immer länger werdenden Zügen führte das zu zahlreichen Zwischenfällen, so daß man die „Lignes des Minières"(Grubenstrecke) im Volksmund in „Lignes des Misères" (Unglücksstrecke) umtaufte.

Doch das ist lange her. Nach dem Zweiten Weltkrieg wurden immer mehr Betriebe zusammengelegt, bis schließlich nur noch die Grube „Dhoil" übrig blieb. Sie beförderte ihr Eisenerz mit einer Drahtseilbahn direkt zum Hüttenwerk von Rodange, so daß die Bahn bereits überflüssig geworden war, als ein Erdrutsch 1963 einen Teil der Schienen begrub. 1973 wurde die Strecke von Eisenbahnbegeisterten wieder in Stand gesetzt, und seitdem erfreut sich der dampfgetriebene Oldtimerzug größter Beliebtheit. Er ist Teil des staatlichen Projektes „Fond de Gras", einer Art Freilichtindustriemuseum. Zu dieser Anlage gehören beispielsweise ein originalgetreu rekonstruierter Lokschuppen mit sehenswerten Dampflokomotiven, Güter- und Personenwaggons aus längst vergangenen Zeiten, ein Bahnhofsgebäude und ein Krämerladen der Jahrhundertwende. Die alte Elektrizitätszentrale, die ehedem Luxemburg mit Strom versorgte, ist außerdem mit einer 1000 PS Dampfmaschine zu bewundern. Natür-

Kontakt
Train 1900 (normalspurige dampfbetriebene Museumsbahn)
Tel.: 0 03 52/31 90 69
Fax: 0 03 52/31 79 87

Eintrittspreise
Kinder von 4 bis 12 Jahren:
LUF 90,-
LUF 180,- (1./2. Klasse)
Erwachsene:
LUF 180,-
LUF 270,- (1./2. Klasse)

Minièresbunn Dhoil (schmalspurige Grubenbahn):
Auskunft : 0 03 52/50 47 07
(Sa)

Eintrittspreise
Kinder von 4 bis 12 Jahren:
LUF 60,-
Erwachsene: LUF 100,-

Ausstellung Krämerladen:
Tel.: 0 03 52/54 91 04
(So ab 14.00 Uhr)

lich sollte man sich auch die historische Bergmannschenke „Bei der Giedel" nicht entgehenlassen, das einzige Gebäude dieser Art, das noch aus dem Jahre 1881 erhalten ist. Wer sich hier gestärkt hat, kann entweder mit dem Train 1900 weiterfahren bis nach Petingen, oder aber man steigt in die „Minièresbunn Dhoil" um. Zunächst zieht noch eine Dampflok die offenen Wagen bis zur Grube Dhoil, dann läßt man sich in geschlossenen Waggons von einer Elektrolok untertag durch eine der Hauptförderstrecken nach Lasauvage ziehen.

Lasauvage ist schon allein eine Reise wert. Der Ort, der seinen Namen von einer sagenhaften wilden Frau hat, die ehedem die Menschen gepeinigt haben soll, ist als Bergarbeitersiedlung vom luxemburgischen Konserva-

Die Züge fahren von 1. Mai bis Ende September sonn- und feiertags, außer dem 23. Juni, dem Luxemburger Nationalfeiertag. Sonderfahrten zu Sonderpreisen sind unter der Woche auf Anfrage möglich.

Die Grubenlok der „Minièresbunn Dhoil" und die preußische T 7 des „Train 1900".

Eisenbahnidyll in Fond-de-Gras: Die T 7 Nr. 12…

toramt vorbildlich restauriert und renoviert worden. Außer der charakteristischen Architektur ist aber auch die Lage des Ortes bemerkenswert, genau auf der luxemburgisch-französischen Grenze. Diese Lage hat dazu geführt, daß während der Besatzung durch die Nationalsozialisten zwangsrekrutierte Luxemburger hier über die Grenze geschmuggelt wurden, eine Route des passeurs erinnert noch heute daran. Ja auch für die Großherzogin Charlotte hatte man schon ein Haus vorbereitet, damit sie beim drohenden Einmarsch der Deutschen Wehrmacht rechtzeitig das Land hätte verlassen können. Das hat sie dann aber doch nicht über Lasauvage getan. Früher konnte man in dieser Bergarbeitersiedlung auch noch ein Gasthaus besichti-

Fond-de-Gras - 1. La Gare

... im Bahnhof des „Train 1900".

gen, das genau auf der Grenze lag. Hier sollen sich die Grenzpolizisten immer getroffen haben. Wenn sie miteinander ein Bier trinken wollten, mußten sie eine Linie überqueren, die durch den Gastraum ging und die Grenze markierte. Die Waffen blieben natürlich auf dem heimatlichen Teil der Wirtsstube zurück. Neben der Industriekultur lernt man hier also ganz nebenbei auch etwas über die politische Geschichte dieser Region, und wem das nicht genug ist, der kann sich auf dem Titelberg auch noch die archäologischen Ausgrabungen erwandern, aber das ist ein anderes Kapitel.

Stefan Miller

Von den heißen Sohlen des Peter Kraus
Die Schuhfabrik in Hauenstein

Die ehemalige Schuhfabrik der Gebrüder Schwarzmüller dient heute als Museum.

Hier ist alles arm, viele sehr arm, die Hälfte ärmst, alles hat hier mit Nahrungssorgen zu kämpfen mit Ausnahme von ungefähr fünf Bürgern, deren jedoch keiner 25 Morgen (etwa 6 a) besitzt", schrieb Pfarrer Michael Schmitt Mitte des vorigen Jahrhunderts über die Waldbauern im pfälzischen Hauenstein. Hunger machte die Menschen anfällig für Krankheiten, so daß viele von Seuchen hinweggerafft wurden. Einige der Übriggebliebenen verlegten sich deshalb auf die Holzwirtschaft. Und so beginnt das Museum, das eigentlich der Schuhindustrie gewidmet ist, mit einem Baum. Er liegt im Erdgeschoß der ehemaligen Schuhfabrik der Gebrüder Schwarzmüller, die 1928 im Bauhausstil errichtet wurde. Der Baum ist an der Wurzelseite unbearbeitet und wird zur Krone hin immer feiner zugeschnitten, bis er als glattbearbeitete Bohle ausläuft. Ein Symbol, das erzählt: Am Anfang war der Wald. Und dann sind da noch eine alte Dampfmaschine und ein Schusterladen und Wohnungen aus der Mitte des vorigen Jahrhunderts, die zeigen, wo die Hauensteiner für die Pirmasenser Schuhfabrikanten in Heimarbeit Oberleder vernähten. Dann, am 1. April 1886 fangen sie an, sich selbständig zu machen. Die Schuster werden „Maschinenknechte". Bis 1914 entstehen in Hauenstein zwanzig Schuhfabriken mit über 1100 Beschäftigten. Heute, zu einer Zeit, da immer mehr Schuhhersteller der Region in Billiglohnländer abwandern, zeigt man, was es hier einmal gab, tut einen Rückblick auf 150 Jahre Industriegeschichte ohne Sentimentalitäten, aber mit viel Sinn für lebendige Museumsgestaltung. In den oberen Etagen entfaltet sich ein Panorama der Industrialisierung. Da werden auch dem Laien die komplizierten Abläufe bei der Schuhherstellung anschaulich. Sage und schreibe 200 Arbeitsschritte an 80 Maschinen waren zeitweilig notwendig für einen einzigen Schuh! Bis heute läßt sich die Fertigung nicht voll automatisieren. Die Maschi-

Der Schusterladen aus der Mitte des vorigen Jahrhunderts.

Kontakt
Verkehrsamt Hauenstein
(in der Schuhfabrik)
Tel.: 0 63 92/91 51 10
oder 91 51 65

Öffnungszeiten
Di - Fr: 11 - 16.30 Uhr
Sa: 10 - 16 Uhr
So: 11 - 17 Uhr.
Letzter Einlaß jeweils eine halbe Stunde vorher. Auf Anfrage werden selbstverständlich für Gruppen weitere Öffnungszeiten festgelegt.

Vom Baum zur Bohle: Symbol der Industrialisierung.

nen sind alle erhalten und funktionstüchtig. Einige werden wie ehedem über große Transmissionsriemen angetrieben. An besonderen Tagen oder für spezielle Führungen demonstrieren Arbeiterinnen und Arbeiter ihren Gebrauch. Ein Kontor verdeutlicht den Beginn eines professionellen Managements. An anderer Stelle findet sich eine Kantine aus den 30er Jahren, und ein Schuhsalon aus den 50ern stellt die heißen Sohlen von Peter Kraus aus, mit denen er einst einen Rock'n'Roll aufs Parkett legte – daneben die Pumps von Conny Froboess. Ein Streifen mit Fotos von Politikern und

Stars macht im Vorbeigehen die Zeitgeschichte sinnlich erfahrbar, und den Rest besorgt ein Führer mit lebendigen Geschichten von der Schuhgeschichte. Egal, ob es um die Stoffschuhe der Kriegswirtschaft oder die Anfänge der betrieblichen Rationalisierung geht, immer gibt es eine anschauliche Episode.

Die abwechslungsreiche Gestaltung mit Installationen und Videomonitoren macht das Museum auch für junge Besucher interessant. Die können als Eintrittskarte eine Stechkarte lösen und mit einer echten Stechuhr abstempeln. Sie dürfen Leder stanzen oder Schuhe aus Pappe basteln, und sie können die Fabrikordnung von 1912 studieren, die besagt: „Singen, Pfeifen, Tabakrauchen... innerhalb der Fabrikräume ist aufs strengste untersagt." Glücklicherweise hat sich hier einiges geändert.

Stefan Miller ■

Eintrittspreise
Erwachsene DM 5,-
Gruppen ab 10 Pers. DM 4,-
Schüler/Studenten DM 3,50
Gruppen ab 10 Pers. DM 2,50
Familien:
2 Erwachsene und mindestens
1 Kind DM 12,50

Anfahrtsweg
Über die A 6 in Richtung Mannheim, dann über die A 8 nach Pirmasens, von dort auf der B 10 nach Hauenstein.

Großer Bahnhof für Professor Knatschke
Wie bei Avricourt auf der grünen Wiese
ein Palast der deutschen Reichsbahn entsteht

Grüße aus
Kaisers Zeiten …

Heute rauschen die Züge mit 120 Sachen hier vorbei. Der letzte hielt vor 30 Jahren, dann wurde der Gare Nouvel-Avricourt endgültig dichtgemacht. Wenn man junge Leute heute nach dem Weg zum ehemaligen Bahnhof fragt, dann schicken sie einen nach Avricourt-Centre – denn auch diese Station hat die SNCF vor kurzem stillgelegt. Und den alten Bahnhof vor der Stadt haben viele schon längst vergessen.

Dabei war er einmal als Meilenstein deutscher Weltpolitik gedacht. Nachdem das deutsche Reich Frankreich im Krieg 1870/71 besiegt hatte, wurden das Elsaß und Teile von Lothringen deutsch. Die neuen Herren machten sich sogleich daran, sichtbare Zeichen ihrer Macht in die Landschaft zu setzen – besonders die Bahnhöfe hatten es ihnen angetan. Denn einerseits waren sie für die Militärstrategen von enormer Wichtigkeit – im neu konstruierten Bahnhof von Metz etwa ließen sich innerhalb von 24 Stunden 100 000 Soldaten verschieben. Andererseits waren die großen Bahnhofsgebäude geradezu prädestiniert für pompöse Gesten:

„Die französische Architektur beschränkt sich darauf, schön zu sein und dem Auge zu gefallen", schreibt der elsässische Satiriker Hansi alias Jean-Jacques Waltz 1911. „Die deutsche Architektur dagegen zerstreut jede Sorge um den Geschmack mit Verachtung und zielt eher darauf ab, uns zu belehren und unsere Gedanken zu lenken." Diese Oberlehrermanier enttarnt Hansi als typisch deutsch; das Sprachrohr seiner Kritik ist „Professor Knatschke", der häßliche Deutsche der Kaiserzeit. Der weiß alles, und vor allem alles besser als der Rest der Welt. Und er ist angetreten, den Franzosen Kultur beizubringen: Die deutsche Kultur natürlich – das heißt bei Hansi: Blasmusik mit Bierausschank, Pickelhauben und alte Jungfern, Gemütlichkeit, Biedersinn und die Hochkönigsburg. Die Liebe, die Schönheit und das Leben gehen am preußischen Kulturbesitz ziemlich spurlos vorbei. Der Professor Knatschke ist die elsässische Antwort auf den deut-

...der trutzige Pomp...

Kontakt
Bernard Schneider
Tel.: 0 03 33/87 25 80 92
(Schneider spricht deutsch).
Das Gebäude kann nur von außen besichtigt werden, innen ist es (noch) ziemlich leer. Für Neugierige öffnet Schneider aber sicher gern mal die Pforten.

Anfahrtsweg
Für Eilige: Autobahn nach Strasbourg, Ausfahrt Phalsbourg. Weiter über die N 4 Richtung Sarrebourg, bei St. Georges auf die D 90 abbiegen und über Réchicourt nach Nouvel-Avricourt fahren.
Für Liebhaber: Von St. Avold über die D 20 nach Morhange, von dort über die D 999 nach Dieuze und weiter nach Maizières-lès-Vic. Dann über die D 40 nach Nouvel-Avricourt.

schen Simplicissimus. 1908 sind die ersten dieser boshaften Skizzen in der „Straßburger Post" erschienen – auf Hochdeutsch. Im Elsaß fanden sie bald reißenden Absatz. Schließlich wurde darin das Wesen, an dem angeblich die Welt genesen sollte, als blasierte Dumpfbeutelei enttarnt:
„Jedes Bauwerk, sei es ein Bahnhof, eine Schule oder ein Gerichtsgebäude, besteht vor allem aus einem festen, starken Turm. Dieser Turm ist die Vertikale, die den Blick herbeizwingt und ihm sagt: 'Sieh her, das hat der deutsche Staat gebaut!' "
Gleich vier dieser emporgereckten Zeigefinger schmückten den Bahnhof von Avricourt – genauer: den von Deutsch-Avricourt. Denn aufgrund der Frankfurter Verträge hätte die neue Grenzziehung den Flecken Avricourt völlig von den gewachsenen Verkehrs- und Geschäftsverbindungen abgeschnitten. Es wurde nachverhandelt, Avricourt blieb französisch, dafür mußte Frankreich dem deutschen Staat auf der Grenze einen Bahnhof finanzieren, der es mit dem Versailler Schloß aufnehmen konnte. Rund 800 000 Francs durften die Franzosen hinblättern, damit auf der grünen Wiese ein monumentaler Bau aus dem Boden gestampft wurde, dessen Stil treffend als „primitive Neo-Romanik" beschrieben wurde, eine Art römisches Kastell auf germanisch, 100 Meter lang, 18 Meter breit, mit je zwei Ecktürmen an den Seitenflügeln und einem Hauptgebäude in der Mitte. Hohe Fensterbögen unterstrichen den palastartigen Charakter des Gebäudes, und auch innen wurde nicht gekleckert, sondern geklotzt. Riesige, luxuriös ausgestattete Wartesäle sollten die Reisenden von den langwierigen Zollformalitäten ablenken. Trotzdem schreibt ein französischer Passagier 1905:
„Dieser Bahnhof ist eins der düstersten Gebäude der Welt. Ein Leichenschauhaus mit Schießscharten! Während der endlosen Aufenthalte sitzen die Reisenden wie Tote auf ihren Bänken oder irren, Gespenstern gleich, durch die langen Gänge ..."

Bahnhof Deutsch–Avricourt — La gare d'Avricourt—Allemand

Die betuchteren Reisenden allerdings nahmen an einer langen, gedeckten Tafel Platz und ließen es sich gutgehen. Das war auch eher das Publikum, das man hier erwartete. Denn Deutsch-Avricourt lag nicht an irgendeiner Bahnlinie: Am 1. Juni 1883 stoppte hier zum erstenmal der train bleu, der Orientexpreß – und ganz Europa sollte sehen: „Das hat der deutsche Staat gebaut!" Großer Bahnhof für Preußens Gloria.

Ein solches Prestigeobjekt will bewirtschaftet sein, und darum entstand auf der anderen Seite der Straße eine Siedlung für all die Zöllner, Bahnwärter, Stationsvorsteher und Ordensträger. Auch eine Kirche durfte nicht fehlen – protestantisch, versteht sich. Die Häuser der deutschen Besatzer stehen heute noch und sind von denen, die hierhergehören, in Besitz genommen und mit dem unnachahmlichen Charme lothringischer Dorfgestaltung zurechtgeknoddelt worden. Wenn das der Kaiser wüßte...

Und wenn er erst seinen Bahnhof sähe! Im Ersten Weltkrieg hatte ihm die französische Armee einen seiner Flügel weggebombt, und so ist der Eisenbahnpalast heute nur noch halb so lang. Danach wurden be-

...sollte die Macht der neuen Herren demonstrieren.

kanntlich auch die Grenzen neu gezogen, und das Tor zum Kaiserreich verfiel in einen Dornröschenschlaf. Aus Deutsch-Avricourt wurde Nouvel-Avricourt. Nur einmal noch sollte der Bahnhof politische Bedeutung erlangen: Im Zweiten Weltkrieg rollten hier die Deportationszüge der Nazis vorüber, und den französischen Eisenbahnern gelang es, in Nouvel-Avricourt 2.500 Gefangene aus den Waggons und in die Freiheit zu schmuggeln.

Über all das ist heute zaghaft ein wenig Gras gewachsen, und das wird am Wochenende sorgsam von Bernard Schneider gemäht. Er ist der Präsident eines Vereins zur Erhaltung des alten Bahnhofs. 1983 sollte er

nämlich abgerissen werden. Ein paar Leute haben sich daraufhin zusammengetan und den Bahnhof gekauft – nicht weil sie ihren alten Kaiser Wilhelm wieder haben, sondern weil sie das Baudenkmal erhalten wollen. Noch ist die weitere Nutzung nicht ganz geklärt. Ein Museum, Kulturzentrum, eine Seminarstätte könnten hier Platz finden, aber das alles kostet Geld, und Zuschüsse gibt es ersteinmal nicht. Für die zuständige Bezirksverwaltung bleibt der Bahnhof eben ein Klotz aus der Zeit der Knatschkes.

Sven Rech ▬

Nur noch die halbe Pracht: dem Bahnhof fehlt heute ein Flügel.

Galerienbummel im Schieferbergwerk
Im luxemburgischen Naturpark Obersauer entsteht ein neues Industriemuseum

Martelingen liegt an der luxemburgisch-belgischen Grenze, die hier, ähnlich wie im saarländischen Leidingen, in der Mitte der Straße verläuft. Auf der einen Seite, der luxemburgischen, Tankstelle an Tankstelle, auf der anderen, der belgischen, unscheinbare Arbeiter- und Bauernhäuser. Und hüben und drüben Dächer, allesamt gedeckt mit dunkelgrauem Schiefer, der über 400 Jahre lang bis Mitte der achtziger Jahre rings um Martelingen abgebaut wurde. Zehn Jahre nach Schließung der letzten Grube leben alte Traditionen wieder auf. Im Spalthaus der „Leekaul", der alten Schiefergrube von Obermartelingen, treffen sich ehemalige Bergarbeiter und Leute aus den Dörfern ringsum, deren Familien über Generationen vom Schiefer gelebt haben, und die nun eine Interesse haben, die Grubenanlage und ihr Umfeld zu erhalten und der Öffentlichkeit allmählich wieder zugänglich zu machen. Das Spalthaus ist das Herz der Anlage. Hier wurden die großen Schieferbrocken, die untertage gebrochen wurden, angeliefert und gespalten. Erny Meckel, einer der Arbeiter von einst, führt das den Besuchern an seiner Werkbank vor. Unter seinen mächtigen Händen verwandelt sich das schwere, unförmige, aber dennoch so weiche und zerbrechliche Gestein Schritt für Schritt in filigrane Scheiben, die zuletzt mit Schablonen in die gewünschte Dachplattenform gebracht werden.

Erny Meckel kannte noch den letzten Patron der Grube persönlich. Es war August Rother, ein aus Deutschland stammender Fabrikant, dessen Familie 1898 zwar die meisten Anlagen in der Region übernahm, aber letztlich nur auf den Standort Obermartelingen setzte. So entstand dort um 1900 ein geschlossenes, baulich einheitliches Industrieensemble aus Spalthaus, verschiedenen Werkstätten, Schachteingän-

Schieferbergwerk im Nationalpark Obersauer.

gen, einer Werkskantine, aber auch einem Verwaltungsbüro, Arbeiterhäusern und nicht zuletzt einer Villa der Besitzerfamilie – alles auf dem acht Hektar großen Grubenareal.

Die Grube war also zuletzt ein streng patriarchalisch geführtes Familienunternehmen. Vor der Haustür des Patrons lebten und arbeiteten 700 Menschen.

Im alten Verwaltungsbüro ist ein noch etwas provisorisches kleines Museum mit vielen Fotos aus der „aktiven" Zeit eingerichtet. Beeindruckender als das Museum ist das Gebäude selbst: Von der Fensterbank über die Bodenfliesen bis zum Waschbecken und dem Auszahlungsschalter für die Löhne ist hier alles aus Schiefer.

Die Gesamtanlage, das „Nationale Schiefermuseum Obermartelingen", ist noch im Aufbau begriffen. Zuerst galt es, die oberirdischen Anlagen zu sichern und zu sanieren. Erst allmählich tastet man sich auch wieder in die Tiefe vor. So soll einer der Stolleneingänge wieder für Besucher zugänglich gemacht werden. Über eine steile Treppe gelangt man dann in einen Verbund dieser riesigen, hallenartigen Kammern, „Galerien" genannt, in denen die Bergleute auf verschiedenen Ebenen die Schieferbrocken aus der Erde brachen. Hier in 70 bis 100 Metern Tiefe herrscht eine gespenstische, abenteuerliche Atmosphäre, ganz anders als in den engen Steinkohleflözen bei uns an der Saar und in Lothringen. Wenn alles fertig ist, wird das ein Luxemburger „Galerienbummel" der ganz besonderen Art.

Wolfgang Felk

Kontakt

Les Amis de l'Ardoise
d'Frenn vun der Lee
Maison 3
L-8823 Obermartelingen
Tel.: 0 03 52/64 07 53
oder 64 03 69
Fax: 0 03 52/64 94 82

Öffnungszeiten

Für Gruppen:
nach Vereinbarung
Für Einzelbesucher:
Juni, Juli, August:
So 14 - 18 Uhr

Eintrittspreise

Erwachsene: LUF 100,-
Jugendliche: LUF 50,-

Anfahrtsweg

Autobahn Luxemburg - Arlon, dann N 4 Richtung Bastogne. In Martelange-Ortsmitte rechts, ca. 1,5 km den Berg hoch nach Obermartelange (Hauptrichtung Wolflingen).

Eisenhammer in Waldeinsamkeit
Das Karlstal bei Trippstadt

Gleich, ob Sie nun von Kaiserslautern oder Pirmasens aus die B270 nehmen, Sie kommen unweigerlich zum Karlstal. Das Flüßchen Moosalb schießt ungebändigt über zerklüftetes Gestein, das Tal ist eng und schattig. „Waldeinsamkeit" nannte so etwas der Romantiker Ludwig Tieck. Aber von wegen Waldeinsamkeit. Vor rund 200 Jahren dröhnten hier die Eisenhämmer, schrien die Arbeiter, rumpelten die Transportkarren über eilig angelegte Straßen. Begonnen

Die Himmelsleitern von Christiane Bazireaus.

hatte alles im 18. Jahrhundert, als der Freiherr Ludwig Anton von Hacke als Leiter des kurpfälzischen Forstwesens in diese gottverlassene Gegend kam. Der ließ gleich mal eine Eisenschmelze bauen. Die natürlichen Voraussetzungen waren gut, viel Wasser, viel Holz. Das Tal wurde nach Hackes Sohn Karl-Joseph benannt.
Ab 1771 dann bewirtschaftete die Familie Gienanth,

Paco Curbelo:
„Schützt den Wald".

die Eisenhämmer im Karlstal. Rund 1 000 Arbeiter beschäftigte Ludwig Gienanth in der ersten Hälfte des 19. Jahrhunderts in seinen Werken Karlstal, Altleiningen, Eisenberg und Schönau.
Der Wald wurde gründlich dezimiert für die mit Holz betriebenen Hochöfen, Erz bezog man aus der näheren Umgebung. Der Transport aus der einsamen Gegend

„Offenes Quadrat" von Heiner Thiel.

zu den Märkten war schwierig, Straßen wurden gebaut. 1847 werden 328 Arbeiter verzeichnet, davon allein 170 Holzhauer und Waldarbeiter, 31 Köhler, 40 Fuhrleute. Die industrielle Blüte des Tals dauerte nicht allzulange. Neue Verhüttungsmethoden, die auf dem Einsatz von Steinkohle beruhten, brachten dem Saarrevier Vorteile. 1863 war dann Schluß mit der Eisenverhüttung im Karlstal auf Holzkohlebasis.

Vom Oberen und Mittlerem Hammer blieben nur Mauerreste. Beim Unteren Hammer aber steht das klassizistische Herrenhaus aus dem Jahre 1821, einst Sitz der Verwaltung. Daneben sind noch Stallungen auszumachen und ehemalige Fabrikgebäude. 1857 wurde hier schon ein moderneres Gaspuddel- und Walzwerk gebaut.

Produziert wurden hauptsächlich Gußwaren, wie etwa Herde, Öfen, Eisenbahnschienen, also kein hochwertiger Stahl. Immerhin, die Sozialleistungen konnten sich sehen lassen. Die Arbeiter wohnten kostenlos in Werkswohnungen, die teilweise noch erhalten sind.

Neben diesen Hinterlassenschaften der Industrialisierung hat die moderne Kunst Einzug in das heute stille Tal gehalten. Vor wenigen Jahren wurde ein Skulpturenweg eingerichtet, mit 10 Stationen vom Alten Walzwerk bis Johanniskreuz. Geschaffen haben die höchst unterschiedlichen Kunstwerke Künstler aus ganz Europa, Frankreich, Deutschland und Spanien. Betitelt sind sie mit so programmatischen Namen wie „Schützt den Wald", „Positiv - Negativ" oder „Ersatzteillager für Baumkronen". Dieses recht witzige Ersatzteillager sind vier wie Kronen zurechtgesägte Holzfässer. Die Skulptur „Das Verlassen des Waldes" besteht schlicht und einfach aus einem toten Baumstamm, der auf einem Felsvorsprung steht. Christiane Bazireaus' „Himmelsleitern" sind fünf skelettartige Gebilde, von denen nur eine an eine echte Leiter erinnert, die vier anderen sind lediglich Variationen zum Thema. Eine leicht mystische Szenerie, mit Anklängen an indianische Kunst aus Nordamerika.

Michael Lentes ■

Kontakt
Fremdenverkehrsamt
Trippstadt
Karl-Heinz Neudecker
Hauptstr. 32
67705 Trippstadt/Rathaus
Tel.: 0 63 06/3 41

Anfahrtsweg
Auf der A 6 bis Abfahrt Kaiserslautern-West, dann auf der B 270 bis zur Abzweigung nach Trippstadt, wo auch schon das Karlstal beginnt.

Arbeitersiedlung mit Industriekulturdisco
Die Alte Schmelz in St. Ingbert

Kommt man auf der B 40 von Saarbrücken nach St. Ingbert, fährt man einen halben Kilometer eine haushohe Mauer entlang. Die Mauer verbirgt die früheren Eisenwerke St. Ingbert. Aber sie verbirgt den Werkskomplex auffällig, sie demonstriert etwas.

Soweit man die Stadtbaugeschichte zurückverfolgen kann, haben großangelegte Mauerbauwerke nicht primär den Zweck, die Besitzer der Macht zu schützen, wie es den Anschein hat, sondern den, Macht darzustellen, Bühnenbild für Machtspiele zu sein. Betont wird der demonstrative Charakter der langen Mauer in St. Ingbert durch das Material, gelber und roter Tonziegelstein, durch den Rhythmus der Lisenen, durch Fries und flach gebogenes Blendwerk. Die Mauer befiehlt: „Seht her, die Macht hat auch (die) Kultur." So hat es zumindest eine Folgerichtigkeit, wenn in die „Mechanische Werkstatt" (1907), in der einst Maschinen entworfen und repariert wurden, nun Kulturindustrie einzieht.

Die früheren Eisenwerke, in denen heute nicht mehr geschmolzen, sondern Draht zu Zäunen, Caddies oder Cognacfaßriemen verarbeitet wird, sind neben der Völklinger Hütte das wichtigste, vor allem das sprechendste Industriekulturdenkmal des Saarlandes, von einer Bedeutung weit über das Saarland hinaus. Und das nicht wegen einzelner Gebäude, sondern wegen des weitgehend erhaltenen Zusammenhangs. Der Ort ist gebaute und lesbar erhaltene saarländische Erfolgs- und Mißerfolgsgeschichte, Sach- und Sozialgeschichte zugleich. Deshalb steht die „Schmelz", wie die St. Ingberter sagen, seit 1988 unter Ensemble-Schutz.

Das vermutlich älteste Gebäude der „Schmelz", die Möllerhalle, trägt über dem Türbogen die Jahreszahl 1750 und obenauf einen Dachreiter. An der Glocke darin kann man die „1810" und den Namen KRAEMER ertasten. Übernommen aus der sakralen Welt in die Arbeitswelt, strukturiert sie den Arbeitstag, rhythmisiert die Disziplin, getragen wird das Disziplinierungssystem allerdings eher durch den Blick. Das spätbarocke, um 1807 von der Witwe Krämer erbaute zweigeschossige Herrenhaus wurde so plaziert, daß von dort aus die Arbeitsstätten wie auch die Arbeiter- und Meisterhäuser einsehbar waren. Nicht der tatsächliche zufällige Blick, sondern der jederzeit mögliche Blick der Chefin oder des Vorarbeiters hat alle diszipliniert. Am nördlichen Südhang des Werksgeländes erstreckt sich der denkmalpflegerisch wertvollste und schwierigste Teil des Ensembles, die Arbeitersiedlung Alte Schmelz. Holzuntersuchungen belegen eine Bauzeit um 1770. Die eingeschossigen Langhäuser aus Bruchsteinmauerwerk waren in jeweils fünf Wohnungen auf-

Bei der Industrie-Architektur der „Alten Schmelz" in St. Ingbert standen Sakralbauten Pate.

Wo einst Arbeiter untergebracht waren, schliefen in späteren Zeiten auch schon mal Asylanten.

geteilt, auf vierzig Quadratmetern lebte eine ganze Familie. Nach hinten, aussen, lagen Klo, ein Stall, ein Fleckchen Garten. Im Kellergeschoß mit separatem Eingang stand früher die Ziege, heute durch Moped und Motorsense ersetzt. Zumindest im süddeutschen Raum ist die Alte Schmelz die älteste erhaltene Arbeitersiedlung. Aber jahrzehntelang hat der Eigentümer Saarstahl die Gebäude nicht mehr gepflegt, entsprechend schwierig und aufwendig ist nun die Sanierung. Die Arbeitersiedlung wurde um 1810 und dann noch einmal um 1900 um zweigeschossige und geräumigere Meisterhäuser erweitert. Hierarchien und Privilegien drücken sich in Lage und Grösse der Wohnungen aus, die probate Maßnahme, um einen umsorgten, dafür aber loyalen Arbeiterstamm zu ziehen.

Die nicht privilegierten Arbeiter wohnten droben im Schlafhaus (1907) – mit seiner Lage auf der Anhöhe und seiner stolzen Gestik Ausdruck industrieherrschaftlichen Selbstbewußtseins. Gemeinschaftsschlafräume und Gemeinschaftsküchen gaben den Wochenendpendlern aus den nördlichen Hochwaldgemeinden zwar Unterkunft, aber auch nicht mehr. So waren die Männer gezwungen, sich wie auf der Arbeit untereinander zu arrangieren, Frieden zu halten, die Faust in der Tasche mußte man zusammenstehn.

Zeugnis für ein gewandeltes Managementverständnis sind die beiden Direktorenvillen aus dem ersten Jahrzehnt unseres Jahrhunderts, ausgebildete Fachleute der Siderurgie und des Kaufmännischen traten als Direktoren die Nachfolge der Eigentümerfamilien an. Letztere ließen sich zwei pittoreske Schlösschen bauen, die aber standen nicht lang.

Die letzte wirkliche Aufschwungphase der früheren Eisen-, der heutigen Drahtwerke fiel in das Jahrzehnt vor dem Ersten Weltkrieg und ist in etlichen qualitätvollen Gebäuden belegt, in der Umformerstation, im Schlafhaus, in der Drahtzieherei. Erst in dieser Zeit der Prosperität kam die machtvolle Mauer dazu. Paradebau dieser Phase ist die Mechanische Werkstatt. Dreischiffig nach dem Modell der Basilika, die Vorderfront durch Lisenen gegliedert, unter dem First sogar eine Rosette, in der Frontseite wie die Seitenschiffe entlang große, durch kleine Quadrate gegliederte Fensterflächen, und zwischen den Seitenschiffen und dem Mittelschiff ein hohes helles Fensterband lassen überraschend viel Licht hinein. Mit der Möllerhalle und einem Querriegel bildete die Halle einen geschützten und doch offenen Hof. Kein Wunder, daß die „Mechanische Werkstatt" die vergleichsweise besten Zukunftsaussichten hat.

Die Halle soll Kernstück eines „Kulturparks Alte Schmelz" werden. Um die schwierige Mischung aus Wohnen, Industrie und Kultur städtebaulich in Einklang zu bringen und die Schmelz als hochwertigen Stadtteil zu entwickeln, hat die Stadt St. Ingbert einen Rahmenplan erstellt.

Dietmar Schellin

Kontakt
Stadtverwaltung St. Ingbert
Kulturamt, Frau Becker
Postfach 1960
66369 St. Ingbert
Tel.: 0 68 94/13-519
Fax: 0 68 94/1 32 40

Anfahrt
B40 von Saarbrücken nach St Ingbert.
Das Ensemble befindet sich auf der linken Seite der Straße.

Zur Kommunion ist Hochsaison
Die Kerzenfabrik in Esch an der Sauer

Mitten im Tal umgeben von Wald und Felsen liegt Esch an der Sauer. Der Fluß, der weiter oben noch einen Stausee speist, schmiegt sich fast schüchtern um den Ort. Schmale, enge Häuser spiegeln sich im Wasser. Hoch über dem Dorf steht halb zerfallen eine Burg. Sie stammt aus dem 10. Jahrhundert.

Esch an der Sauer ist nicht typisch für das Ösling, die Luxemburger Ardennen. Denn diese Gegend ist vor allem durch die Landwirtschaft geprägt. Doch die karge Umgebung Eschs ist dafür schlecht geeignet. Deshalb ließen sich hier an der Sauer Gewerbetreibende nieder: Webereien, eine Tuch-, eine Kerzen- und eine Korkenfabrik. Übrig geblieben sind nur die Tuch- und die Kerzenfabrik. Seit 1885 findet man letztere in der „Rue de la Poste". In der schmalen Gasse ist das Schild „Kaerzefabrik" nicht zu übersehen. Eine Tür mit Kerzenmotiv auf dem Glasfenster lädt ein. Tritt man dann hinein, zieht man automatisch den Kopf ein, denn die Decken hängen niedrig. Typisch für die alten Häuser. Drinnen

Auch Luxemburgs Großherzogliche Familie schätzt John Peters' individuell gestaltete Kerzen.

Das Schild in der engen „rue de la Poste" ist nicht zu übersehen.

ein schön dekorierter Laden: Kerzen in allen Größen und Farben zieren die Regale. Der Renner sind die „Bougies des Ardennes".

20 Tonnen Paraphin werden hier im Jahr geschmolzen und zu Kerzen für den Hausgebrauch gemacht. Fast jede luxemburgische Familie hat diese Kerzen zu Hause, für den Fall, daß der Strom ausfällt. 200 000 gehen jährlich über den Ladentisch. Die Maschine, in der die Kerzen hergestellt werden, ist ein echtes Museumsstück, sie stammt noch aus den 30er Jahren.

Zwei Jahre stand die Fabrik still, seit 1991 läuft der Betrieb wieder. Eine soziale Initiative hat dies ermöglicht.

Kontakt

Kerzenfabrik Esch/Sauer
John Peters
zur Zeit: 10, rue de la Poste
demnächst: 1, rue du Moulin
L-9650 Esch-sur-Sure
Tel.: 0 03 52/89 91 97

Öffnungszeiten

Mo - Fr: 8 - 12 Uhr
und 13 - 18 Uhr
Sa: 9 - 12 Uhr und 14 - 17 Uhr
Führungen sind möglich
ab 20 Personen und nur
wochentags nach vorheriger
Anmeldung.

Seit den 30er Jahren taucht diese Maschine Dochte in glühend heißes Wachs.

Zwei Langzeitarbeitslose und zwei behinderte Menschen finden hier bei John Peters Beschäftigung. Diese Personen haben mittlerweile einen festen Arbeitsplatz. Die Kerzen werden auf traditionelle Weise hergestellt. Über einer Wanne mit glühend heißem Wachs hängen Dochte. Sie wurden vorher auf einer langen Bank durch eine klebrige Masse gezogen. Nun gießt John Peters das flüssige Wachs über die hängenden Rohlinge, Schicht um Schicht wachsen sie zu Kerzen und können bis 20 Zentimeter dick werden.

Auch eine Länge von 150 Zentimetern ist nichts außergewöhnliches. Besonders zur Weihnachts- und Osterzeit läuft die Produktion auf Hochtouren.

Doch der April ist für den Kerzenhersteller noch lukrativer, dann ist Kommunionszeit im Großherzogtum. Die Kathedrale in Luxemburg wird zum Großabnehmer. Die Kerzen werden für die Oktave gebraucht. Wenn Tausende von Menschen in die Kathedrale pilgern, um zur Mutter Gottes zu beten. Abziehbilder mit dem Abbild der Schutzpatronin der Stadt und des Landes zieren die gelblichen Kerzen.

John Peters stellt auf Wunsch auch individuelle Tauf-, Hochzeits-, Kommunions- und sonstige Dekorkerzen her. Die Dekoration wird per Hand angebracht. Mit Perlen und Goldwachs geschmückt, entsteht die Taufkerze. Zum Schluß bringt Peters mit viel Geschick den Namen des Taufkindes an. Gelernt hat er diese Fertigkeiten in der Sankt Wendeler Kerzenfabrik. Nach anfänglichen Schwierigkeiten läuft das Geschäft mittlerweile gut, die Kunden sind zufrieden.
Das hat sich sogar bis zur großherzoglichen Familie herumgesprochen. Sie gibt ihre Tauf-, Kommunions- und Hochzeitkerzen bei der „Kaerzefabrik" in Esch an der Sauer in Auftrag.

Patricia Brever

Welche Kerze darf's denn sein? Im Laden gibt's Exemplare in allen Größen, Formen und Farben.

Anfahrtsweg
Luxemburg in Richtung Wiltz

Opa der Datenautobahnen
Der optische Telegraf in Saverne

Der Abgeordnete Gilbert Romme erklärt am 1. April 1793 vor dem Konvent in Paris, daß „ein gewisser Bürger Claude Chappe damit beschäftigt sei, ein einfallsreiches Vorhaben zu vollenden, mit dem er in der Luft schreiben kann, ohne viele Schriftzeichen zu verwenden". Ein Jahr später wird die erste Telegrafenlinie Paris - Lille in Dienst gestellt. Kurz darauf ordnet der Konvent den Bau einer zweiten Linie von Paris über Metz nach Landau an. Das Projekt wird wegen Geldmangels nicht zu Ende geführt. 1797: Friedenskongreß in Rastatt, einer kleinen Stadt nahe Straßburg. In Paris will man schnell informiert sein, was sich dort tut. Man erinnert sich an die Telegrafenlinie, die jetzt ab Metz nicht mehr nach Landau, sondern nach Straßburg führen soll. Die Arbeiten werden wieder aufgenommen, 1798 wird die neue Linie mit Endstation auf dem Straßburger Münster in Betrieb genommen und aus

Als Telegrafen-Station trug die Metzer Präfektur bizarren Kopfschmuck.

Kostengründen kurz danach wieder eingestellt. Ende Oktober 1803 läßt Napoleon die Linie wieder in Betrieb nehmen, um schnell militärische Nachrichten zu übermitteln. Als er seinen Österreich-Feldzug vorbereitet, ist die Telegrafenlinie Paris - Straßburg ein wichtiges Mittel. Daran erinnern sich seine Gegner bei ihrem Vormarsch und setzen alle Chappe-Stationen, die sie vorfinden, außer Betrieb. Mit dem Niedergang des Kaiserreichs verbindet sich auch der Niedergang des Optischen Telegrafen. Nach der Julirevolution 1830 geht die Verwaltung der Telegrafen von der Familie Chappe an Alphonse Foy über. Die Linien ins Ausland sind eingestellt, aber man erkennt in der Folgezeit, daß man Kommunikationswege innerhalb Frankreichs nötiger braucht als je zuvor. Das Netz erhält seine größte Verbreitung mit etwa 550 Stationen und 4000 Kilometern Länge. Dabei spielt unsere Linie mit den insgesamt 52 Stationen eine wichtige Rolle, dauerte es doch nur ein wenig mehr als eine Stunde, bis eine Nachricht von Paris nach Straßburg gelangte. Die Nachteile des Systems sind jedoch unübersehbar: bei Nacht und Nebel ging nichts mehr. Und so verlor der Optische Telegraf mit der Ausbreitung der Eisenbahn seine Bedeutung: da baute man entlang der Linien elektrische Telegrafen – so etwa nach der Erfindung des Amerikaners Samuel Morse und des Engländers Wheatstone. Im Juli 1852 ist die elektrische Telegrafenlinie zwischen Paris und Straßburg betriebsfertig, der Chappe-Telegraf hat ausgedient. Die Geräte werden von den Stationen abgebaut, die Gebäude verfallen, so auch das in Saverne, am Fuß des Schlosses Haut-Barr. Der Verein der Freunde der Geschichte der PTT des Elsaß begann 1962 mit Restaurierungsarbeiten. 1968 war die Station wiederhergestellt, der einzige Chappe-Telegraf in Frankreich, der zur Zeit funktionsfähig ist. Wie funktioniert das Ganze? Auf einer Anhöhe ist ein Mast installiert, an dessen Ende querstehende Balken angebracht sind, an deren Ende sich

Die schlechtbezahlten Telegrafisten gaben kodierte Zeichen weiter. Entschlüsselt wurde die Botschaft erst am Ende.

ebenfalls bewegliche Querstreben befinden. Das Ganze wird über Drahtseilzüge bewegt. Je nachdem, welche Stellung gezeigt wird, ergibt sich ein Buchstabe oder ein Wort, ähnlich wie beim telegraphieren mit Flaggen, nur daß die Signalarme eben auf einem Turm befestigt sind. Der Telegrafist beobachtete über ein Fernrohr den benachbarten Telegrafenturm. Das Zeichen, das vom ersten Turm aus gesendet wurde, gab er weiter an den nächsten und so fort. Dabei kannte der Diensthabende der einzelnen Stationen den Sinn der Zeichen nicht. An den Endpunkten gab es ein Codierbuch, mit

Kontakt
Les Amis de l'histoire des PTT
d'Alsace, Harry Franz
B.P. 153 R 4
F-67004 Straßbourg-CEDEX
Tel.: 0 03 33/88 52 98 99
zu den üblichen Bürozeiten
Fax: 0 03 33/88 52 18 11

Öffnungszeiten
Anfang/Mitte Mai bis 17 Uhr
September täglich (außer Mo)
von 11 - 17 Uhr.
Voranmeldung für Gruppen ab 20 Personen wird erbeten.
Führungen finden auch in deutscher Sprache statt.

Himmlische Kommunikation: Endstation der 1798 eröffneten Linie war das Straßburger Münster.

dessen Hilfe die Botschaften ent- oder verschlüsselt werden konnten. Die einzelnen Telgrafisten wurden schlecht bezahlt, es handelte sich meistens um ehemalige Soldaten.

Mit dem Chappe-Telegrafen wurden nur staatliche Nachrichten übermittelt, ein Grußtelegramm beispielsweise durfte erst über den elektrischen Telegrafen gesendet werden.

Auch in anderen Ländern gab es optische Telegrafen. Fest steht, daß diese Art der Nachrichtenübermittlung Mitte des 19. Jahrhunderts überall verschwand. Fest steht auch, daß vieles, was damals er- und gefunden wurde, heute die Voraussetzung für Datenautobahnen und Telekommunikation bildet. Mit einem gewaltigen Unterschied allerdings: Heute ist man international vernetzt – damals war's nur national. Eine Depesche von Paris nach Berlin war nicht möglich, weil es zwischen beiden optischen Telegrafenlinien keine Verbindung gab, die französische endete in Mainz, die deutsche in Koblenz.

Nikolaus Meyer

Eintrittspreise
FF 5,-
bei Gruppen FF 3,- pro Person

Anfahrtsweg
Autobahn in Richtung Straßburg. Abfahrt Saverne.
In Saverne den Schildern „Télégraphe Chappe" oder „Alter Telegraf" folgen.
Mitten im Wald, kurz vor den Ruinen des Schlosses Haut-Barr ist die Telegrafenstation

Im Jahre 1968 wiederhergestellt:
Der Chappe-Telegraf in Saverne ist der einzige funktionstüchtige in Frankreich.

Aufzug für Penichen
Das Schiffshebewerk von Saint-Louis

Schiffers Freude:
Statt stundenlangem
Schleusen ...

Öffnungszeiten
März und November:
13.30 - 16.30 Uhr
April, September, Oktober:
10 - 12 Uhr und
13.30 - 17 Uhr
Mai, Juni: 9 - 12 Uhr
und 13.30 - 18 Uhr
Juli, August: 10 - 18 Uhr

Dort, wo Lothringen und das Elsaß aufeinander stoßen, schlängelt sich durch das Tal der Zorn der Rhein-Marne-Kanal, mitten im malerischen Bergland der Petites Vosges. Wenige Kilometer hinter Lutzelbourg in Richtung Dabo verläuft der Kanal allerdings einige Etagen höher. Die Überwindung des Höhenunterschiedes zwischen dem Elsaß und dem Lothringer Plateau war für die Binnenschiffer früher mit viel Mühe und einigem Zeitaufwand verbunden: Insgesamt 17 Schleusen mußten bewältigt werden, was einer ganztägigen Schiffsreise gleichkam.
Seit 1969 gibt es den Schrägaufzug von Saint Louis/Arzviller, der die auf unterschiedlichen Niveaus verlaufenden Kanalführungen direkt verbindet und so die aufwendige Passage durch die 17 Schleusen entbehrlich macht. Die Schiffe fahren in einen Trog, in

eine große Wanne von 43 Metern Länge, und werden dann über eine schiefe Ebene hochgezogen oder heruntergelassen. Ein ausgeklügeltes System von Stahlseilen und Gegengewichten, Schienen und Elektroantrieb sorgt dafür, daß einige hundert Tonnen binnen vier Minuten rund 45 Meter höher oder tiefer bewegt werden können. Das Schiffshebewerk ist einzigartig in Europa und zieht jährlich 170 000 Besucher aus vielen Ländern Europas an. Sie können von Anfang März bis Ende Oktober unter diversen Führungen und Besichtigungsprogrammen wählen, in der Regel gibt es auch Erläuterungen in deutscher Sprache.

Wenn es die Zeit erlaubt, sollte man unbedingt eine Fahrt auf dem Ausflugsschiff Paris unternehmen. Es faßt hundert Personen und befördert die Passagiere im Trog über die 109 Meter lange Schräge von der oberen Plattform ins Tal und später wieder zurück. Zur Bootstour gehört auch ein kurzer Abstecher zur ersten Schleuse Richtung Lutzelbourg. Der Ausflug wird ebenfalls mit deutschsprachiger Führung angeboten. Ebenfalls möglich ist eine zweieinhalbstündige Fahrt

Preise

Führung Schiffshebewerk:
Erwachsene: FF 20,-
Kinder und Gruppen ab 25 Personen: FF 13,-
Dauer ca. 30 Minuten

Bootsfahrt Schiffshebewerk:
Erwachsene: FF 38,-
Kinder und Gruppen: FF 28,-
Dauer ca. 45 Minuten

... schafft der „rollende Wassertrog" 45 Höhenmeter in vier Minuten.

mit einem anderen Schiff durch das reizvolle Zorntal bis Lutzelbourg und zurück; bzw. alternativ dazu, ein Ausflug auf dem Oberkanal bis Niderviller, wobei zwei Tunnels durchquert werden (kostet pauschal je FF 36.-). Für Eltern und Kinder empfiehlt sich auch eine Tour mit dem kleinen train touristique auf dem sieben Kilometer langen Leinpfad am Oberkanal (Dauer: 45 Minuten; Preis: FF 15,-).

Das Peniche-Museum „Sophie-Marie" direkt am Schiffshebewerk sollte man sich gleichfalls nicht entgehen lassen: Zu besichtigen ist dort eine 1917 in Belgien gebaute Peniche (Binnenschiff) mit eingerichteten Kabinen und diversen Binnenschiffer-Accessoires aus vergangenen Zeiten. Im näheren Umkreis des Hebewerks befinden sich im übrigen sehenswerte Ortschaften, wie zum Beispiel Dabo, das durch seine malerische Lage und seine berühmten Felsen bekannt ist.

Gabor Filipp ∎

Anfahrt
Autobahn Richtung Straßburg, Abfahrt Phalsbourg, dann auf der D 38 bis Lutzelbourg. In Lutzelbourg über die D 98 bis Arzviller.

17 Schleusen ersetzt das Schiffshebewerk von Saint-Louis.

Schienendom
Der politische Bahnhof von Metz

Bahnhof oder „Kaiser-Wilhelm-Gedächtnis-Kirche"?

Daß Bahnhöfe die wahren Kathedralen des 20. Jahrhunderts seien, das muß Kaiser Wilhelm II. irgendwie geahnt haben, als er den Architektenwettbewerb für den Metzer Bahnhof ausschreiben ließ. Sämtliche Entwürfe hatten einen sakralen Charakter, auch der am Ende siegreiche des Berliner Architekten Jürgen Kröger. Aber siegreich waren ja auch die Deutschen gewesen 1870/71 im Krieg gegen Frankreich, und der Bahnhof, den der Kaiser der eroberten Festung Metz für die immense Summe von 27 Millionen Mark „schenkte", sollte davon zeugen. Deshalb ließ er diese Kathedrale der Technik wie eine neoromanische Kaiserpfalz umgestalten, als Symbol des deutschen Anspruchs auf Lothringen, den er aus mittelalterlicher

Politischer Haupt-Mann:
Die Rolandsfigur mußte
drei Mal den Kopf
wechseln.

Reichsgeographie ableitete. Der Bahnhof als imperiale Geste, das sieht man nicht nur an dem trutzig, wehrhaften Rustika-Mauerwerk, das liest man auch in den Gesichtern eines Recken und einer Industria über der Kaiserempore. Und rückseitig ist im Fenster dieses Pavillons Karl der Große verewigt, als dessen rechtmäßiger Erbe sich Wilhelm ansah. Besonders eklatant spitzte sich der Streit um die politische Symbolik dieses Bahnhofs bei einer Rolandsfigur zu, die mit erhobenem Schwert gen Südwesten blickt, nach Frankreich also. Ursprünglich hatte sie das Gesicht des Grafen Gottlieb von Haeseler, Generalfeldmarschall und Kommandant von Metz. Nach dem 1. Weltkrieg schlugen ihm die siegreichen Franzosen das steinerne Haupt

Kontakt
Office de Tourisme
am Bahnhof Metz
Tel.: 0 03 33/87 55 53 76-78
Fax: 0 03 33/87 36 59 43

Karl der Große sollte die Annexion von Elsaß-Lothringen legitimieren. Auf dem gegenüberliegenden Fenster thronte ursprünglich der selbsternannte Erbe Wilhelm II.

ab und ersetzten es durch das eines gallischen Kriegers. Die Nazis wiederum gaben ihm 1943 nochmals den Feldmarschallskopf. Heute blickt er wieder als Gallier starr in die Ferne.

Preußen wollte Metz zur stärksten Festung Europas ausbauen. Und so schuf man hier mit 3,2 Millionen Kubikmetern Schüttmasse ein Bauwerk auf 3 000 Betonpfeilern, das dazu geeignet war, 100 000 Soldaten innerhalb von 24 Stunden abzufertigen – was später auch geschah.

„Es ist nicht genug die Armee für den Krieg einzuüben, die Truppen mit Waffen und Munition zu versorgen und die Mobilmachung zu beschleunigen, auch die Eisenbahnen bedürfen der sorgfältigsten Vorbereitung für den Krieg", ließ damals Generalstabschef von Schlieffen verlauten.

In diesem Lichte scheint es kein Zufall mehr zu sein, daß der kirchturmartige Uhrturm des Bahnhofs von Metz dem Turm des Beinhauses auf dem Friedhof von Verdun so verzweifelt ähnelt.

Der Metzer Bahnhof, mit seinen lichtdurchfluteten Rundbogenhallen und seiner martialisch, strategischen Logistik – die Fördertunnel für Güter und Gepäck wurden richtungsweisend – ist ein Denkmal für christlich verbrämte Kriegs-Baukunst. Alles an diesem Bauwerk ist sehenswert, weil es Geschichten erzählt. Angefangen mit den biedermeierlichen Volksdarstellungen in den Friesen bis hin zur Kaiserloge, die der Monarch über eine Marmortreppe erreichte. Sein Pferd, das er immer mitführte auf Reisen, wurde bei solchen Staatsbesuchen per Aufzug herabgelassen. Ja, ein Aufzug für Kaiserrösser, wo hat man das heute noch?

Stefan Miller ■

Die Technik im Dienste des germanischen Kriegers: Aus Metz konnten pro Tag 100 000 Soldaten in den Kampf für Gott, Kaiser und Vaterland geschickt werden.

Die steinerne Provokation
Zur Porträtgalerie am Luxemburger Bahnhof

Stein des Anstoßes: Das Porträt des Bahnhofvorstehers Josef Junck mit dem Freimaurerzeichen über dem linken Ohr.

Der Luxemburger Bahnhof ist kaum auf einer Ansichtskarte abgebildet, obwohl er, in mosellaner Neobarock gebaut, durchaus ein Schmuckstück der Hauptstadt des Großherzogtums darstellt. Mit seinem kupfergrün überdachten Uhrturm, den ovalen Gauben, dem – leider verschlossenen – Pavillon für großherzogliche Staatsempfänge hat dieses Gebäude einige bauliche Reize, und seine menschlichen Proportionen heben es von den riesigen Kathedralen der industriellen Revolution andernorts ab. Viel wichtiger aber als die ästhetischen Vorzüge sind die Geschichten, die dieser Bahnhof erzählt. Schon sein Vorgängerbau, der 1859 feierlich eingeweiht wurde, ist eng mit der Luxemburger Geschichte verwoben. Auf Wunsch des preußischen Festungskommandanten wurde er außerhalb der Mauern in Reichweite der Kanonen angelegt und aus strategischen Gründen in Holz errichtet, da-

Weil er Chef der Freimaurer-Loge war, durfte Josef Junck seinen Kopf am Luxemburger Bahnhof verewigen.

mit er anrückenden Feinden keinen Schutz bot. Zu seiner Einweihung schrieb der luxemburger Nationaldichter Michel Lenz das Lied „De Feierwoon", in dem es heißt, das Großherzogtum habe seinen Weg zum Völkerbund gefunden und das in dem Refrain gipfelt: „mir wëlle bleiwe wat mer sin". Wenn man bedenkt, daß Luxemburg damals gerade erst aus dem diplomatischen Gerangel nach dem Wiener Kongreß als eigener Staat hervorgegangen war, unter einem niederländischen Herzog, als Festung des Deutschen Bundes, dann wird klar, wie wichtig diese selbstbewußte Bekundung der luxemburger Identität war. Wer später, in der Zeit nationalsozialistischer Besatzung, diesen Refrain sang, vielleicht sogar in der Fassung „mir wëlle bloß keng Preiße ginn", der konnte dafür im KZ landen.

Aber nicht nur die heimliche Luxemburger National-

Kontakt
Luxemboug City Tourist Office
Place d'Armes
L-1136 Luxemburg
Tel. : 0 03 52/22 28 09
Francois Kohnen,
stellv. Bahnhofsvorsteher.

hymne verbindet sich mit der Geschichte dieses Bahnhofs. Eine der Besonderheiten des Sandsteinbaus, der hier ab 1908 seinen hölzernen Vorgänger ablöste, ist die Porträtgalerie an der Fassade des Hauptgebäudes. Von Johann dem Blinden, der Gräfin Ermesinde, bis zu den vier deutschen Kaisern aus Luxemburg sind hier die wichtigsten Köpfe der Geschichte des Großherzogtums als Schlußsteine über die Fenster gesetzt. Über dem Eingang der Bahnhofshalle setzt sich diese Reihe fort mit Prinz Heinrich von den Niederlanden, dem Statthalter von Luxemburg, dessen Gattin Amalia und Wilhelm III. Auch zwei luxemburger Ministerpräsidenten, ein Innen- und ein Bautenminister sowie der Architekt des Gebäudes, der preußische Geheimrat Rüdell, sind an den Seitenwänden des Bahnhofs verewigt. In der Umgebung dieser illustren Gesellschaft fällt nur eine Büste aus dem Rahmen, Josef Junck, Vorsteher des Bahnhofs von 1875 bis 1911. Der Plan, ihm am linken Flügel des Gebäudes ein Denkmal zu setzen, stieß schon im Vorfeld auf die Kritik der elsäßisch-lothringischen Bahngesellschaft in Straßburg. Als der Kopf aber schließlich fertig war, gab es sogar eine regelrechte Pressefehde. Grund war das kleine Freimaurerabzeichen neben seinem linken Ohr. Am 20. September 1913 erschien dazu ein Artikel im Luxemburger Wort unter dem Titel "Eine steinerne Provokation". Unter Hinweis darauf, daß Junck Meister vom Stuhl der Luxemburger Freimaurerloge war, sah der Autor darin eine politische Agitation. Die Darstellung... „kann nur dann einen Sinn haben, wenn sie als Kundgebung gegen diejenigen aufzufassen ist, die in der Freimaurerei ihren Feind erblicken müssen". Daraufhin meldete sich der Bildhauer Pierre Federspiel zu Wort und stellte die Sache als harmlosen Bildhauerscherz dar. Das aber reichte dem aufgebrachten Kommentator des Luxemburger Worts nicht, er forderte eine Entfernung des Zeichens, worauf ihm die Luxemburger Zeitung entgegenhielt, „daß sich das L.W. in einer Unverschämtheit festgerannt habe, die mehr

Der mosellane Bahnhofsbarock hat noch menschliche Proportionen.

kindisch ist als irgendetwas anderes". Die Nachforschungen, wie das Zeichen bei der Abnahme der Modelle übersehen werden konnte, führten zu keinem Ergebnis. Und schließlich verfügte der preußische Staatsminister von Breitenbach, daß von einer Entfernung des Symbols abzusehen sei. Das übernahmen dann in den Vierziger Jahren die Nationalsozialisten, worauf irgendwann Ende der Sechziger wieder ein Freimaurerzeichen, dieses Mal als Bas-Relief, neben dem Kopf des Bahnhofsvorsteher prangte.

PS.: Noch eine, wenn auch fast unsichtbare Besonderheit, zeichnet den Luxemburger Bahnhof aus. Er ist nämlich „zweisprachig". Auf zwei Gleisen kann er sowohl mit 25 000 Volt Wechselstrom, wie er in Frankreich benutzt wird, als auch mit 3 000 Volt Gleichstrom, wie er für belgische Lokomotiven geeignet ist, angefahren werden.

Stefan Miller

Nicht nur für Geologen
Das Schaubergwerk „Erzgrube Nothweiler"

Seit 1978 gibt es in Nothweiler, dem letzten Ort in der Pfalz bevor es über die Grenze ins Krumme Elsaß nach Obersteinbach und weiter nach Weißenburg geht, das Schaubergwerk im Sankt Anna-Stollen. Es ist das einzige Eisenerzbergwerk, das für Besucher eigens ausgebaut wurde.

Ohne große staatliche Zuschüsse haben die Einwohner von Nothweiler das Schaubergwerk eingerichtet.

Der Sankt Anna-Stollen liegt zwischen 50 und 90 Metern unter den Ausläufern des Kappelsteins, ist hervorragend bewettert und in seinem Hauptort 300 Meter lang. Im Hauptstollen und in seinen Verzweigungen hat man ein ganzes Netz elektrischer Strahler installiert. Durch sie entstehen immer wieder bunte Lichtreflexe im Eisenerzgestein. Die Gänge schimmern in sämtlichen Farbschattierungen. Für Laien prächtig anzuschauen, für Geologen ein El Dorado.

Staunend steht man vor einer Weitung des alten Abbaus, die zu einem Schmelztiegel der Natur erstarrt ist, und sieht den Brauneisenstein aus vulkanischer Vorzeit. Die Eisenerze von Nothweiler haben 28% Eisenerzgehalt und sind damit typisch für den Erzbergbau im Wasgau. Das Schaubergwerk erinnert an die einstmals große Bedeutung des Eisenerzabbaus und der Eisenhütten in dieser Region.

Begonnen hat alles im Mittelalter, der letzte steinerne Zeuge davon ist die Sankt Anna-Kapelle im Wieslautertal. Um 1470 wurde sie der Schutzpatronin der Bergleute geweiht.

Die Erzgrube Nothweiler wurde 1582 von Herzog Johann I. von Pfalz - Zweibrücken gegründet. Verpachtet wurde das neue Bergwerk an drei Gewerke, wie das damals hieß, aus Straßburg. Alles, was sie aus dem Berg holten, mußte in der herrschaftlichen Hütte im benachbarten Schönau geschmolzen werden. Dafür waren die Bergleute von aller Fron und vom Zehnten

Kontakt
Tourist-Information
Dahner Felsenland
Frau Burkhard
Schulstr. 29
66994 Dahn
Tel.: 0 63 91/58 11
Fax: 0 63 91/13 62

Öffnungszeiten
Von April bis Oktober
Di - Fr von 14 - 18 Uhr,
an Sonn- und Feiertagen
von 11 - 18 Uhr

Eintrittspreise
Erwachsene: DM 4,-
Kinder: DM 1,50
Gruppen: DM 3,50

Anfahrtsweg
Über A8 nach Pirmasens,
B 10 in Richtung Landau,
in Hinterweidenthal an der
Ampel rechts über Dahn
nach Nothweiler.

befreit. Die Landesfürsten hatten wegen der dauernden kriegerischen Auseinandersetzungen einen ungeheuren Bedarf an Eisen, und so wurden alle Quellen, die nur irgendwie verfügbar waren, angezapft. Die Straßburger Fachleute richteten deshalb auch noch weitere Erzgruben ein, ohne groß beim Herzog nachfragen zu müssen. Außer dem Sankt Anna-Stollen ist aber von dieser Tätigkeit heute nichts mehr zu sehen.

Michael Lentes

Im Licht der Strahler schimmert das Eisenerzgestein in sämtlichen Farbschattierungen.

Blick unter die Krinoline

Das „Musée du textile et des costumes" im Elsaß

Haben Sie immer schon mal wissen wollen, wie es unter einer Krinoline aussieht? Dann müssen Sie ins Elsaß fahren. Dort im „Musée du textile et des costumes" ist zu sehen, was die Damen im vergangenen Jahrhundert und zu Beginn dieses Jahrhunderts unter ihren ohnehin üppigen Röcken zu tragen pflegten. Die „Dessous" waren wahre Panzer um 1865. Im wahrsten

Reifrock und „Cul de Paris": Was die Urgroßmutter unterm Rock trug.

Sinne des Wortes beschwerlich muß es damals gewesen sein, sich modisch und den Sitten gemäß anzuziehen. Ins Träumen aber gerät man beim weiteren Gang durch das Museum. Die Sammlung von Claude Stocard macht's möglich. Die leidenschaftliche Sammlerin hat in vielen Jahren über 4 000 Kleidungsstücke zusammengetragen von der Directoire-Zeit bis in die Sechziger Jahre unseres Jahrhunderts. Die ersten Kostüme waren Familienerbstücke. Dann stöberte sie auf Pariser

Auch die verschiedenen Schritte der Baumwollverarbeitung werden in Husseren-Wesseling anschaulich gemacht.

Flohmärkten und später in ganz Frankreich. Der Generalrat von Haut-Rhin kaufte ihr 1990 einen Teil ihrer Sammlung ab, was Madame Stocard in die Lage versetzte, ihr teures Hobby weiter zu betreiben. Auf der anderen Seite, so erzählt Monique Dresson, die Direktorin des Museums, trauert sie den Stücken offensichtlich immer noch nach. Sie kommt oft von Remiremont nach Wesserling, um zu gucken, ob es „ihren Kindern" auch gut geht. Aber etwas Besseres als diese liebevolle Präsentation konnte denen gar nicht passieren. In

Ein neuer Mittelturm verbindet die beiden Gebäude der ehemaligen „Königlichen Textilmanufaktur".

Tableaus, Bildern berühmter Künstler, werden sie präsentiert. Gustav Klimts' „Der Besuch", von 1907, ist vertreten oder „Der Garten" von Paul Klee. Wie beschwerlich das Reisen in der zweiten Hälfte des letzten Jahrhunderts gewesen sein muß, geht aus einem Tableau von Just Lisch hervor, „La gare". Um all die Reifröcke aufnehmen zu können, müssen die Abteile doch sehr großzügig ausgelegt gewesen sein. In ein Theater um 1910 versetzt, ist das Kleid einer Tänzerin zu bewundern, reich verziert, in Gold und Braun, Rock und Oberteil nur verbunden durch Kordeln. Da hat in den letzten Jahren so mancher Modeschöpfer Anleihen genommen für seine Kreationen.

Wer nun glaubt, daß der Besuch dieses Museums nur für die weiblichen Mitglieder der Familie geeignet ist, geht fehl. Nachgezeichnet werden nämlich auch zweihundert Jahre elsässischer Textilindustriegeschichte. Die Herstellung von gemusterten Baumwollstoffen hat bereits 1762 im Schloß Wesserling begonnen. Dank ihrer Qualität wurde schon 20 Jahre später der Titel

„Königliche Manufaktur" verliehen. Zu Beginn des 19. Jahrhunderts sind dann Stoffe aus dem Thurtal weit über das Elsaß hinaus bekannt. Heute sind im Museum die verschiedenen Schritte der Verarbeitung von der Baumwollblüte bis zum fertigen Kleid zu sehen. Werkzeuge und Dokumente zeugen von den vielfältigen Aktivitäten. Fotos der Arbeiterschaft von 1881 zeigen überaus zufriedene Menschen. Was Wunder, hatten doch die Besitzer des Unternehmens in jener Zeit ein soziales Gewissen oder viel Weitblick. So konnten die

Keine öden Vitrinen: Die Kostüm-Tableaus stellen Gemälde berühmter Künstler nach.

Kontakt

Musée du textile et des costumes de Haute Alsace
Parc de Wesserling
F-68470 Husseren-Wesserling
Tel.: 0 03 33/89 38 28 08
Fax: 0 03 33/89 82 68 32

Öffnungszeiten

April - September:
Alle Tage von 10-18 Uhr
außer Mo und Sa
von 14-18 Uhr
Oktober - März:
Alle Tage von 10-12
und 14 - 17 Uhr
außer Mo und Sa
von 14 - 17 Uhr

Eintrittspreise

pro Person: FF 30,-
Gruppen: FF 25,-

Anfahrtsweg

Autobahn Straßbourg - Colmar, dann Richtung Rouffach-Thann, von dort nach Husseren-Wesserling.

Kinder der Arbeiter schon seit 1806 vier Jahre lang die Schule besuchen. Eine ähnliche Einstellung muß der nachfolgende Manufakturdirektor gehabt haben. Marcel Boussac richtete eine Krankenkasse für die Belegschaft ein. In der umfangreichen „Krankenordnung" von 1930 ist nachzulesen, daß der Patient doch bitte den Arzt gewaschen aufsuchen und diesen auch nicht unnötig behelligen möge.

Boussac hatte die Fabrik nach schwierigen Zeiten im 1.Weltkrieg und der Weltwirtschaftskrise übernommen. Dem Aufschwung folgte dann der endgültige Niedergang. Gerade mal etwas mehr als 200 Beschäftigte sind übrig geblieben. Sie und ihre Familien hatten vor ein paar Jahren für das Museumsprojekt verständlicherweise nur Ablehnung übrig: „Wir brauchen kein Museum, wir brauchen Arbeit." Monique Dresson aber ist es gelungen, das Mißtrauen abzubauen. Sie animierte die ehemaligen Mitarbeiter, Dokumente, Fotos und Werkzeuge aus persönlichem Besitz zur Verfügung zu stellen und so beizutragen, die Geschichte des Textilstandortes im Thurtal nicht in Vergessenheit geraten zu lassen. Bei meinem Besuch im Oberelsaß hatte gerade ein alter Mann eine dicke Mappe mit Papieren aus der Vergangenheit an Madame Dresson übergeben. Ihr ist bei jedem Wort anzumerken, mit welcher Leidenschaft sie dieses ehrgeizige Projekt in Zeiten knapper Kassen betreut. Ins Schwärmen gerät sie geradezu, wenn sie von den Gebäuden spricht. Die beiden Fabrikgebäude aus dem letzen Jahrhundert sind durch einen Turm zu einem einzigen Komplex vereint worden. An der Verbindungsstelle ist ein großzügiger Raum entstanden. Dort hängt nun ein 13 Meter langes Textilkunstwerk, geschaffen von vier zeitgenössischen Künstlern, das die Entstehungsgeschichte eines Webstückes erzählt. Ohne sich den Hals zu verrenken, kann der Besucher diese Geschichte verfolgen, denn ein Spaziergang bis unters Dach des Turmes ist möglich. Der traumhafte Blick über das Tal lohnt die kleine Mühe.

Schiefe Ebenen überall ermöglichen es übrigens auch Rollstuhlfahrern, das Museum mühelos zu „erfahren". Ein Seitentrakt ist für Wechselausstellungen vorgesehen. Bei meinem Besuch war es eine Ausstellung elsässischer Trachten, die weit hinausging über das sattsam Bekannte. Ein Museumscafé und eine Boutique, um den kleinen Hunger sowie touristische Gelüste zu stillen, runden das Angebot ab. Im oberelsässischen Textil- und Kostümmuseum wurde einfach an alles gedacht, „damit jeder Moment zu einem gelungenen Augenblick wird", heißt es in einer Broschüre. Da ist was dran.

Silvia Hudalla ■

Ein 13 Meter hohes Kunstwerk im Turm erzählt die Entstehungsgeschichte eines Webstückes.

Spaziergang durch die Wasserleitung
Der barocke Brunnenstollen in Trippstadt

Die Inschrift datiert den Stollen auf das Jahr 1767.

Kontakt
Gemeinde Trippstadt
Herr Neudecker
67705 Trippstadt
Tel.: 0 63 06/3 41
Fax: 0 63 06/15 29

Öffnungszeiten
Freitags 18 Uhr
und nach Vereinbarung.

Der Brunnenstollen ist ein leider allzu wenig bekanntes technikgeschichtliches Bauwerk aus der Zeit des Barock. Das Schloß von Trippstadt, heute noch Schmuckstück des Städtchens in der Nähe von Kaiserslautern, brauchte Wasser. Ein Problem zu damaliger Zeit, liegt Trippstadt doch in ausgesprochener Höhenlage. Mühselig mußte das Wasser per Hand von den umliegenden Höhen geholt werden. Da man Wasser in höheren Schichten unmittelbar in der Nähe des damaligen Dorfes vermutete, wurde ein Stollen in den Berg getrieben. Ein für unsere Breiten völlig ungewöhnliches Verfahren. So etwas macht man sonst nur in wasserarmen Gegenden im Vorderen Orient oder in Nordafrika. Zwar gibt es in der Pfalz Brunnen, die bis zur Talsohle reichen, ein Stollen aber, der waagerecht in den Fels gehauen wurde, ist nirgends bekannt.

Bis in die 60er Jahre unseres Jahrhunderts wurde die Bedeutung der Anlage nicht erkannt, sie zerfiel. Erst 1979 wurde der Eingang nach langen Bemühungen wieder gefunden. Die Überraschung war groß, als sich bei der ersten Begehung herausstellte, daß die Stollen noch intakt waren. Bei der zweiten Begehung wurde eine Inschrift gefunden: „BALTZER / STRASBU / GER 1767". Das Alter des Stollens war damit klar. In Verlängerung der Eingangstür verläuft der erste Seitenstollen, ungefähr 30 Meter lang, während der Hauptstollen von 289 Metern Länge im Winkel zum Eingang beginnt. Nach 20 Metern zweigt der zweite Seitenstollen nach Osten ab. Im Gelände über dem Seitenstollen sind zwei Luftschächte, über dem Hauptstollen ein Luftschacht freigelegt.

Der zweite Stichstollen führt heute das meiste Wasser zu. Der Pegel im Hauptstollen erreicht nach etwa 50 Metern eine Höhe um 60 Zentimeter. Die Absatzbecken am Ausgang sind beträchtlich tiefer.

Der größte Teil des Stollens ist in den Fels hineingetrieben. Nur der Ein- und Ausgangsbereich, die beiden Seitenstollen und die drei Schächte sind in Trockenmauerwerk, also ohne Verwendung von Mörtel, ausgeführt.

Interessant ist auch die Tier- und Pflanzenwelt des Trippstädter Brunnenstollens. So gibt es Fledermäuse und 28 verschiedene Pilzmücken. Besonders zu beachten das Leuchtmoos, ein typisches Höhlenmoos, daß fast ohne Licht gedeiht. Ja Licht schadet sogar, so daß der Stollen nicht hell ausgeleuchtet wird.

Besucher werden mit Kanalarbeiterkleidung, Gummistiefeln und Schutzhelmen ausgerüstet, schließlich führt der Trippstädter Stollen immer noch Wasser.

Michael Lentes

Eintrittspreise
Erwachsene: DM 5,-
Kinder: DM 3,-

Anfahrtsweg
Über die A6 in Richtung Mannheim, Ausfahrt Kaiserslautern-West, B270 bis zum Karlstal, wo Trippstadt ausgeschildert ist.

Der Brunnenstollen bietet ideale Lebensbedingungen für seltene Tiere und Pflanzen.

Rote Erde – schwarzer Stahl
Der Industriewanderweg in Esch-sur-Alzette

Jahrhundertelang dämmerte das kleine Luxemburger Örtchen Esch-sur-Alzette in ländlicher Schlichtheit, bevor es dem Zugriff der aufkommenden Industrialisierung erliegen mußte. Das Fauchen der Hochöfen, das Hämmern der Walzwerke, das Rumpeln der Förderbänder rissen die damals noch unbedeutende Gemeinde in der Landschaft Terres Rouges – Rote Erde – abrupt aus ihrem Schlaf. 1869 zählte Esch knapp 3000 Einwohner, 1905 waren es schon 12000 und im Jahr 1930 erreichte Esch mit 30000 Einwohnern den höchsten Bevölkerungsstand seiner Geschichte. Aus einem kleinen Bauerndorf hatte sich in kürzester Zeit der bedeutendste Industriestandort Luxemburgs entwickelt.

Die rote Minette hat die Farbe eines ganzen Landstriches geprägt.

Der Stahl aus dem Erz der umliegenden Minette-Berge schuf schnell für viele großen Wohlstand, zog Händler und Künstler in die Stadt. Bedeutende Architekten legten Prachtstraßen an. Selbst in den Arbeitervierteln, die Menschen aus aller Herren Länder beherbergten, herrschte ein internationales Flair, entwickelte sich eine kulturelle Vielfalt, die noch heute in der Stadt ihre Spuren hinterlassen hat. Das Land der Roten Erde, die Förderung von Eisenerz aus den Luxemburger Minen forderte auch Opfer. Ungezählt sind die Arbeiter, die besonders in der Frühphase der Industrialisierung wegen miserabler Arbeitsbedingungen in den Fabriken starben. Alleine die Toten der Erzbergwerke gehen in die Hunderte.

Der Escher Historiker Denis Scuto hat die wichtigsten Denkmäler der industriellen Vergangenheit seiner Hei-

Die Prachtarchitektur der rue de l'Alzette zeugt vom Wohlstand der großen Stahlbarone.

Kontakt

Syndicat d'Initiative et
de Tourisme de la Ville
d'Esch-sur-Alzette
Hôtel de Ville
L-4138 Esch-sur-Alzette
Tel.: 0 03 52/54 73 83 1

Literatur

Denis Scuto:
„Eine stadtgeschichtliche Wanderung durch die Luxemburger Minette-Metropole - Industriekultur in Esch"
Verlag: Edition Le Phare
„182 x Luxemburg – Wanderwege und Lehrpfade":
Stadtplan und kurze Wegbeschreibung auf S. 172
Verlag: Editions Guy Binsfeld

matstadt zu einem alltagshistorisch wie kunstgeschichtlich interessanten Lehrpfad zusammengestellt.

Die 29 Stationen des Wanderweges, die in einem kleinen Buch beschrieben werden, vermitteln einen umfassenden Überblick über die Luxemburger Industriekultur – von der Aufbruchsstimmung der Gründerzeit bis zur krisengeschüttelten Gegenwart.

Der Escher Rundgang beginnt beim alten Rathaus, dessen Glasfenster die alten und neuen Erwerbszweige der Stadt versinnbildlichen. Er führt weiter zu der 1870 gebauten „Metzeschmelz" – der ersten Stahlhütte in der Luxemburger Minette-Gegend. Einen weiteren Superlativ hat die Alzette-Straße zu bieten – sie ist die längste Geschäftsstraße Luxemburgs. Die jeweiligen Herren der Stahlwerke haben diesem Prachtboulevard den Stempel ihrer Epoche und ihres Herkunftslandes aufgedrückt. Man erkennt Häuser im Jugendstil, im Stil des Art Deco, neogotische und neubarocke Villen sowie auch Bauten im nüchternen Stil der Gelsenkirchener Werkswohnungen.

1980 begannen Luxemburger Künstler, den ehemaligen Schlachthof in eine Kulturfabrik umzuwandeln.

Nach einem Konzept der 80er Jahre hat man den historischen Escher Stadtkern „Al Esch" wieder so aufgebaut, daß an seinem Beispiel der Übergang von einem Bauerndorf zu einer modernen Industrie-Stadt ersichtlich wird. Gegenwärtige Restaurierungspläne für die Altstadt versuchten wieder zu einer traditionellen, der Umgebung angepaßten Architektur zurückzufinden. In dem lebhaften Stadtviertel „Brill-Grenz" gründeten zahlreiche italienische Immigranten Ende des 19. Jahrhunderts eine mediterran angehauchte Stadt in der Stadt, die noch heute viel südländische Atmosphäre ausstrahlt.

Nach zirka 17 km Wegstrecke endet der Escher Rundgang an den Überresten der Erzbergwerke, an der Grube „Heintzebierg" und der Cockerill-Grube. Während des Zweiten Weltkriegs hielten sich in einem Escher Stollen, dem Bunker „Eisekaul", luxemburgi-

Aal-Esch, die Altstadt der Minette-Metropole.

sche Widerstandskämpfer versteckt. In unmittelbarer Nähe der ehemaligen Bergwerke ist mittlerweile ein artenreiches Naturschutzgebiet, der "Ellergrund", entstanden.

Scutos kleiner lokaler Reiseführer ist bislang noch die einzige Anleitung für die Erkundung der Industriegeschichte von Esch. Es gibt keine organisierten Stadtführungen, die Stationen des Lehrpfads sind nicht markiert: eine touristische Nutzung der industriellen Denkmäler von Esch wird zur Zeit von der Stadt noch nicht in Erwägung gezogen. Interessierte müssen sich mit der Hilfe von Scutos Buch wohl oder übel selber auf die Suche nach den Escher Sehenswürdigkeiten machen. Der Weg nach Esch, für den man einen ganzen Tag einplanen sollte, lohnt sich auf jeden Fall. Eindrucksvoll ist alleine schon der herbe landschaftliche Reiz der schwermütigen Terres Rouges.

Thomas Wolter

Als die Pferde noch Holz holen gingen Munshausen	84

Kultur für Kids

Den Dinky Vianden	88
Star Trek Talsperre Nonnweiler	90
Den Himmel sehen lernen Peterberg bei Braunshausen	94
Hinein ins volle Menschenleben Luxemburg	98
Taigatrommel und Krokodil Hermeskeil	102
Vom Geruch des Krieges Bitche	106
Die Opas des Mountainbike Lunéville	110
Mich laust der Affe! Hochkönigsburg	114
Auf dem Holzwege Abreschviller	120
Was Fürst Ludwig so alles aß Saarbrücken	124
Gar nicht zum Gruseln Saarbrücken	128
Mit Willi Basalt in die Erdgeschichte Gerolsteiner Land	130
Speckschwarte und Tigerauge Asbacherhütte	134
Schatzsuche vor 400 Jahren Ste Marie aux Mines	140
Kinder als Bergleute St. Ingbert	144
Von Felsen, Rittern und Wundern Grauthal	148
High Noon in Göllheim Göllheim	150

Als die Pferde noch Holz holen gingen
Das Museum der Ardenner Pferde in Munshausen

Das Museum der Ardenner Pferde in Munshausen ist kein gewöhnliches Museum mit Vitrinen, Schaukästen und Katalog, es soll ein lebendiges sein. Das heißt, neben einer ständigen Ausstellung von Landmaschinen finden hier Veranstaltungen statt. Thema sind die Ardenner Pferde, schwergewichtige Kaltblüter mit braunem Fell, schwarzer Mähne und kurzem Schweif, die man früher überall im Ösling bei der Landwirtschaft einsetzte. Und noch heute finden diese Tiere in der Holzwirtschaft Verwendung, um etwa in besonders schwer zugänglichen Waldgebieten Baumstämme aus dem Dickicht zu schaffen. Die Ardenner Pferde haben sich bei dieser Arbeit besonders bewährt, weil sie nicht nur über außerordentliche Körperkräfte verfügen, son-

Schwergewichtige Präzisionsarbeiter: Ardenner Pferde haben sich vor allem in der Waldwirtschaft hervorragend bewährt.

dern auch geduldig alle Strapazen aushalten und ebenso gehorsam wie präzise auf die Kommandos der Holzfäller reagieren.

In der kleinen 150 Seelengemeinde Munshausen bei Clervaux kann man sich von dieser Arbeit einen Eindruck verschaffen. Um der Landflucht entgegenzuwirken und eine touristische Attraktion zu schaffen, hat man in einer stilvoll umgebauten Scheune seit 1989 das Museum der Ardenner Pferde aufgebaut. Hier zeigt man die landwirtschaftlichen Maschinen, die von diesen Tieren gezogen wurden. Da ist etwa eine Kartoffelpflanzmaschine, die von den Amerikanern im ersten Nachkriegsjahr den Luxemburger Bauern geschenkt worden war. Wie alle Geräte hier ist sie voll funktionstüchtig, denn diese Maschinen kommen immer wieder an Wochenenden bei Demonstrationen zum Einsatz. Unter der Woche nehmen sich die Vereins-

In Munshausen sind die Rollen getauscht: heute arbeiten die Menschen für die Pferde... im Museum.

Die alten Geräte...

Kontaktadresse
Syndicat d'Initiative de la Commune de Munshausen
10, Op der Lei
L-9746 Drauffelt
Tel.: 0 03 52/92 90 81
Nico Hamen

Öffnungszeiten
Am besten nach telephonischer Vereinbarung, da die ehrenamtlichen Vereinsmitglieder nicht immer dasselbe Programm anbieten.

mitglieder, die das alles in ehrenamtlicher Arbeit betreuen, nur für größere Gruppen nach Voranmeldung frei. Bei solchen Demonstrationsveranstaltungen fährt man dann die Kinder in Kutschen um den Hof oder ein gestandener Hufschmied beschlägt einmal ein Pferd, das dafür in einen sogenannten "Notstand" gestellt wird, ein Gestänge, das dem Schmied das Ruhigstellen des Hufes erleichtert. Ein anderes Mal zeigt man vielleicht, wie man mit einer von einem Pferd gezogenen Maschine Heu wendet, pflügt oder Baumstämme transportiert. In einem Anbau des Museums, indem ehedem die Lohe gelagert wurde – das ist die Eichenrinde, die man zum Gerben benötigte – werden heute hin und wieder traditionelle Handwerke vorgeführt, so etwa Korbflechten, Besenbinden oder das Spinnen von Schafswolle. Für Kinder, zumal wenn sie in der Stadt aufgewachsen sind, ist das alles ungeheuer spannend und exotisch. Sie fragen dem Hufschmied Löcher in den Bauch, wollen wissen, warum der Huf eines Ardenner Pferdes mehr als doppelt so groß ist wie der

eines gewöhnlichen Reitpferdes oder lassen sich vom Korbflechter Witze erzählen.

Höhepunkt der Veranstaltungsreihe ist jedes Jahr der zweite Sonntag im September, der „Tag des Ardenner Pferdes". Dann strömen bis zu 5 000 Menschen in das kleine Örtchen Munshausen. Da werden Geschicklichkeitsrennen mit den Kutschen veranstaltet, die besten Dressurleistungen ausgezeichenet, und nebenbei kann man auch die Produkte der Region auf einem traditionellen Markt kaufen, zum Beispiel einen echten Ardenner Schinken, garantiert nicht aus der Industriemetzgerei.

Stefan Miller

...erwachen am Wochenende zu neuem Leben.

Anfahrt

Auf der E 420 von Luxembourg über Diekirch Richtung Clerveaux. Etwa fünf Kilometer vor Clerveaux nach links in Richtung Marnach abbiegen. Der nächste Ort (nach 2 km) ist dann Munshausen.

Den Dinky
Das fahrende Spielzeugauto-Museum aus Vianden

„Das einzige, was Väter von ihren Söhnen unterscheidet, ist der Preis ihrer Spielsachen", soll einmal ein kluger Mensch gesagt haben. In Vianden kommen beide Generationen auf ihre Kosten, denn hier verkauft Nico Berend Spielzeugautos jeder erdenklichen Spezies. Damit liegt er voll im Trend: Diese Miniaturautos sind mittlerweile so sehr gefragt, daß sie wieder detailgetreu nachgebaut werden. Bei ständig steigenden Preisen müssen Sammler für ausgefallene Original-Stücke schon mal mehrere Tausender berappen. Weit billiger ist da der Besuch einer Ausstellung dachte der leidenschaftliche Spielzeugautosammler Berend und gründete 1985 in einer umgebauten Garage ein Museum: „Den Dinky". Auf nur 20 Quadratmetern Fläche zeigte er hier ca. 2000 Spielzeugautos. Der Name des Museums „Den Dinky" bezieht sich auf den gleichnamigen Spielzeughersteller und das englische Wort für „niedlich".

Kontakt
Natürlich ist es nicht leicht, so ein fahrbares Museum aufzuspüren. Wenn einem also nicht zufällig einmal ein bunt bemalter LKW auf der Straße begegnet mit der Aufschrift „Den Dinky en Tour", dann sollte man es einfach in Vianden probieren, wo Nico Berend mit seiner Frau immer noch einen Laden mit Spielzeugautos und Blechspielzeug für Sammler unterhält.

Musée Miniature „Den Dinky"
Nico & Christiane Berend
29, rue du Sanatorium
L-9425 Vianden
Tel.: 0 03 52/8 40 95
Fax.: 0 03 52/84 94 61

Rund ein Viertel Million Touristen strömen jedes Jahr nach Vianden, um dort eine der schönsten Burgen des Großherzogtums zu besichtigen, vielleicht noch das Victor-Hugo-Haus zu besuchen oder die Trinitarierkirche. Aber nur etwa 2000 Besucher pro Jahr fanden das versteckt in der Rue du Sanatorium gelegene Spielzeugautomuseum.
Also beschloß Nico Berend, sich selbst auf den Weg zum Publikum zu machen, natürlich mit dem Auto. Er

baute einen Lastwagen zum fahrbahren Museum um. Hier zeigt er nun rund 100 Jahre Automobilgeschichte

im Miniformat – von Oldtimern über Lkws und Militärfahrzeugen bis zu zeitgenössischen Fabrikaten wie „VW Käfer" und „Ente". Gerne führt der Direktor seine Paradestücke vor: den „Schuco Akustico" etwa, der eine Hupe besitzt oder den „Commander 2000", den man starten konnte, indem man über eine kleine Membran blies. Wenn Nico Berend kuriose Fakten aus der Welt der Spielzeugautos erläutert, merkt man schnell, was die zweite Attraktion des Museums ist: der Direktor selbst. Der verhinderte Rennfahrer ist ein beredter Erzähler, dem kleine und große Kinder gerne zuhören. Er erinnert sich beispielsweise daran, daß er

Preise

Entweder wird das fahrbare Museum von einem Veranstalter für LUF 4.500,- gemietet. Dann kostet der Eintritt LUF 100,- für Erwachsene und LUF 50,- für Kinder.
Oder der Veranstalter übernimmt die Gesamtkosten von LUF 18 000,- pro Tag, dann ist der Eintritt frei.

als Kind mit seinen Spielzeugautos am liebsten Unfall gespielt hat und die Wagen dabei verbrannte. Nur drei von ihnen haben diese wilde Phase überlebt – als er sie im Alter von 17 Jahren wiederentdeckte, wurden sie zum Grundstock des heutigen Museums.
Die jugendlichen Besucher lauschen solchen Erzählungen natürlich gerne – nicht ohne ein subversives Grinsen, versteht sich. Und die Eltern verlassen die kleine Garage mit dem beruhigenden Gefühl, daß ihr kleiner Wüterich auch nicht schlimmer ist als andere Kinder.

Stefan Miller

"Beam mich runter Scotty!". So könnte der Befehl von Captain Kirk lauten, und im nächsten Augenblick befände er sich nicht mehr auf der Enterprise, sondern

Star Trek
Der Planetenwanderweg an der Talsperre Nonnweiler

vielleicht in der malerischen Waldlandschaft um die Talsperre Nonnweiler und wäre einfach platt. Denn das Planetensystem, das er eben noch auf seinem Bildschirm gesehen hätte, stünde ihm nun in Form von kleinen Kugeln auf gemauerten Steinpyramiden vor Augen: der Planetenwanderweg. Und wissensdurstige Spaziergänger wären schon vor ihm auf dem Star Trek. Dank emsiger Tourismusstrategen kann man sich im Saar-Lor-Lux-Raum vom Bier bis zum Wein, vom Salz zum Kristall, vom Bunker bis zum Ginster so ziemlich alles in Form einschlägiger Straßen oder Wanderrouten zu Gemüte führen, aber wofür zum Teufel braucht man einen Planetenwanderweg an einer Talsperre, wird er sich vielleicht fragen, wenn er bei seinen Erkundungen des Planeten Erde dieses ungewöhnliche Projekt

Auf dem maßstabsgetreuen Planetenwanderweg liegen zwischen Sonne und Pluto einige Kilometer.

Die schwarzen Aluminiumhalbschalen, die die Modelle tragen, ...

der „Arbeitsgemeinschaft Astronomischer Wanderweg" des Gymnasiums Birkenfeld in Augenschein nimmt. Was sollen Planetenmodelle im Wald? Die Antwort ist ganz einfach, sie sollen die Größenverhältnisse im Weltall anschaulich machen. Denn im Maßstab 1:1 Milliarde sind hier die Planeten so aneinandergereiht, daß jeder Laie sich vorstellen kann, wie groß die Leere im interplanetarischen Raum ist. So beginnt dieser Weg mit einer gelben Sonnenkugel von 1,40 m Durchmesser. Im Abstand von 150 Metern ist dann eine Kugel etwa von der Größe einer Murmel aufgestellt, die Erde. Von diesem Erdmodell aus betrachtet, erscheint die Modell-Sonne dann genauso groß wie die wirkliche Sonne von der wirklichen Erde, alles maßstabsgetreu. So anschaulich klappt das mit den Maßstäben freilich nur für die inneren Planeten

Kontakt
Kur- und Verkehrsamt
Nonnweiler
Thomas Finkler
Trierer Str. 5
66620 Nonnweiler
Tel.:0 68 73/660-19
Fax :0 68 73/6 41 71

Anfahrtsweg
Autobahn A1 Richtung Trier bis zur Abfahrt Nonnweiler. Dort den Schildern zur Talsperre folgen.

Merkur, Venus, Erde und Mars, die zusammen mit der Sonne auf der Staumauer eine übersichtliche Reihe bilden. Die anderen Planeten muß man sich dann schon auf einem Rundweg um den Stausee erwandern, schließlich wachsen hier die Abstände zur Sonne von Jupiter bis Pluto auf mehrere Kilometer an. Und wenn man jetzt noch den nächsten Fixstern unter diesen Größenverhältnissen besuchen wollte, müßte man nicht 10 oder 100 oder 1000 Kilometer weit gehen, sondern einmal komplett um den Erdball herum wieder zum Nonnweiler Stausee zurück.

So fühlt sich der Betrachter richtig winzig und verloren zwischen den Himmelskörpern, das ist der eine Effekt dieser Wanderung durch die Galaxis. Der andere ist der, daß man die Planeten besser kennenlernt, so gut, daß man sich schließlich wieder richtig zu Hause fühlt, wie Captain Kirk, wenn er auf dem Heimflug endlich wieder unser Sonnensystem auf dem Bildschirm hat. Die Modelle sind in schwarze Halbschalen aus Aluminiumguß eingebettet, die in einem Winkel von 120° den jeweiligen Planeten umschließen. Auf diesen Halbschalen finden sich die physikalischen Daten, mythologische Erläuterungen und Informationen über die Entdeckung – außerdem lernt man Besonderheiten eines Planeten kennen, etwa daß man auf der Venus die Sonne nicht sieht, wegen der dichten Wolkendecke, oder daß der höchste Berg des Sonnensystems auf dem Mars zu finden ist, Olympus Mons heißt und 25 km hoch in den Himmel ragt. Darüberhinaus haben die Konstrukteure dieses Planetenwanderweges auch noch das eine oder andere Foto, das Raumsonden in den letzten Jahren von Himmelskörpern geschossen haben, gleichsam als Nahaufnahme hinzugefügt.

Natürlich sind mit diesen Informationen längst noch nicht alle Fragen beantwortet, eher im Gegenteil. Wer also mit seinen Kindern hier einen Ausflug macht und nicht so sattelfest in der Physik der Galaxis ist, daß er alle Fragen beantworten kann, der sollte sich vielleicht einen Samstag für den Besuch vormerken und an-

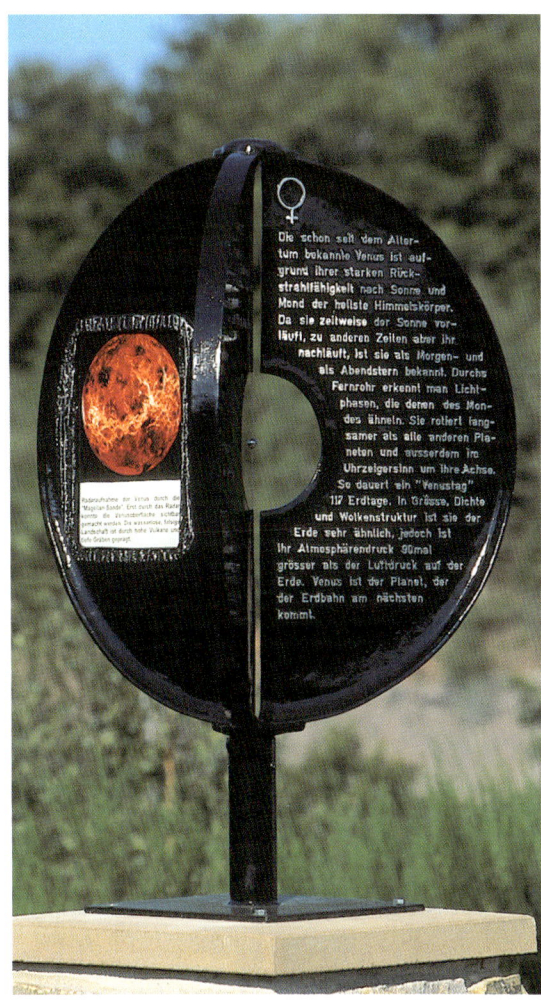

...liefern zusätzliche Informationen zum vorgestellten Planeten.

schließend, nach Einbruch der Dunkelheit zur Volkssternwarte auf den nahegelegenen Peterberg fahren, aber das ist ein anderes Kapitel (vgl. Den Himmel sehen lernen).

Stefan Miller

Den Himmel sehen lernen
Die Volkssternwarte auf dem Peterberg bei Braunshausen

Wer hat sich das nicht schon einmal gewünscht, wie Galileo Galilei durchs Fernrohr zu gucken und unbekannte Monde zu beobachten. Und wenn man dann bei einem der gängigen Kaffeeröster ein billiges Teleskop erstanden hat, funktioniert das meistens nicht richtig oder man sieht den Himmel vor lauter Sternen nicht und beschließt verärgert, das mit der Astronomie doch lieber der NASA zu überlassen, während man sich selbst mit Star Trek begnügt (vgl. Kapitel Star Trek). Aber im Saarland gibt es seit 6.9.1997 auch noch eine andere Möglichkeit. Man fährt auf den Peterberg bei Braunshausen – Kinder und Skifahrer kennen ihn wegen der Schalenrutschbahn und dem Skilift dort – und besucht die Volkssternwarte des V.A.S., des „Vereins der Amateurastronomen des Saarlandes". Wie das Wort „Volks-" schon vermuten läßt, muß man hier nicht Tycho Brahe persönlich sein, um eingelassen zu werden. Im Gegenteil, an jedem Samstag ist hier die Öffentlichkeit sehr erwünscht. Mitglieder des Vereins halten dann Vorträge, etwa über Kometen, Planeten oder Sonnenfinsternisse – die nächste totale Sonnenfinsternis am 11.08.1999 streift das Saarland gerade noch so, daß man vom Peterberg aus sehen kann, was man dann alles nicht mehr sieht. Dieser Vortrag findet in dem liebevoll eingerichteten Clubraum statt, an dessen Decke Lampen wie Sterne strahlen und dessen Wände mit einer aufgemalten Milchstraße geschmückt sind. Dann geht es ein Stockwerk höher zum Allerheiligsten. Unter einer drehbaren Kuppel – meisterlich von Hand gearbeitet – aus Holz, und Metall – steht hier etwas, das aussieht wie eine zu kurz geratene Kanone: ein Celestron 14. Das ist ein Teleskop mit 14 Zoll Durchmesser und einer Brennweite von 3,90 m. Das heißt, wenn so ein Teleskop als klassisches Schiffsfernrohr gebaut worden wäre, hätte es ehedem eine Länge von fast vier Meter gehabt, aber hier wird der Lichtstrahl trickreich gefaltet. Dieses künstliche Auge, das mehr als 40 mal so breit wie eine menschliche Pupille ist, nimmt dementsprechend mehr Licht auf, und das bedeutet für Astronomen, daß es entsprechend weiter sehen kann bzw. auch noch lichtschwache Objekte wahrnehmbar macht. Laien müssen das Sehen freilich erst noch lernen. Denn erst nach etwa zwanzig Minuten hat sich das Auge so an die Dunkelheit gewöhnt, daß es auf den Himmelskörpern Farben wahrnimmt. Und viele Feinheiten erkennt man überhaupt erst, wenn man lernt, knapp am eigentlichen Ziel vorbeizusehen, um die Teile der Netzhaut zu nutzen, die am schärfsten feine Unterschiede ausmachen können. Damit sich bei so einer Schule des Sehens keine allzulangen Warteschlangen bilden, gibt es rund um die Sternwarte auch noch einige Stahlgestelle,

Kuppel auf...

...und Sicht frei...

auf denen weitere Teleskope montiert werden können. Die „Profis" unter den Amateurastronomen machen hier auch Fotografien von Sternen. Mit Hilfe eines Computers verfolgt dann das Teleskop das anvisierte Objekt, unter dem sich die Erde ja während einer mehrstündigen Belichtungszeit weiterdreht. Solche Verfolgungsjagden beobachtet man aber besser wieder im unteren Stockwerk am Bildschirm. Denn oben ist man bis dahin vermutlich schon vor Kälte halb erstarrt. Schließlich findet die Sternguckerei am besten in kalten, klaren Nächten statt, und da bläst einem der Wind in einer geöffneten Kuppel auf dem Gipfel eines Berges manchmal schon ganz schön eisig um die Ohren.

Stefan Miller

...für das 14 Zoll-Teleskop.

Kontakt
Verein der Amateurastronomen des Saarlandes e.V.

Sternwarte Peterberg:
Nohfelden-Eiweiler
Infotelefon 0 68 73/9 15 55
Postfach 1806
66409 Homburg

Günter Knerr:
Tel. + Fax: 0 68 41/75 55 35
eMail:Gknerr@activeminds.de

Adolf Schwalbe:
Tel.: 0 68 05/86 64

Michael Risch:
Tel.: 0 68 21/2 28 03
eMail: Risch@activeminds.de

Öffnungszeiten
Oktober - März: Sa 19 Uhr
April - September: Sa 20 Uhr

Eintrittspreise
Erwachsene: 5,- DM
Kinder: 3,- DM

Anfahrt
A1 bis Abfahrt Nonnweiler/Primstal, in Primstal rechts hoch zur Sternwarte.

Die Stadt Luxemburg erlebt derzeit einen Boom an Museumsneubauten, der außergewöhnlich ist im Zeitalter der kulturellen Sparkommissare, die allent-

Hinein ins volle Menschenleben

Das neue „natur musée" in Luxemburg
ist ein Abenteuer-Spielplatz für Kinder und Erwachsene

halben die Etats bestimmen. Im Frühjahr 1996 wurde in der Altstadt das Historische Museum der Stadt eröffnet, Anfang 1997 öffnete in der Unterstadt Grund das neue „natur musée" seine Pforten, das zuvor schon als naturkundliche Sammlung im Nationalmuseum am Fischmarkt ein allerdings recht beengtes Schattendasein geführt hatte.

Und bis zur Jahrtausendwende schließlich sollen noch das neue Kunstmuseum und gleich daneben das Festungsmuseum auf dem Kirchberg dazu kommen.

Naturkundemuseum – das riecht irgendwie nach verstaubten Tierpräparaten und endlosen Vitrinen mit altem Gestein und Gebein. Davon hier keine Spur. Der Besucher betritt zwar ebenfalls altes Gemäuer, das ehe-

Speedy Gonzales der Urzeit?
Fossil eines Ichtyosauriers.

malige Frauengefängnis und frühere Hospiz St. Jean, aber das ist so einladend und ansprechend saniert und für Museumszwecke hergerichtet worden, daß es eine reine Freude ist, durch die Ausstellungsräume zu schlendern.

Aus einem lichten, von einer Glaskuppel überwölbten Foyer, taucht man gleich ein ins volle Menschenleben: „Wer bin ich?" lautet die Existenzfrage in Saal 1, in dem man zunächst tastend-sehend-forschend dem

Von der Eiszeit in den Weltraum:
Im „natur musée" ist alles anschaulich und kann buchstäblich begriffen werden.

Zell-Wesen Mensch auf den Grund gehen kann. Ganz anschaulich-unkompliziert, so daß es auch Kinder verstehen, wie überhaupt die gesamte Museumskonzeption sehr kinder- und familienfreundlich angelegt ist. Nachdem man nun erstmal seine Herkunft als Mensch abgeklärt hat, taucht man im nächsten Abschnitt ein in die Flora und Fauna Luxemburgs. Wobei die ausgestopften Tiere nur Statisterie sind für eine großformatige Tonbildschau über die Landschaften des Großherzogtums und ihre Bewohner. In Schaukästen und Vitrinen erfährt man dann weitere Details über die Regionen Luxemburgs, die Beschaffenheit ihrer Böden, was darauf wächst und wie man das „Wachstum" zum Beispiel als Butter, Fleisch oder Wein vermarktet. Und überall stehen elektronische Datenbanken, auf denen jedes Kind über Bildschirm weitere Informationen abrufen kann.

Großer Beliebtheit beim kleinen Publikum erfreuen sich auch die Videomikroskope, die jeder selbst bedienen kann. Da sieht auf dem Monitor die Oberfläche der eigenen Hand wie eine Mondkraterlandschaft aus, und Haare wehen wie Bäume im Abendwind.

Aber auch vorbereitete Präparate wie Käfer und Insekten können hier eingehend studiert werden.

In einer kleinen Extra-Nische wird per Video-Trick demonstriert, wie sich Wolken bilden und warum es regnet. Ein Stockwerk höher wird man mit aufwendig gedrehten Videos in die Steinzeit katapultiert. Und in der geologischen Abteilung erfährt man ebenfalls anschaulich alles, was man schon immer über Erdbeben wissen wollte.

Wie man sieht, das „natur musée" ist eher ein Abenteuer-Museum, in dem man auf eigene Faust Entdeckungen machen kann und beim Video-Gucken ganz spielerisch und en passant auf das gestoßen wird, was unsere Welt so im Innersten zusammenhält.

Wolfgang Felk

Kontakt

Musée National d'Histoire Naturelle (natur musée)
25, rue Münster
L - 2160 Luxembourg
Tel.: 0 03 52/46 22 33 1

Öffnungszeiten

15. Mai - 15. September:
Dienstag - Sonntag:
10 - 18 Uhr

Eintrittspreise

Erwachsene: LUF 100,-
Kinder + Jugendliche
von 6 - 18 Jahre: LUF 50,-
Familien (2 Erwachsene + Kinder oder 1 Erwachsener + mehr als 2 Kinder): LUF 200,-

Anfahrtsweg

Luxemburg - Stadtteil Grund. Kaum Parkmöglichkeiten. Mit PKW am besten ins Parkhaus-Plateau der St. Esprit, von dort aus mit dem Aufzug in den „Grund" über die Alzette-Brücke, danach links und erste Straße wieder links.

Taigatrommel und deutsches Krokodil
Das Dampflok-Museum in Hermeskeil

Eine Generation ist es her. Da schnauften und fauchten noch die Dampfloks auch in Deutschland über die Schienen. Sie zogen unendlich lang erscheinende Güterzüge hinter sich her oder sorgten für die Beförderung von Reisenden. Unentbehrlich waren die schwarzen Ungetüme für die Mobilität von Menschen und Waren. Dann wurden sie ausgemustert, auf die Abstellgleise geschickt, verschrottet, mit dem Schneidbrenner zerlegt. Nur wenige Exemplare überlebten das Ende der Dampflok-Ära, zumeist dank der Privatinitiative geradezu besessener Sammler.

Einer dieser Sammler ist der EDV-Berater Bernd Falz. Er hat seit den 80er Jahren aufgekauft, was noch aufzukaufen war. In der damaligen DDR ebenso wie in der Bundesrepublik. Und seine Sammlung – oder besser gesagt: ein Teil derselben – ist im Dampflok-Museum in Hermeskeil auch für die Öffentlichkeit zugänglich.

Insgesamt 50 Lokomotiven der Falz-Sammlung stehen auf dem Gelände des ehemaligen Bahnbetriebswerkes direkt neben dem kleinen Bahnhof von Hermeskeil. Auf Schienen, die selbst schon museal sind, reihen sie sich im Freien aneinander, diese gewichtigen Monumente der industriellen Revolution. In gleich mehreren Reihen nebeneinander haben die Dinosaurier der Eisenbahngeschichte aus allen Ecken Deutschlands nach ihrer letzten Fahrt einen Platz zum Überleben gefunden. Vom Rost angenagt und von Moos bewachsen stehen sie regungslos da. In manchen Tendern liegt noch die Kohle. Falz und seine ehrenamtlichen Helfer stehen in einem ständigen Kampf gegen den Zerfall.

Im Lokschuppen zeigen sich 6 Lokomotiven im sorgsam restaurierten Zustand. Sie sehen aus, als könnten sie jederzeit wieder auf große Reise gehen. Unter ihnen die Kriegslokomotive 52 1423, gebaut 1943, mit ei-

Mit seinen 5 000 PS galt das „Krokodil" einmal als nicht zu übertreffender Kraftprotz auf den europäischen Schienennetzen.

nem Leergewicht von 94 Tonnen, einer Länge von beinah 23 Metern und einst mit ihren 1.620 Pferdestärken ganze 80 Stundenkilometer schnell gewesen. Sie hat wohl einmal Soldaten an die Front gebracht und Flüchtlinge in fremde Gegenden, vielleicht hat sie auch Menschen in Viehwaggons in KZs transportiert und dann wiederum nach dem Krieg zehntausenden von Städtern die Hamsterfahrten aufs Land ermöglicht.
Loks, die Geschichte geschrieben und begleitet haben. So auch jene der 50er Reihe – ebenfalls im Schuppen – die den letzten Dampfzug von Saarbrücken nach Trier gezogen hatte. Gleich daneben eine Henschel des Jahrgangs 1937, ein 132-Tonnen-Ungetüm mit 2.240 PS

Dampfloks auf dem Abstellgleis.

Kontakt

Dampflok-Museum
Bernd Falz
Postfach 11 66
54411 Hermeskeil,
Tel.: 0 65 03/12 04
Seit dem 17. April neue Ausstellung

Öffnungszeiten

16. März - 1. November an Wochenenden und Feiertagen 10 - 18 Uhr. Juli und August auch werktags 10 - 16 Uhr.

gut für 130 Stundenkilometer. Sie ist eine 01-Lok der Deutschen Reichsbahn und damit eine Rarität.

Aber in dem Dampflok-Museum von Hermeskeil sind nicht nur Dampflokomotiven zu sehen. Vielmehr gehören zur Sammlung auch seltene E- und Diesel-Loks, die ebenfalls vor Jahren schon außer Dienst gestellt worden sind. Die legendäre E-Lok mit dem Kosenamen „deutsches Krokodil" gehört dazu, so genannt, weil sie in der Originalfarbe grün und mit den zwei schnauzenartigen Vorbauten an das besagte Tier erinnert. Mit seinen 5 000 PS galt das „Krokodil" einmal als nicht zu übertreffender Kraftprotz auf den europäischen Schienennetzen.

Manch ein Exponat in Hermeskeil gehört in Mitteleuropa zwar schon zu den ausgestorbenen Lok-Gattungen, erfreut sich aber in entlegenen Gegenden des Kontinents noch ungebrochener Vitalität im tagtäglichen Einsatz, wie z.B. die aus der DDR überführte russische Diesellok mit dem Spitznamen „Taigatrommel", deren 12-Zylinder-Zweitakt-Motor nichts von Lärmschutzwerten hält. Die Maschine wurde noch im 2. Weltkrieg entwickelt. Ihre Kraft aus 150 Litern Hubraum wurde auch für amerikanische U-Boote genutzt. Sowjetischer Technologietransfer zugunsten des Verbündeten USA. Die „Taigatrommel" von Hermeskeil ist noch voll funktionsfähig, nicht anders, als jene Exemplare, die immer noch im „wilden Osten" Rußlands unterwegs sind.

Und dann sind da auch noch die bejahrten Wagen, die hinter den Loks Millionen von Kilometern hergerollt sind: ein DB-Werkstattwagen mit Holzaufbau beispielsweise, aber auch ein Schlafwagen aus dem Orient-Express oder der MITROPA-Speisewagen des Baujahrs 1937. Alles ist angenagt vom Zahn der Zeit. Aber eben noch da für jene, die sich noch an jene Zeiten erinnern, als die Rauchfahnen der Lokomotiven zum Landschaftsbild gehörten. Und alles ist da auch für jene, die schon in die Zeit des ICE und TGV hineingeboren wurden.

Gabor Filipp

Eintrittspreise

Erwachsene: DM 6,-
Kinder: DM 3,-
Der Familieneintrittspreis (Eltern mit Kindern) beträgt DM 12,-

Anfahrtsweg

Autobahn A 1 bis Ausfahrt Hermeskeil. Im Ort den Bahnhof anfahren. Dort sind auch Parkplätze. Das Dampflokmuseum ist vom Bahnhof aus durch eine Fußgängerunterführung zu erreichen.

Die Zitadelle von Bitche thront über dem gleichnamigen lothringischen Städtchen auf einem langgestreckten Felsen und war einmal für Frankreich von

Der Geruch des Krieges
Die Zitadelle von Bitche

großer strategischer Bedeutung, verteidigte sie doch den Vogesenübergang zwischen dem Elsaß und Lothringen.

1679 wurde sie errichtet und zwar nach den Plänen Vaubans, der sich als Festungsbaumeister Ludwigs XIV. weithin einen Namen machte. Kaum errichtet, schien die Geschichte der Zitadelle schon wieder beendet: Die Bastion und die Wälle wurden geschleift. Aber da kam 1714 die Renaissance der mächtigen Anlage

Die trutzige Festung im romantischen Bitcherland...

durch den Wiederaufbau, damit auch die Voraussetzung für eine glorreiche Festungsepoche, in der die Gegner zweimal vergeblich versuchten, die 25 Meter hohen rötlichen Sandsteinwälle zu überwinden.

Bei der zweiten Gelegenheit trotzte die Zitadelle 1870/71 monatelang der preußisch-bayerischen Übermacht, kapitulierte ihre Besatzung selbst dann noch nicht, als Napoleon III. längst den Krieg verloren hatte und der Waffenstillstand in Paris schon unterschrieben war.

Vor allem diesen heroischen Widerstand läßt ein Programm wieder lebendig werden, das „Citadelle Vivante" betitelt ist. Filme, Diaprojektionen, Lichteffekte, Töne, Geräusche und Gerüche begleiten den Besucher vom Eingangstor an über das Pflaster des

...verteidigte einst den Vogesenübergang zwischen Elsaß und Lothringen.

Das Programm „Citadelle Vivante" spricht alle Sinne an.

Kontakt
Zitadelle Bitche
Tel.: 0 03 33/87 96 18 82
Fremdenverkehrsamt Bitche
Tel.: 0 03 33/87 06 16 16
oder 87 96 18 82

Öffnungszeiten
Täglich vom 1. März bis zum 15.November 10 - 17 Uhr, im Juli und August bis 18 Uhr geöffnet.
Dauer der Besichtigung: 2 Std. Auch bei sommerlichen Temperaturen ist es unten im Felsen mitunter kühl!
Kinder unter 7 Jahren bekommen keinen Kopfhörer, für sie kann es langweilig werden.

Zugangswegs hinab in die unterirdischen Gänge des historischen Bollwerkes und schließlich wieder hinauf auf das Plateau. Ein ausgeklügeltes technisches System macht diese Art von Führung möglich. An der Kasse wird ein Infrarotkopfhörer überreicht, der dann in drei Sprachen – wahlweise in Französisch, Deutsch oder Englisch – die Erklärungen übermittelt. Unterwegs sind dann zusätzlich vielerorts Lautsprecher installiert für ergänzende Geräusche wie Pferdegetrappel oder Kanonenschüsse. In den Gängen und Sälen der Kasematten geben außerdem jeweils mit Elektronik gefüllte metallene Säulen auch noch „just in time" Geruchskompositionen frei. In den Stallungen tief im Fels riecht es etwa plötzlich streng nach Kühen und Schafen, im ehemaligen Lazarettsaal nach Karbol, in der einstigen Kornkammer nach Weizen und in der schon lange außer Betrieb befindlichen Latrine nach...
Alle Sinne werden angesprochen. Die Ereignisse von 1870/71 werden mehrdimensional und plastisch nacherlebbar. 1 500 Franzosen hielten damals die Zitadelle gegen 7 000 deutsche Soldaten, die trotz modernster Kanonen und Dauerbeschuß nicht zum Erfolg kamen. 8 000 Geschosse fegten die Aufbauten der Zitadelle hinweg und legten Bitche in Schutt und Asche. Aber der Kommandeur Teyssier und seine Mannen hielten unter den größten Entbehrungen und unter schweren Verlusten ebenso stand wie die meterdicken Mauern

Frankreich ergab sich – aber die Bitcher Zitadelle nicht.

und das in Fels geschlagene mehrstöckige Labyrinth. Frankreich ergab sich schließlich, aber die Bitcher Zitadelle nicht. Für die Verteidiger gab es zwei Monate nach Abschluß des Waffenstillstandes einen ehrenvollen Abzug, dessen Bedingungen Teyssier bestimmt hatte.

Das audiovisuelle Schauspiel geht kurz auch auf das Schicksal der Zitadelle im Zweiten Weltkrieg ein. Damals war sie eine Flakstellung mit zwangsverpflichteten Lothringern und Zufluchtsstätte für die Bitcher Bevölkerung.

Der Besucher, der sich für den gesamten Rundgang ca. zwei Stunden Zeit nehmen muß, kann nach seinem Auftauchen aus der „Unterwelt" noch mit seinem Kopfhörer das Historische Museum des Bitcherlandes und das Museum des Zweiten Kaiserreiches in den letzten übrig gebliebenen Bauten des Plateaus besichtigen. Besonders sehenswert ist da die Sammlung von Hieb-, Stich- und Feuerwaffen aus dem 18. Jahrhundert mit wertvollen Stücken, die vor Jahren auch schon einmal das Interesse fachkundiger Diebe fanden. Deren Freude an der Beute währte allerdings nicht lange.

Gabor Filipp

Eintrittspreise

Erwachsene: FF 38,-
Gruppen: FF 29,-
Kinder, Studenten: FF 23,-
Gruppen: FF 19,-
Kinder unter 7 Jahren: frei
Gruppen auf Anmeldung!

Anfahrt

N 62 Richtung Haguenau, 8 km vor Bitche gibt es zwei Alternativen. Die schönere Strecke ist die nach links über Frohmuhl, über die D 35 und das Hochplateau. Dann kann man Bitche von einer Anhöhe aus überschauen und hat die Zitadelle in ihrer gesamten Ausdehnung und Mächtigkeit vor sich.

Lunéville – südöstlich von Nancy gelegen – ist wegen seines Schlosses bekannt und wegen der Fayencerie. Aber es gibt mindestens noch einen Grund um hinzu-

Die Opas des Mountainbike
Musée de Cycle et de la Moto, Lunéville

Mit Motor...

fahren, in diese ehemalige Hauptstadt einer kleinen Grafschaft. Und dieser Grund ist das Motorrad- und Fahrradmuseum direkt gegenüber dem Chateau. Es handelt sich um ein Spezialmuseum, derer es in dieser Art nicht viele in Europa gibt.

Monsieur Chapleur hat sich die Mühe gemacht, die über 200 Raritäten zusammenzutragen, sie in einem alten Hinterhaus auf drei Geschossen aufzustellen, damit sie auch von der Öffentlichkeit bewundert werden können.

Eröffnet hatte der immer noch amtierende, aber leider etwas wortkarge Patron sein Museum Ende der 60er

...oder ohne:
Monsieur Chapleur hat über 200 Zweirad-Raritäten zusammengetragen.

Jahre. Und seither können die Zweiradbegeisterten von nah und fern kommen, um zu staunen, welche Fortschritte die Technik schon im 19. Jahrhundert vorzuweisen hatte. Selbst jene Besucher, die ein ausgeklügeltes Mountainbike oder eine supermoderne japanische 100-PS-Maschine ihr eigen nennen, dürften nach dem Besuch des Museums nicht umhin können festzustellen, daß unsere Groß- und Urgroßväter schon eine Menge drauf hatten bei der Konstruktion der motorisierten und unmotorisierten Zweiräder.

Um mit den ca. 50 per Muskelkraft und Pedal angetriebenen Exemplaren zu beginnen: da sind beispiels-

Kontakt
Office du Tourisme de Lunéville
Mme Chapleu
Aile Sud du Château
F-54300 Lunévill
Tel.: 0 03 33/83 74 06 55
Fax: 0 03 33/83 73 57 95

weise diese kurios ausschauenden Hochräder mit Holzfelgen und noch ohne Gummibereifung, aber schon der Lallement von 1865 verfügt über eine Vorderradbremse. Nach der Jahrhundertwende (1903) kam die Touricyclette auf den Markt, bereits mit Rücktritt-

Château de Lunéville.

bremse und zwei Gängen. Zwei Jahre danach konnte der sportliche Radfahrer mit der Levocyclette Terrot gar schon ein 10-Gang-Rad erwerben. Und auch so etwas ist im Museum zu bewundern: der Side-Car P.E.U.P.L.E. – ein Fahrrad mit Beiwagen aus Korbgeflecht, seinerzeit für 3.160 Francs zu haben, wenn jemand die Oma spazierenfahren wollte.

Nicht minder erstaunlich ist, was die Motorradhersteller früherer Jahrzehnte zu offerieren hatten: den Antrieb über eine Kardanwelle hatte 1913 schon das Moto F.N. mit einer Maschine von 285 cm^3, über zwei Gänge zu schalten. Ein Jahr später fuhr ein schlankes

Peugeot-Motorrad über Frankreichs Straßen, zwar nur mit dreieinhalb PS, aber dafür hatte der Vorgänger der späteren Mopeds schon einen Kickstarter. 1922 gab es mit dem Monet-Goyon Supervelauto so etwas wie einen Motorroller, der immerhin 65 km/h Spitze schaffte. Und Ende der 20er Jahre wurde die Zweizylindermaschine der britischen Scott mit Wasser gekühlt.

Sollte jemand so furchtbar stolz auf seine enorm schnelle, moderne Kawasaki sein, der verharre wiederum in Ehrfurcht vor der 500 cm^3-Norton des Jahrgangs 1959, die es im sechsten Gang auf atemberaubende 240 km/h brachte.

Man sollte sich Zeit nehmen für dieses Museum, das so viele Raritäten auf engstem Raum zu bieten hat, aufgebockt auf dunklen und fast ebenfalls schon historischen Bretterdielen. Das Fotografieren und Berühren der Exponate ist verboten. Der direkte Kontakt mit den Velos und Motos ist ohnehin nicht möglich, weil sie hinter Absperrungen aus Motorrad- und Fahrradketten stehen. Das ist auch gut so. Sonst könnte jemand etwa auf dumme Gedanken kommen, sich etwa das britische Fallschirmjäger-Motorrad unter den Arm klemmen, das teilweise zusammenklappbar ist, kaum 40 Zentimeter in der Höhe mißt und nur 43 Kilogramm auf die Waage bringt. Gebaut wurde es 1943.

So bleiben denn bewundernde Blicke auf die Kostbarkeiten des Monsieur Maurice Chapleur, der alle Stücke mit kleinen erklärenden Schildchen versehen und außerdem die Wände mit angegilbten Reklamepostern der glorreichen Fahrrad- und Motorradvergangenheit geschmückt hat.

Gabor Filipp

Öffnungszeiten

Jeden Tag von 9 - 12 Uhr und von 14 - 18 Uhr, „sauf le lundi".

Eintrittspreis

FF 20,-
Bei Gruppen von 20 Personen oder mehr: FF 10,- pro Person. Im letzteren Fall telefonische Anmeldung erbeten unter der Telefonnummer:
0 03 33/83 74 07 20 bzw.
83 74 10 56

Anfahrtsweg

Der schnellere, aber etwas längere Weg (ca. 180 Kilometer) ist der über Metz und Nancy. Die Autobahn ist nur auf dem ersten Abschnitt ab St. Avold gebührenpflichtig (18 FF). Kürzer ist der Anfahrtsweg ab Saarbrücken über Saargemünd und die Autobahn bis Phalsbourg, von wo aus auf der N 4 bis Lunéville weitergefahren wird. Diese Strecke ist rund 130 Kilometer lang und auch relativ flott zu bewältigen.

Mich laust der Affe!
Von Störchen, Falken und Makaken rund um die Hochkönigsburg

„Schnaps" heißt einer der Stars des Greifvogelgeheges in Kintzheim „Schnaps" ist ein riesiger Mönchsgeier, über 25 Jahre alt, mit einer Spannweite von knapp zwei Meter und fünfzig. Er ist keiner der Stars, keiner, der die sensationellen, publikumswirksamen Kunststücke vorführt, wie das etwa die Schwarzen Milane tun. Die greifen sich zum Beispiel in die Luft geworfene Fleischstückchen im Sturzflug. Oft kommt es dabei zu kleinen Rangeleien, wenn der Trainer den Beuteköder genau zwischen zwei Vögeln hochwirft. „Schnaps" ist eher einer, dem es genügt, durch seine majestätische Größe zu wirken. Er ist einer der ältesten Vögel im Gehege und gehört, wenn man so will, zur Gründungsmannschaft der „Volière des Aigles", wie die Adlerwarte offiziell heißt und wie sie auf den Schildern ausgewiesen ist. Doch eben nur eine „Adlerwarte" ist die Volière eben nicht. Alle möglichen Arten von Greifvögeln finden sich auf der kleinen Burgruine von Kintzheim aus dem 8. Jahrhundert: Eulen, Uhus, Habichte, Bussarde, Gänsegeier, Seeadler, Sperber, Condore und und und. Und eben auch der Königsadler. Der Adler, der König der Lüfte. Und dort, in seinem Element, kann man ihn bewundern. Dann nämlich, wenn Flugvorführungen an der Burgruine stattfinden. Zuvor allerdings wird der König der Lüfte, wie übrigens seine Artgenossen auch, mit kleinen Sendern versehen, die ein leichtes Auffinden der Tiere ermöglichen sollen, wenn sie sich zu weit von der Burg entfernen und aus irgendeinem Grund nicht mehr heimkehren. Eine Vorsichtsmaßnahme, die notwendig ist. „Schnaps", der große Mönchsgeier, wurde vor Jahren einmal von einem Bus erfaßt, als der Geier versuchte, sich von seinem Landeplatz weitab von seinem Zuhause wieder in die Lüfte zu schwingen. Normalerweise jedoch bleiben die Tiere nahe der Ruine, gehorchen den Trainern

**Adlerwarte
von Kintzheim**
Tel.: 0 03 33/88 92 84 33

Öffnungszeiten
Anfang April - Ende Oktober:
14 bis 16 Uhr
14. Juli - 20. August:
10 bis 11.15 Uhr

Preise
Kinder: FF 30,-
Erwachsene: FF 45,-

In Kintzheim gehorcht selbst der „König der Lüfte" auf's Wort.

Affenberg von Kintzheim
Tel.: 0 03 33/88 92 11 09

Öffnungszeiten
Anfang April - Ende Oktober:
1. - 11. November:
nur Mi, Sa, So
April, Oktober, November
10 -12 Uhr und
13 -17 Uhr
Mai, Juni, September
10 -12 Uhr und
13 -18 Uhr
Juli und August
10 -18 Uhr

Preise
Kinder: FF 25,
Erwachsene: FF 40

„auf's Wort". Die Flugschau der Greifvögel ist weniger eine Tierschau abgerichteter Vögel zum Vergnügen der Zuschauer, vielmehr soll den Besuchern die Möglichkeit gegeben werden, die Tiere in ihrem Element zu erleben: Wie sie Beute greifen, wie sie sich vom Boden oder vom Arm des Trainers in die Luft schwingen, wie sie sich bewegen. Es ist eher eine didaktische Schau. Besonders dann, wenn „Arsène" auftritt, ein kleiner ägyptischer Geier mit einer bemerkenswerten Besonderheit. Normalerweise im warmen Afrika zu Hause, ernährt sich dieser Vogel von Straußeneiern. Um diese zu öffnen, bedient sich das Tier eines Tricks. Es nutzt einen Stein. Der schwere Stein wird mit dem Schnabel aufgenommen und solange auf das große Straußenei fallen gelassen, bis es bricht. In Kintzheim bedient man sich eines straußeneiähnlichen Objekts aus Gips, an dem der kleine Geier dann zur Freude der Zuschauer

Lausige Zeiten:
Fellpflege auf Affenart.

Die Berberaffen von Kintzheim haben berühmte Verwandte auf dem Felsen von Gibraltar.

seine Pfiffigkeit demonstriert. Während „Arsène" die Eier knackt, die Milane die hochgeworfene Beute erjagen, während Geier und Adler über der Burg kreisen, erläutert ein Moderator das Verhalten und die Aktionen der Vögel. Vor und nach der „Flugschau" kann man sich dann bei einem Spaziergang durch das Burggelände – vorbei an den kleinen Volieren, vorbei an den Baumstümpfen, auf denen die großen Greifvögel zumeist hocken, im einzelnen über die Tiere informieren. Wie in einem Zoo sind hier Erläuterungstafeln aufgestellt, die Auskunft geben über Herkunft, Verbreitung und Art der jeweiligen Tiere.

Verläßt man die Adlerwarte, sind es nur ein paar Kilometer den Berg hinauf, den Hinweisschildern nach, zum „Montagne des Singes", dem „Affenberg". In einem 20 Hektar großen Waldgelände leben hier über 200 Berberaffen. Das Besondere dieser Anlage im Unterschied zu einem Zoo, der Besucher kommt in unmittelbaren Kontakt mit den Tieren. Ein Rundwanderweg führt durch einen kleinen Teil des "Affengebietes", in dem seit über 25 Jahren Berberaffen zu Forschungszwecken gehalten werden. Vor allem unter-

**Storchenwarte
von Hunawihr**
Tel.: 0 03 33 / 89 73 72 62

Öffnungszeiten
Anfang April - Ende Oktober:
täglich vor- und nachmittags
von 10 - 12 Uhr und
14 bis 18 Uhr.
Anfang November -
11. November: Mi, Sa und So
geöffnet. Vorführungen finden
ab 15 Uhr stündlich statt.

Eintrittspreise
Vormittags: FF 15,-
Nachmittags: FF 25,-

Anfahrtsweg
Autobahn nach Straßburg,
dann weiter nach Séléstat,
die D 159 nach Kintzheim.

sucht man hier das Sozialverhalten der Tiere. Die Berberaffen gehören zu der Familie der Makaken und leben vorwiegend in Nordafrika. Besonders bekannt sind diejenigen, die den Berg von Gibraltar bevölkern und bereits in zahlreichen Kinofilmen als Statisten auftreten mußten. Die Berberaffen werden rund 60 Zentimeter lang, die Schulterhöhe liegt bei 40 Zentimetern, bis zu 16 Kilogramm schwer, und sie können in den unterschiedlichsten klimatischen Zonen leben. So macht den elsässischen Berberaffen der kalte Winter der Vogesen wenig aus, herrschen doch in ihrer ursprünglichen Heimat, im Atlasgebirge Nordafrikas, im Winter ähnliche Temperaturen. Was es in Nordafrika allerdings weniger gibt, das ist Popcorn. Jeder Besucher des Affenparks bekommt davon eine Handvoll bei Betreten des Affengeländes. Und die Affen wissen das. Kaum begegnet man den ersten Tieren, die mit ihrem hell- bis dunkelbraunen Fell oftmals kaum zu erkennen sind, halten sie die Pfote auf und fangen an zu betteln. Solange, bis auch der letzte Krümel Popcorn aus der Hand verschwunden ist. Erst die offene leere Hand signalisiert den Tieren, daß es nichts mehr zu holen gibt. Der Besuch auf dem „Affenberg" ist ein Erlebnis. Denn hier kann man die Tiere in ihrer natürlichen Umgebung beobachten, ohne Zaun und Gitter. Da werden kleine Rivalitäten ausgetragen, einige liegen "faul" unter den Bäumen, andere tragen den Nachwuchs spazieren.

Der Besucher sollte sich innerhalb der abgegrenzten Wege aufhalten. Überschreitet er diese Grenze, dringt er in ein fremdes Territorium ein. Die Tiere erschrecken, laufen davon. In seltenen Fällen könnten sie auch angreifen.

Auch sollte man nicht versuchen, die Affen zu streicheln. Es sind wilde Tiere, die zwar an den Menschen gewöhnt sind, aber sie sind weder abgerichtet, noch gezähmt. Versucht man gar ein junges oder neugeborenes Tier zu streicheln, läuft man Gefahr, gleich eine ganze Gruppe von Affen zum Gegner zu haben.

Nur fünfzehn Kilometer von „Affenpark" und „Adlerwarte" entfernt in Hunawihr, kann man Bekanntschaft mit dem Vogel machen, der zum Elsaß gehört wie das Straßburger Münster oder der Flammekueche, dem Storch. Auf einem 5 Hektar großen Gelände erstreckt sich das „Centre de Réintroduction des Cigognes et des Loutres", ein Zentrum also zur Wiedereinführung von Störchen und Fischottern. Über 150 Störche leben auf diesem Gebiet, werden aufgezogen, finden dort Nistplätze. Während der Besucher beim Spaziergang durch den Park die Störche beobachten kann, hat man sich für die Otter etwas Besonderes einfallen lassen. Unter einem Flüßchen haben die Betreiber der Anlage einen Glastunnel gebaut, der einen einmaligen Blick auf die Tiere freigibt. In einem Aquarium können heimische Fische beobachtet werden, in einem anderen Becken mit Glasumrandung kann man exotischen Tieren wie Pinguinen oder Seehunden bei ihrer Unterwasserjagd nach Beute zuschauen.

Wer nach so vielen Tieren noch Lust und Laune für weitere Unternehmungen haben sollte, die Hochkönigsburg ist immer wieder einen Besuch wert.

Wolfgang Schmitt

Spätestens seit Hansis Dorfidyllen ist der Storch ein Wahrzeichen des Elsaß.

Fällt der Name Abreschviller, so denken die meisten an das Schriftstellergespann Erckmann-Chatrian, an Emile Erckmann, der 1822 in Phalsbourg geboren

Auf dem Holzwege
Das Holzbähnchen in Abreschviller

wurde, und an Alexandre Chatrian, einen Sohn des kleinen Ortes Abreschviller. Dort wurde er 1826 geboren. Den beiden zu Ehren gibt es in Abreschviller alljährlich im August ein Fest. Man feiert die „Hochzeit des Ami Fritz", ein Theaterspiel, das den Roman „Voyage de Noce de l' Ami Fritz" widergibt und der eben in Abreschviller spielt. Der kleine Ort mit seinen 1300 Einwohnern hat aber mehr zu bieten als lediglich ins Volksschauspiel umgesetzte Literatur. Die kleine Eisenbahn, die mitten im Dorf ihren Bahnhof hat und mehrmals am Tag hinauf zum Grand Soldat fährt. Es ist noch eine echte Eisenbahn, eine Dampflokomotive

Schnaufend und ächzend schleppen die Loks...

aus Großmutters Zeiten, die mit ihren drei Wagen den Weg von 6 Kilometern schnaufend und ächzend zurücklegt. Heute befördert die Bahn Touristen, früher war es Holz, das in einem Sägewerk auf dem Grand Soldat geschnitten wurde und ins Tal zur Weiterverarbeitung gebracht werden mußte. Das kleine Sägewerk steht heute noch da. Gesägt wird dort schon lange nicht mehr, aber man kann sich einen Eindruck von der Arbeit im Werk verschaffen. Ein Wasserrad trieb die gewaltigen Sägemaschinen seinerzeit an. Heute steht es still, die Sägeblätter setzen Rost an. Schautafeln erläutern den Besuchern die Arbeit im Sägewerk anhand kleiner Skizzenzeichnungen. Mehr als dieses alte Werk findet allerdings bei den Bahnfahrern der kleine Kiosk Anklang. Die Fahrt dauert immerhin über eine Stunde und macht durstig. Eine knappe Viertelstunde hat man auf dem Grand Soldat Aufenthalt, bevor die Bahn wieder schnaufend und dampfend durch den

...ihre drei vollgeladenen Waggons...

...den Weg zum Grand Soldat hinauf.

Wald hinab ins Tal fährt. Da geht es jetzt schneller als auf dem Hinweg an Schluchten vorbei. Eng am Hang schlagen schon mal die Zweige der Büsche und Bäume in die teils offenen Abteile der Wagen. Und der Ruß der Dampflok zieht hinein. Über ein paar schwarze Rußflecken auf der hellen Sommergarderobe sollte man sich nicht weiter ärgern. Wer nach der Fahrt Abreschviller nicht gleich verlassen möchte, der kann, wenn das Wetter es erlaubt, schwimmen gehen.

Kontakt
Chemin de Fer Forestier
d'Abreschviller
Gilbert Baillet
Tel.: 0 03 33/87 03 79 12
Fax: 0 03 33/87 03 79 06

Öffnungszeiten
Die Bahn fährt ab Mitte April bis Ende April nur an Sonn- und Feiertagen, im Mai, Juni und September samstags und Sonn- und Feiertags. Im Juli und August ist sie täglich unterwegs.

Preise
Hin- und Rückfahrt
Kinder bis 14 Jahre: FF 24,-
Erwachsene: FF 35,-
Die Fahrt dauert 1 1/4 Stdn.

Anfahrtsweg
Autobahn Richtung Straßburg bis Phalsbourg. Über die RN4 fährt man bis nach Sarrebourg, biegt im Ort auf die Route Départemental 44 in Richtung Hesse.

Unmittelbar neben dem Bahnhof gibt es ein naturbelassenes Schwimmbad, ohne Kacheln und betonierte Einfassung. Da kann man den Ruß im Gesicht dann wieder abwaschen.

Wolfgang Schmitt

Was Fürst Ludwig alles so aß
Das Saarland Museum aus Kinderperspektive

Die Alte Sammlung des Saarland Museums in Saarbrücken ist versteckt in der Karlstraße in einer ehemaligen Schule untergebracht. Über viele Jahre hinweg hielt die Alte Sammlung so etwas wie einen Dornröschenschlaf, kaum einer fand den Weg dahin, selbst von der Existenz eines solchen Museums wußten nur wenige. Das sollte anders werden, als die Museumsleitung im vergangenen Jahr beschloß, das Museum neu zu strukturieren und besonders im Innenbereich zu renovieren. Seit Anfang April nun erstrahlt die Alte Sammlung in neuem Glanz, und die Besucher kommen. Solche, die einfach nur neugierig sind auf das, was verändert wurde, solche, die durch die verstärkte Werbung des Museums zum ersten Mal auf die Alte Sammlung aufmerksam werden. Und Kinder kommen, meist in Gruppen, meist als Schulklasse. Aber

Keine Schwellenangst vor dem Museum…

auch „ohne Zwang", ohne das „schulische Muß" finden Kinder und Jugendliche den Weg zur Kunst und Kultur vergangener Epochen. Sie gehen dann selbständig auf Entdeckungsreise durch die Jahrhunderte: vom Mittelalter bis zur Jahrhundertwende. Sie schlendern durch Biedermeier und Barock, unternehmen Ausflüge in die Revolutionsgeschichte und machen sich vertraut mit der Geschichte ihrer Heimat. Solche Einzel-Expeditionen sind leicht durchzuführen: die neue Ordnung, die gelungene Struktur der Hängung und Präsentation der Exponate laden geradezu dazu ein. Die meisten Kinder und Jugendlichen allerdings vertrauen sich dem pädagogischen Dienst des Museums an, der es sich zur Aufgabe gemacht hat, das Museum, die Kunst und Kultur der Vergangenheit kindgerecht zu vermitteln. Es werden dabei Schwerpunkte gesetzt. Denn man kann nicht gleich das komplette Museum bei einem solchen Besuch kennenlernen. Es wird eine Auswahl getroffen. Man besucht die Gemäldeetage

... der Pädogoge zeigt...

… wie die Meister gemalt haben.

Kontakt

"Alte Sammlung" des
Saarland Museums,
Karlstraße 1
66111 Saarbrücken
Anmeldung für Führungen
(Empfang)
Tel.: 06 81 / 9964 - 0 oder
Pädagogischer Dienst
(Wolfgang Birk)
Tel.: 06 81 / 9964 - 214

Öffnungszeiten

Di - So 10 und 18 Uhr

Eintrittspreise

Schüler: DM 1,50
Erwachsene: DM 3,-

Literatur

"Komm und Schau" erhältlich im Museum für DM 24.- und im Buchhandel für DM 28.-

und widmet sich zum Beispiel den "neuen" Bildern wie dem Gemälde "Pastorale Landschaft" von Claude Lorrain oder dem Bild "Große Waldlandschaft" des Niederländers Cornelis Huysmans. Manchmal beschäftigt man sich aber auch mit Ausstellungsstücken, die lokalgeschichtlich eine Rolle spielen. Da besteht zum Beispiel ein großes Interesse für einen Kamin, der aus dem ehemaligen Herrenhaus der Familie Stumm in Neunkirchen stammt und mit seinen 3 Meter 40 Höhe ein monumentales Prunkstück einen Sonderplatz in der Stadt- und landesgeschichtlichen Abteilung einnimmt. Oder da sind die Orden von Fürst Ludwig von Nassau-Saarbrücken oder das Frühstücksservice des Fürsten, das aus der Ottweiler Porzellanmanufaktur stammt. Wolfgang Birk, der Museumspädagoge weiß diese Exponate anschaulich zu erläutern. Ob er nun bei den kleinen Kaffeekannen aus dem Frühstücksgeschirr des Fürsten auf die Geschichte des Kaffees eingeht oder das Bild "Gratulation zur Genesung des Erbprinzen Heinrich zu Nassau-Saarbrücken" von Jahnn Jokob Samhammer vorstellt und hier ein wenig auf die Geschichte der Medizin jener Zeit eingeht, Kunst- und Kulturgeschichte werden durch Geschichten und Anekdoten lebendig. Zur Sammlung selbst hat der pädagogische Dienst des Museums zusammen mit dem LPM, dem Landesinstitut für Pädagogik und Medien, auch ein Buch herausgegeben. Der Titel "Komm und

Schau". Hier finden sich nicht nur Informationen zur Kunstwelt der Vergangenheit, auch Praktisches, etwas zum Nachgestalten liefert dieser Buchkatalog. Da ist zum Beispiel ein Schnittmusterbogen für eine Weste zu finden, wie sie der Affe auf Johann Conrad Seekatz' Gemälde „Bettelmusikanten mit Hunden und Affen" von 1750 trägt. Diesen können die Kinder aus dem Buch kopieren: vielleicht für eine Weste für den Teddybären. Und es gibt Rezepte, z. B. für ein „Fürstengebäck", wie es Fürst Ludwig von Nassau-Saarbrücken beispielsweise vor mehr als zweihundert Jahren hätte essen können. Die Zutaten für das „Fürstengebäck":

275 Gramm Mehl
100 Gramm Zucker
75 Gramm Butter
50 Gramm Rübensirup
1 Ei
1 Teelöffel Backpulver
1 Teelöffel Zimt
Mandeln, Nüsse, Pistazienkerne,
Krokant zum Verzieren
Backpapier, Backblech, Ausstechformen,
Nudelholz

Aus den Zutaten wird ein Teig geknetet, der eine halbe Stunde im Kühlschrank ruhen muß, bevor er mit dem Nudelholz flach ausgewalzt und mit den Formen ausgestochen wird. Das „Fürstengebäck" wird verziert und kommt 15 Minuten lang in einen auf 175 Grad vorgeheizten Backofen.

Bon appétit!

Wolfgang Schmitt

Gar nicht zum Gruseln
Das Schloßgespenst von Saarbrücken

Im Foyer des Mittelpavillons des Saarbrücker Schlosses steht eine Gruppe von Kindern. Immer wieder hört man die aufgeregten Fragen: „Wann kommt es denn endlich?" und „Wo ist es denn bloß?". Und plötzlich ist es da: das Gespenst des Saarbrücker Schlosses! Es kommt zu einer für Gespenster recht ungewöhnlichen Zeit: mitten am hellichten Tag, um 11 Uhr vormittags – daher ist das Gespenst auch recht müde. Aber weil es ja ein gutmütiges Gespenst ist – kein böser Troll oder sonst ein furchterregendes Wesen – beginnt es, den Kindern seine Geschichte zu erzählen. Schließlich ist es ja mit über tausend Jahren der älteste Bewohner hier, und es kennt sich daher in der Vergangenheit des Schlosses wie kein Zweiter aus. Wenn man es allerdings genau nimmt, gibt es das Gespenst erst seit 1989,

Für seine kleinen Zuhörer steht das Gespenst zu Geister-Unzeit auf.

damals haben es nämlich die Macher vom Kulturforum Schloß erfunden, um Kindern Geschichte lebendig nahezubringen und so das Schloß als Bürgerschloß auch für die jüngsten Bürger interessant zu machen.

Trockene Vorträge über Historie, Diavorträge und andere anstrengende didaktische Instrumentarien fielen weg, als das Gespenst auftauchte und sich so gut bewährte.

Das Gespenst erzählt von den Anfängen des Schlosses als Ritterburg, von der Zeit der Grafen und Fürsten und von der Französischen Revolution. Bis in unsere Zeit reichen die kurzen, witzigen Passagen zur Schloßgeschichte, die von dem ungewöhnlichen Führer erläutert werden. Das Gespenst erwähnt auch, daß sich der Fürst früher manchmal in die Hosen machen mußte, da er die Toilette nicht schnell genug erreichen konnte – schließlich gab es damals noch nicht auf jeder Etage ein Klo!

Dieses Konzept, Geschichte lebendig zu gestalten und dabei die historischen Fakten in ihrem geschichtlichen Zusammenhang zu erläutern, trägt Früchte. Von überall her kommen mittlerweile Kindergruppen: aus Südwestdeutschland, Luxemburg und Lothringen, so daß das Gespenst mittlerweile sogar Französisch lernen mußte, um den ausländischen Gästen in deren Landessprache etwa von den „steinweichen Matratzen" oder den armen Bauern erzählen zu können. Die hatten sich vor sehr langer Zeit einmal gegen den Fürsten aufgelehnt, um für mehr Gerechtigkeit zu sorgen. Daß sogar Kindergeburtstage mit dem Gespenst gefeiert werden, zeigt, wie erfolgreich es arbeitet, pardon – spukt! Rund eine Stunde lang geistert das Gespenst mit seinen jungen Gästen durch das Schloß, bis es schließlich wieder müde wird und schlafen gehen muß. Wie sagt es doch so richtig von sich: „Ich schlaf' immer am Tag, denn nachts, da hab' ich zu tun!"

Wolfgang Schmitt

Kontakt

Kulturforum
Stadtverband Saarbrücken
Claude Adam-Brettar
Schloßplatz 2a
66119 Saarbrücken
Tel.: 06 81/506-367
Fax: 06 81/506-145

Geisterstunde

Gespukt wird jeden Sonntag um 11 Uhr.
Treffpunkt: Saarbrücker Schloß, Foyer Mittelpavillon (Ausnahme: zwischen Weihnachten und Silvester, Fasching, Ostern, Altstadtfest).
Die Führung ist kostenlos.

Mit Willi Basalt in die Erdgeschichte
Der Geopark im Gerolsteiner Land

Kennt ihr, kennen Sie Willi Basalt? Er wohnt in Gerolstein, in der Vulkaneifel und ist der erste Sproß der Gerolsteiner Gesteinsfamilie. Natürlich hat Willi Basalt auch Geschwister, ganz schön viele sogar, nämlich 16, zum Beispiel Oscar Dolomit, Hansi Sandstein, Anna Sandalina oder Elvira Rugosa. Mit diesem unternehmungslustigen, listigen und abenteuerlustigen Bergvölkchen können Kinder und Jugendliche die Schätze der Vulkaneifel kennen und erleben lernen. „Lebendige, dynamische Erde entdecken", heißt das Motto dieser Junior-Halbtagswanderung, die während der Ferienzeit mehrmals angeboten wird. Viele denken ja, daß Steine langweilig, schmutzig und tot sind und nicht sprechen können. Auf dieser Erlebnisreise sagt uns Willi Basalt, was er darüber denkt. Bei der ersten Station geht es darum, wie Steine entstehen, Willi Ba-

salt zeigt es eindrucksvoll beim Flußspiel, denn Flüsse sind ja die Geburtsstätten von Steinen. Dann führt die Wanderung weiter zum Lavabruch, mit verfüllten Steinen und vulkanischer Asche. Und dort können die kleinen Entdecker denn auch selbst einen Vulkan nachbauen, aus Pappe natürlich, aber mit einem Krater, einem Basaltgang – der Geburtsstätte von Willi Basalt also, einem Lavastrom und einem Spaltenausbruch. Von dort geht es dann weiter zur Dietzenley, von der aus ihr einen herrlichen Ausblick habt, aber nicht nur das. Die Dietzenley ist die freigelegte Schlotfüllung eines Vulkans – als Schlot bezeichnet man den Aufstiegsweg flüssiger Gesteinsschmelze. Diese Dietzenley ist umgeben von einem keltischen Ringwall, den man noch recht gut sehen kann. Dort gibt es sogenannte Pingen, das sind teilweise trichterförmige Löcher, die beim Brechen von Mühlsteinen entstanden sind. Von einigen Mühlsteinen, deren Qualität dann doch nicht so war, wie sie sein sollte, liegen heute noch

Kontakt

Verkehrsamt der Verbandsgemeinde Gerolstein
Dipl.-Geologin Frey
54661 Gerolstein
Tel.: 0 65 91 / 13 80 - 82

Die Gesteinsfamilie rings um Gerolstein zählt insgesamt 16 Mitglieder.

Gesteinskunde zum Anfassen:
der Geopark beweist, daß Steine weder tot noch langweilg sind.

Öffnungszeiten:
Der GEO-PARK ist für Einzelwanderer ganzjährig zugänglich.
Exkursionen
vom 28. Juni - 16. August jeden Di ab 9.30 Uhr.

Eintrittspreise
Der Eintritt ist frei.
Exkursionen mit mindestens 10 Teilnehmern kosten DM 7,- für Erwachsene und DM 4,- für Kinder.

Reste verstreut. Von der Dietzenley geht es dann wieder bergab, runter zum alten Gestein, dem roten Sandstein und zur nächsten Station mit dem Thema Wasserversorgung. Dort machen sich echte Junior-Wanderer dann auf die Entdeckungsreise nach Quellen und Quellgebieten und folgen dem Lauf der Wassertropfen, die zu einem Rinnsal werden, bis hin zur Mündung in einen kleinen Bach. Dort könnt ihr dann selbst wieder aktiv werden und messen, wieviel Wasser im Boden versickern muß, um ein bißchen Quellwasser entstehen zu lassen. Man kann dabei ein Gefühl für dieses Nahrungsmittel Nummer 1 entwickeln. Das Gebiet, in dem die Halbtageswanderung für Willi Basalt und seine Freundinnen und Freunde endet, ist nämlich der Grundwasserspeicher für die gesamte Verbandsgemeinde Gerolstein. Und dort könnt ihr sie dann auch sehen, diese merkwürdigen Mehrfachringe an der Wasseroberfläche, die ihr alle kennt, weil sie auch entstehen, wenn Regentropfen ins Wasser fallen. Doch im Kylltal sind sie auch zu sehen, wenn es ganz trocken ist und die Sonne scheint. Und obendrein macht es dort auch noch immer wieder blub, blub. Und manchmal sind es ganz schön große Blasen – und schon seid ihr mittendrin in der Welt des Sprudelwassers.

Damit ihr nicht ganz so alleine von dieser Entdeckungsreise ins Gerolsteiner Land zurückkehrt, könnt ihr auch einige Spielkameraden mit nach Hause nehmen, als Bastelvorlage. Zum Beispiel die Pantoffelkoralle, die von den Vulkaneifelern Anna Sandalina gerufen wird, oder den Dreilappkrebs, auch Trilobit genannt, der von seiner großen Gesteinsfamilie aber nur als Rudolpho Phacops bezeichnet wird. Und das ist doch schon mal was, oder?

Ulli Wagner

Anfahrtsweg

Über die A 1 und die A 48 bis Mehren/Daun, dann über die B 421 und die B 410 nach Gerolstein oder gleich über die B 51 nach Trier und dann weiter über die B 410 nach Gerolstein.

Speckschwarte und Tigerauge
Besuch in der Alten Wasserschleiferei Asbacherhütte

Die Alte Wasserschleiferei in Asbacherhütte ist schon in der dritten Generation im Familienbesitz. Ernst Biehl, der die Edelsteinschleiferei von Vater und Großvater übernommen hat, arbeitet auch heute noch häufig mit alten Techniken. Der Betrieb liegt etwas außerhalb des Dorfes direkt am Bach – so kann man die Wasserkraft am leichtesten und besten ausnutzen. Der Fischbach wird zur Nutzung im Betrieb umgeleitet und reguliert, damit die Schleifräder und -scheiben regelmäßig angetrieben werden. Der Bach treibt mit der Wasserkraft ein sogenanntes oberschlächtiges Schaufelrad. Das bedeutet, das Wasser fließt von oben über das Rad und treibt es so an; im Gegensatz dazu läuft ein unterschlächtiges Antriebsrad, wie z. B. in der historischen Weiherschleife in Idar-Oberstein rückwärts. Der Vorteil des oberschlächtigen Antriebs ist der geringere Wasserverbrauch, erklärt Ernst Biehl, bevor wir ins Innere des Betriebes kommen, in dem dank einer durchgehenden Antriebsachse mit großer Übersetzung ein zweites Rad läuft, das wiederum hölzerne Zahnräder antreibt. Die Zähne sind aus Hartholz, wie Eiche oder Heimbuche, die kann man selber anfertigen und auswechseln, wenn es nötig sein sollte. Aber das Holz ist sehr widerstandsfähig und manche der Zähne, die wir hier sehen, sind schon über 150 Jahre alt. Beschädigungen an den hölzernen Zähnen kommen in der Regel nicht durch die tägliche Arbeit, sondern – so weiß Ernst Biehl lächelnd zu erzählen – durch vorwitzige Besucher, die die Finger nicht von der Kurbel lassen konnten. Wenn nämlich außen gedreht wird, kommt das Wasser mit einem Schlag auf das Rad! Das kann das beste Rad nicht lange verkraften, dann brechen eben schon mal Zähne ab.

Die Lagerung der Achse ist innen wie außen eine einfache, geräucherte Speckschwarte, Die hält mitunter ein bis zwei Jahre, dann wird sie einfach ausgetauscht. Geschmiert wird die Achse mit geschmolzenem Fett der Schwarte – ganz wie früher. Durch die Transmission der Achsen kann man einmal die Geschwindigkeiten, die man zum Arbeiten braucht, variieren; zum anderen wird so ganz nebenbei auch noch über einen Dynamo der Gleichstrom gewonnen, der die uralten Glühbirnen zum Leuchten bringt. Die Birnen sind noch die ganz alten Kohledrahtlampen, auch schon 150 Jahre alt. Das waren die ersten Glühbirnen, wie Edison sie erfunden hat. Später kamen dann die Birnen mit Wolframfaden, dann der Vorgänger der heutigen Glühbirne. Je nach der Wasserregulierung wird auch das Licht heller!

Bis hierhin hat schon der Großvater von Ernst Biehl mit der gleichen Ausstattung in der Schleiferei gearbeitet. Die Diamantsäge, mit der der heutige Chef die Rohsteine zerlegt, hatte man allerdings früher noch nicht. Damals mußte man alles von Hand machen. Der erste Arbeitsgang, das Zerlegen der Rohsteine, ist

Auch heute verwendet Ernst Biehl noch viele Techniken...

damit heute wesentlich leichter geworden. Die Rohsteine werden in Scheiben von unterschiedlicher Dicke geschnitten, je nachdem, was daraus werden soll. Die Modelle werden dann aufgezeichnet, ausgeschnitten und bearbeitet. Auch das Anfertigen der Modelle ist heute viel leichter geworden als früher. Früher hatte man nämlich auch keine Karborundumscheiben. Die fertig ausgeschnittenen Gegenstände werden zum Schluß in Trommeln, die mit Karborundum-Pulver und Wasser gefüllt sind, glattgeschmirgelt. Im Prinzip geschieht in den Trommeln dasselbe wie mit Steinen, die im Flußwasser abgeschliffen werden, nur geht es so eben schneller. Nach diesem Grobschmirgeln wird dann am Sandstein fein geschmirgelt, zum Schluß werden die Stücke auf der Holzscheibe poliert.

Der Zeitaufwand zur Fertigstellung eines Modells ist übrigens ganz unterschiedlich. Zwischen einer Viertelstunde und zwei Stunden. Was heute in den Trommeln glatt wird, wurde damals am Sandstein von Hand geschmirgelt. Poliert wurde aber auch vor 400 Jahren schon an der Holzscheibe, wie sie Ernst Biehl auch heute noch im Sitzen oder manchmal auch im Liegen benutzt.

Nicht alle Stücke läßt man farblich unverändert, Naturachate z. B., die oft einfach grau sind, kann man nach dem Polieren sogar noch einfärben, wenn die Kunden das wünschen oder man bestimmte Farbvorstellungen vom fertigen Stück hat. Neun verschiedene Farben stehen zur Wahl, wie schnell die Achate die Farbe annehmen, hängt von der Porosität der Rohsteine ab. Mitunter kann das acht bis vierzehn Tage dauern, manchmal aber auch mehrere Wochen. Bunte Naturachate werden heute – wie überhaupt die meisten Steine – nicht mehr in der Region um Idar-Oberstein gebrochen. Die meisten kommen aus Ländern wie Südafrika, Madagaskar, Brasilien oder Indien. Die Einfuhr der Steine ist häufig preiswerter als die professionelle Steinsuche vor Ort. Die Qualität der heimischen Mineralien ist nicht mehr so gut; man hat durch Un-

...aus der Zeit seines Großvaters.

Alles eine Frage der Übersetzung: selbst das Licht funktioniert mit Wasserkraft.

reinheiten, Risse oder Löcher zuviel Abfall. Nur noch für die Sammler lohnt sich die Suche nach einem schönen Mineral. Für Schmuck kann man die Steine aus der Region kaum noch verwenden.

Der Wert eines fertigen Modells hängt in aller Regel vom Rohstein ab. Der Preis der Rohlinge richtet sich aber wieder nach Herkunftsland, Zustand, Transport und ähnlichen Faktoren, die der Kunde meist nicht beurteilen kann. Preisunterschiede bei ähnlichen Gegenständen kann im allgemeinen nur der Fachmann nachvollziehen. Ernst Biehl arbeitet in seinem Betrieb mit ganz verschiedenen Steinen. Zum Beispiel findet man bei ihm Landschaftsjaspis aus Südafrika, Naturachate, Tigerauge aus Brasilien, Südwestafrika oder Australien, Agenturen, Moosachate aus Indien oder Brasilien und dann den teuersten unter den genannten, den sogenannten Goldfluß. Das ist ein künstlicher Stein, den italienische Mönche aus Glas gießen. Es gibt ihn in blau, braun und grün. Sein Preis erklärt sich aus dem Monopol, das die Mönche auf seine Herstellung haben. Dann gibt es noch den Hämatit, den sogenannten Blutstein, bei dem sich das Wasser, mit dem man den Stein bearbeitet, blutrot verfärbt. Der Stein sieht ansonsten aus wie Schiefer, ist aber viel schwerer. Außerdem verarbeitet Ernst Biehl Haolit aus Brasilien, ein weißer Stein mit schwarz-grauer Marmorierung, der sich ebenfalls leicht einfärben läßt – und dann wie ein Türkis verarbeitet und angeboten werden kann.

Für alle Steine gilt, daß es heute meistens billiger ist, vorgefertigte Stücke zu importieren und dann Ketten oder Armbänder hier nur noch aufzuziehen. Ernst Biehl verfährt genauso. Er läßt viele Modelle kommen, die letzten eigenen Stücke macht er in seiner eigentlichen Freizeit, am Abend.

Seit 30 Jahren bereits arbeitet Ernst Biehl schon als Edelsteinschleifer, aber dem Sohn rät er schon, nicht mehr diesen Beruf zu ergreifen. Edelsteinschleifer – ein aussterbendes Handwerk? Als Edelsteinschleifer hat man kein sicheres Auskommen mehr. Sogar das Edelsteinmuseum in Idar-Oberstein ist in neue Räume umgezogen, weil der Unterhalt des alten Museums zu kostspielig geworden war.

Sabine Ertz

Kontakt
Ernst-Otto Biehl
Tel.: 0 67 86/15 05

Anfahrtsweg
Die Alte Wasserschleiferei der Familie Biehl kann man jederzeit besichtigen, Voranmeldung ist empfehlenswert, aber nicht unbedingt erforderlich. Man findet die Schleiferei leicht, wenn man der B 41 zum Beispiel bis Birkenfeld folgt, dann über die B 269 in Richtung Morbach fährt, über die L 162 über Allenbach bis Schauren fährt und dann der Beschilderung zur Wasserschleiferei folgt.

Schatzsuche vor 400 Jahren
Das Silberbergwerk von Ste Marie aux Mines

Wenn ihr Kind Tunnel liebt oder sich von der Erforschung kleiner oder großer Erdlöcher und Höhlen nur mühsam abhalten läßt, dann fahren Sie

nach Ste Marie aux Mines in den elsässischen Vogesen. Fahren Sie über die reizvolle Strecke Molsheim, Schirmeck in Richtung St. Dié auf der N 420. Dann können Sie kurz vor St. Dié in den längsten Vogesentunnel nach links abbiegen und kommen nach ca. 11 Kilometern direkt in Ste Marie aux Mines wieder ans Tageslicht, ein erster Spaß für Tunnelfreunde.

Sie werden dann sofort erblicken, was dieses kleine Städtchen dereinst zu einer der wichtigsten Städte des Elsaß gemacht hat: die Schlote, die Fabriken, die Industrie. Eng liegt die Stadt ins Tal geschmiegt, das Val d'Argent, das Tal des Silbers. Schon vor Jahrtausenden wurden hier Silberminen ausgebeutet. Ihren Höhepunkt fand die Suche nach Metallen im 16. Jahrhundert. Zu jener Zeit waren mehr als 2000 Arbeiter in den Minen rund um Ste Marie beschäftigt. Drei Jahrhunderte später arbeiteten 8000 Menschen in der blühenden Textilindustrie des Ortes. Heute hat Ste Marie aux Mines 4500 Einwohner. Davon leben nur noch wenige von den zwei verbliebenen Spezialbetrieben der Textilbranche. Viele dagegen vermitteln inzwischen die Eigenheiten einer gut ablesbaren Industriegeschichte an die Touristen hier im entlegenen Tal am Rande der stark befahrenen elsässischen Weinstraße.

Man kann die Stadt entlang des Liepvrette-Tals grob in die Textil- und die Silberseite aufteilen. Viele Bauten, ehemalige Fabrikgebäude, Villen der Fabrikbesitzer und ihrer leitenden Angestellten, Häuser für die Arbeiter, sie liegen auf der Tunnelseite im Nordwesten. Auf der anderen Flußseite im Südosten finden sich die älteren, mehr mittelalterlichen und barocken Gebäude aus der Minenzeit und aus den Anfängen der Textilin-

Eine Stunde Marsch und Kraxelei unter Tage: Die „Mine St. Louis Eisenthür" ist ein Paradies für kleine und große „Höhlenforscher".

dustrie, die ursprünglich von fliehenden Hugenotten in der Stadt aufgebaut wurde. Viele ehedem große Gebäude verfallen, oder man muß ihre Spuren und Reste suchen. Hier vergeht, was lange Zeit eine ganze Region wohlhabend und sehr lebendig machte. Vielleicht bietet der Ort eine gute Möglichkeit, mit Kindern über Fortschritt, Wandel und Zeitläufe nachzudenken und zu phantasieren.

Man sollte den Besuch in Ste Marie aux Mines möglichst im Maison de Pays, dem Museum, anfangen.

Kontakt
Fremdenverkehrsverein
Tel.: 0 03 33/89 58 80 50
Verein „ASEPAM"
„Centre du Patrimoine Minier"
Rue Weisgerber 4
F-68160 St. Marie aux Mines
Tel.: 0 03 33/89 58 62 11
Museum „Maison de Pays"
Place du Prensureux
F-68160 Ste Marie aux Mines
Tel.: 0 03 33/89 58 56 67

Öffnungszeiten
Mine St. Louis Eisenthür: Besichtigung ist nur in Absprache mit dem Verkehrsverein oder dem Verein „ASEPAM" im „Centre du Patrimoine Minier" möglich. Hier ist dann auch der Treffpunkt für die Expedition (Rue Weisgerber 4).
Museum: 1.Juni bis 30. September tägl. von 9 - 12 und von 14 - 18 Uhr. Man sollte sich unbedingt vorher beim Verkehrsamt nach einer Führung in deutscher Sprache erkundigen.

Eintrittspreise
Mine St. Louis Eisenthür:
FF 50,- für einen halben Tag
(Kinder unter 12 Jahren erm.)
Museum: Erwachsene: FF 17,-
von 8 - 16 Jahre: FF 8,-
Schüler: FF 6,-
2 Erwachsene und 2 Kinder
oder mehr: FF 35,-

Hier erfährt man in einer ehemaligen, modern umgebauten Textilfabrik einiges über die rund 150 verschiedenen, zum Teil sehr seltenen Mineralien, die im Zuge des Bergbaus und seiner späteren Erforschung im Tal gefunden wurden.
In der ersten Etage führt man automatische Webstühle vor, die komplizierten Muster der Stoffe, aber auch den Lärm, der in einer Fabrikhalle geherrscht hat, in der bis zu 300 solcher Maschinen standen.
Die dritte Abteilung des Museums macht Appetit auf die Bergbaugeschichte des Ortes. Neben der eher unterhaltsam aufbereiteten, mit neuzeitlichen Attributen wie Beleuchtung und Tonbandkommentar ausgerüsteten Mine St. Barthélemie, bietet die Mine St. Louis-Eisenthür ein ganz besonderes, originäres Erlebnis, das die ganze Familie zurückversetzt ins 16. Jahrhundert.
Zunächst fährt man mit dem Kleinbus durch das romantische Rauental. Hier, so wird unterwegs erzählt, lebten die Minenarbeiter des 16. Jahrhunderts, hier fand man auch die Kobaltmühlen, die man zuvor im Museum betrachten konnte. Viel wird auf dem Weg berichtet, von den schönen blauen Keramikglasuren, die aus Kobalt gemacht wurden, von den verschiedenen Metallen der Gegend, von den Hängen, die so lange abgeholzt wurden, da man das Holz für den Bergbau und die Holzkohlegewinnung brauchte, bis sie völlig kahl waren. Man nähert sich langsam der Mine und der Geschichte gleichzeitig, indem man zu Fuß zum Stolleneingang aufsteigt. Dort werden Ölzeug und Stiefel verteilt, sowie Helme mit Lampen daran. Man sollte eine möglichst alte Arbeitshose anziehen und einen warmen Pulli und für den Aufstieg feste Schuhe. Bei den letzten Instruktionen vor dem Mineneingang ist man schon fast in einer anderen Welt.
Dann beginnt ein sehr enger und dunkler Gang. Doch wenn man im klaren Echoraum dieser Wege durch das feste Gneisgestein, in dem die Bergleute Silber suchten

und teilweise auch spektakulär viel davon fanden, nicht zu laut ist, wenn man den eigenen Tönen hier und den Worten der Führerin lauscht, dann befindet man sich in den kühlen Stollen voller Pfützen plötzlich mitten in der Zeit von vor 400 Jahren. Eine Stunde lang geht man durch die eigene Phantasie, erahnt die harte Arbeit der Steinhauer und ihre enormen Silberfunde oder die Enttäuschung, wenn man jahrelang Stollen geschlagen hat in denen nichts zu finden war. Manchmal ist es abenteuerlich eng. Wenn man aber am Ende wieder in den sonnigen Wald hinaustritt, dann hat man etwas erlebt, was erdverbundener, historisch eindrucksvoller und wirklichkeitsnäher kaum sein kann.

Hier im Wald kann man sich tief in die Gedanken zwischen dem Bergmannsalltag des 16. Jahrhunderts und unterirdischen Koboldträumen fallen lassen oder sich im alten Schwimmbad aus der „reichen" Zeit Ste Marie aux Mines abkühlen. Reich an erlebbarer Geschichte, an schönen Bildern, an Abenteuer und gutem Essen, kurz an Lebensfreude ist die Stadt heute noch allemal, man muß sich nur darauf einlassen.

Helga Knich-Walter

Anfahrtsweg

Autobahn in Richtung Straßburg bis Saverne, dann die Route N 4 in Richtung Marmoutier/Molsheim, ab hier gibt es zwei Alternativen:
Die schöne Bergstrecke durch den Tunnel: hinter Molsheim die N 420 in Richtung St. Dié, hinter Provenchères S. Faveli in Richtung Sélestat per Tunnel. Dann kommt man direkt in Ste Marie aux Mines aus dem Tunnel heraus. Oder aber die Route N 4 weiter bis Sélestat, dort links die N 59 in Richtung Ste Marie aux Mines.

Vielleicht ist ja doch noch ein Silberbrocken im Berg zu finden.

Die Erinnerung an die Zeit des aktiven Bergbaus lebt in St. Ingbert ungebrochen fort. Nachdem zunächst ein Grubenlehrpfad eingerichtet worden war,

Kinder als Bergleute
Der St. Ingberter Rischbachstollen

hat die Initiative der Mitarbeiter aus der St. Ingberter Geschichtswerkstatt entscheidend dazu beigetragen, daß man den Rischbachstollen zur Besichtigung freigab.

Der Bergbau hat immerhin fast 200 Jahre lang den St. Ingbertern Lohn und Brot geboten, – heute können geschichtlich Interessierte das Leben unter Tage nachempfinden, wenn sie eine Führung durch den Stollen mitmachen.

Schacht ist das Loch, das senkrecht runtergeht, und der Stollen ist das Loch, das waagerecht reingeht.

Auf große Begeisterung stößt das vor allem bei den Kindern, die hier „live" erleben können, was für den Großvater vielleicht noch Alltag war. Ausgerüstet mit Grubenlampe, Bergmannskleidung, Helm, Schlägel und Eisen marschieren die Kleinen mit entschlossenen

Ob der Brocken für einen Zinnsoldaten reicht? In St. Ingbert kann sich jeder kleine Bergmann „sein" Stück Erzgestein aus der Wand brechen.

Mienen in den Stollen und hören aufmerksam zu, wenn Hans-Werner Krick ihnen erläutert, was es da zu sehen gibt.

Er erklärt, wie sie mit dem Eisen umgehen müssen, um ein Stück Erz aus der Wand zu brechen und zeigt den kleinen Bergleuten, was sie alles am Buntsandstein erkennen können.

Die Kinder sind zwischen 6 und 10 Jahre alt, mit Feuereifer bei der Sache. Die größeren haben in der Schule bereits vom Bergbau gesprochen, die kleinen haben so ihre Vorstellung durchs Fernsehen, Video und manche auch aus Erzählungen ihrer Großväter.

So ganz nebenbei lernen die Kinder auch, wie das Eisen vom Erz getrennt wird, Hans-Werner Krick schildert den Schmelzvorgang ganz anschaulich. So anschaulich, daß Daniel (6), der einen großen Batzen eigenhändig aus der Wand gehauen hat, meint, nun könne er sich

Nach einer kurzen Einweisung geht es an die Arbeit – noch sind die Schutzanzüge sauber.

Kontakt

VFG - Besucherbergwerk/
Rischbachstollen
Hans-Werner Krick
Josefstaler Str. 8
66386 St. Ingbert
Tel. und Fax: 0 68 94/38 32 95
Tel.: 0 68 94/38 32 95

Öffnungszeiten

Am letzten Samstag im geraden Monat „Tag der offenen Tür", ausgenommen im Dezember, oder nach Vereinbarung jederzeit.

selber einen Zinnsoldaten gießen, denn zu Hause hätten sie die Formen dazu und einen entsprechenden Ofen.....
Irgendwann hat dann jeder „sein" Stück aus der Wand gebrochen, es kann weitergehen in Richtung Schacht. Unterwegs wird erst einmal geklärt, was der Unterschied ist zwischen einem Stollen und einem Schacht: „Der Schacht ist das Loch, das senkrecht runtergeht und der Stollen ist das Loch, das waagerecht reingeht" – Daniel kann man nicht für dumm verkaufen, schließlich war der Opa Bergmann!
Auf dem Weg zum Schacht kommt die kleine Gruppe an einem Holzausbau vorbei, einem Türstock! Hans-Werner erklärt auch hier, wozu man diese Türstöcke braucht und wie sie gemacht werden.
Das übt inzwischen der zweite Teil der Gruppe, die etwas Größeren. Unter der Anleitung eines ehemaligen Bergmannes, der über 30 Jahre lang unter Tage gearbeitet hat, sägen sie eifrig Holzbalken auf die richtige Länge und spitzen sie zu, damit sie auch genau passen und sich so ineinander verkeilen, daß sie als Stütze auch brauchbar sind. Das ist ganz schön anstrengend, und daß die Bergleute früher 24 von diesen Türstöcken in einer Schicht gebaut haben, das können sich die Kinder kaum vorstellen. Manch einer stöhnt und schwitzt jetzt schon unter der Last der Geräte, die sie da mit sich

rumschleppen müssen, unter dem Helm, der den meisten noch ein gutes Stück zu groß ist und auf dem die Grubenlampe ziemlich schwer wird.

Die Vorstellung, hier wirklich arbeiten zu müssen, schmeckt nicht so toll. Aber so einen Nachmittag mal sehen, wie das Leben unter Tage ausgesehen hat, das macht schon Spaß.

Alle Kinder kommen mit drei Souvenirs aus dem Stollen: ein Stück Erz, selbst aus der Wand gehauen, ein Stück Lehm, das auf dem Weg zum Schacht aus der Wand gekratzt werden konnte und ein Stück echte Steinkohle, die die Kinder aber nicht selber hauen können, weil das im Moment noch zu gefährlich ist, die aber von einer extra aufgeschütteten Halde mitgenommen werden darf.

Und außerdem nehmen alle eine ganze Menge neuer Eindrücke mit, die ihnen keiner mehr wegnimmt. Die Führung mit den Kindern könnte statt der geplanten zwei Stunden auch auf fünf Stunden ausgedehnt werden, denn die jungen Bergleute sind voll bei der Sache, aber nach Ende der Runde sind alle doch ziemlich erledigt. Es ist ziemlich kalt im Stollen, es riecht nicht besonders gut, sondern leicht modrig, es ist feucht – und wer nicht das richtige Schuhwerk an den Füßen hat, bekommt langsam aber sicher kalte Füße.

Wichtig aber ist, daß diejenigen, die diese Führung mitgemacht haben, jetzt wahrscheinlich eine ganz andere Vorstellung haben werden von der Arbeit der Bergleute. Sie haben gespürt, wie hart es ist, unter Tage arbeiten zu müssen, wie das in die Knochen geht.

Bergbau bekommt eine ganz andere Dimension, die Nostalgie ist plötzlich real.

Die Führung ist wie eine Schicht. Wer Interesse an einem solchen Erlebnis hat, kann sich an die Geschichtswerkstatt in St. Ingbert wenden, um einen Termin zu vereinbaren.

Sabine Ertz

Eintrittspreise

Schulklassen, ermäßigt (Sonderprogramm ca. 3 Std.): DM 200,-
Gruppen (max.35 Personen, ca. 2 Std.): DM 200,-
Kleingruppe (max.10 Personen, ca. 2 Std.): DM 100,-
Kindergeburtstag (max.10 Kinder, ca. 2 Std.): DM 150,-
Kindergeburtstag (max. 20 Kinder, ca. 2Std.): DM 200,-
Bergmannsfrühstück oder Steigervesper: DM 8,-

Anfahrtsweg

St. Ingbert - Parkplatz Rischbachschule, vor der Schule rechts ist der Eingang zum Stollen (Fußweg ausgeschildert).

Von Felsen, Rittern und Wundern
Die legendenumwobenen Höhlenwohnungen von Graufthal

Man betritt in Graufthal eine andere Welt. Fährt man auf der Route Departemental Nr.158, vom flachen aber relativ hochgelegenen Land hinab ins Tal, so stößt man plötzlich auf schroffe Felsformationen, nackte hochragende Sandsteinwände, die Kämme tannenbewachsen. Das Dorf mit seinen knapp über 100 Einwohnern liegt, wenn man so will, „mitten im Loch". Direkt rechts am Ortseingang entdeckt man gleich die „Felsenwohnungen", die bereits seit dem Mittelalter als Unterschlupf genutzt wurden. Damals freilich noch ohne die schützenden Frontwände aus gemauertem Stein. Noch im 17. Jahrhundert dienten die tiefen Kerben in den Felsen als Notunterkünfte. Erst im 18. Jahrhundert entstanden dort die ersten „richtigen" Wohnungen. Eine in den Fels geritzte Schrift – im ehemaligen Haus der Familie Wagner – ist datiert von 1760. Kostengründe seien es gewesen, die einige Familien des Ortes auf den Gedanken gebracht hätten, die Einschnitte im Fels durch Mauern zu schließen und zu Wohneinheiten umzugestalten. Das erklären die Leute des Fördervereins, der „Association Mise en Valeur du Site de Graufthal-Eschbourg", dem Besucher, der, nachdem er die in den Fels geschlagenen Stufen bis zu den Wohnungen hinaufgestiegen ist, ein wenig verwundert vor diesen historischen Baudenkmälern stehen mag. Die drei Häuser sind alle nach dem selben Prinzip aufgebaut. Im sogenannten Erdgeschoß befinden sich Küche und Elternschlafzimmer sowie ein Stall, in einer ersten Etage waren die Kinder untergebracht. Dieser Bereich diente auch als Speicher und Vorratskammer. Im ersten Haus der drei "Felsenwohnungen" war in einem zweiten „Stockwerk", gar eine kleine Fabrik untergebracht. Dort wurden im 19. Jahrhundert Zündhölzer hergestellt. Es war die „Helzelfavrik".

Kontakt
Förderverein Association Mise en Valeur du Site de Graufthal-Eschbourg A.M.V.S.
(Rathaus von Eschbourg)
Tel.: 0 03 33/88 70 17 63

Öffnungszeiten
Die Felsenwohnungen sind nur an Sonn- und Feiertagen zwischen 14 und 18 Uhr geöffnet. Allerdings können Besichtigungen nach telefonischer Absprache mit dem Förderverein vereinbart werden. Ebenso sollen sich Gruppen telefonisch anmelden.

Preis
FF 10,- pro Person

Die „Felsenwohnungen" wurden bereits im Mittelalter als Unterschlupf genutzt.

Zu Beginn unseres Jahrhunderts begann der Verfall dieser Felsenwohnungen. Zuerst wurde das erste Haus der Reihe verlassen, Anfang der Dreißiger Jahre brach dann das erste Geschoß des zweiten Hauses ein. Die letzte Bewohnerin der Felsen war Cathérine Ottermann, bekannt geworden als die „Felsekaeth". Sie lebte nach dem Tod ihrer Schwester, elf Jahre lang allein in dem letzten Haus der Felsenwohnungen von Graufthal. Cathérine Ottermann verstarb 1958 im Alter von 83 Jahren.

Schaut man sich die den Häusern gegenüberliegenden Felsformationen an, so fällt dort eine große weiße Muttergottes auf. Die Legende erzählt, daß ein Reiter eines Nachts dort hinabgestürzt sei. Da er den Sturz von über 35 Metern überlebt hat, stiftete er die Muttergottesfigur. Um Unfälle zu vermeiden, einigte man sich im Dorf darauf, die Turmuhr der Kirche nachts abzustellen. Reiter sollten sich in den dichten Wäldern nicht mehr am Klang der Glocke orientieren können, um so nicht Gefahr zu laufen, die steilen Hänge der Felsen hinaubzustürzen.

Graufthal bietet aber noch mehr als Geschichten und Legenden und die Felsenwohnungen. Es gab in Graufthal ein Benediktinerkloster, dessen bewegte Geschichte im 10. Jahrhundert beginnt und im 17. Jahrhundert endet. Die unterirdischen Gänge, die die Kirche mit dem rund zehn Kilometer entfernten La Petite Pierre verbunden haben, sollen immer noch existieren.

Anfahrtsweg

Autobahn Straßburg bis Phalsbourg, fährt dann ein kleines Stück über die Nationalstraße 61 in Richtung Veschheim, nimmt dort die Route Departemental 158 nach Eschbourg-Graufthal. Wer Zeit hat, der kann aber auch über Saargemünd die Landstraßen nach Graufthal nutzen. Entweder die N 61 von Saargemünd aus bis Vescheim oder man fährt über die Departementalstraßen von Saargemünd nach La Petite Pierre.

Wolfgang Schmitt

Der 2. Juli 1298 war ein trockener, heißer Tag. Unbarmherzig brannte die Sonne auf den Hasenbühl hernieder, tausendfach wurden ihre Strahlen zurückge-

High Noon in Göllheim
Das Diorama vom Tod König Adolphs

worfen von den Rüstungen der beiden Ritterheere, die hier aufeinanderprallten. Am Hasenbühl bei Göllheim war eine Schlacht im Gange.

Schon seit Monaten hatte Adolph von Nassau das Heer des Östereichers Albrecht von Habsburg verfolgt, immer wieder war der Angriff verschoben worden. Adolph war König des deutschen Reiches, und Albrecht wollte ihm die Macht streitig machen. Am 2. Juli 1298 war es dann schließlich soweit: Die beiden Ritterheere stürmten aufeinander los. Es wurde eine mörderische Schlacht.

Wenn man heute auf der Landstraße 396 von Kaiserslautern kommend den Hasenbühl nach Göllheim mit

Im Hochsommer 1298 stürmten zwischen 800 und 20 000 Ritter in von der Sonne aufgeheizten Rüstungen aufeinander los.

dem Auto hinunter fährt, dann kann man sich kaum noch vorstellen, wie beschwerlich die sanfte Steigung damals für Adolph und seine Ritter gewesen sein muß. Wenn man aber oben auf dem kleinen Parkplatz anhält, aussteigt und den Blick ringsum schweifen läßt, dann sieht man mit ein bißchen Phantasie eine Ritterschlacht wie im Kino. Vor allem, wenn man vorher im Uhl'schen Haus, dem kleinen Museum von Göllheim war. Dort gibt es einen kleinen Raum, der sich nur mit der Schlacht am Hasenbühl beschäftigt. Da gibt es außer Landkarten, Schautafeln und ein paar mittelalterlichen Fundstücken auch eine Ritterrüstung zu sehen, die die Göllheimer originalgetreu haben anfertigen lassen. Und man kann hinter einer Vitrine ein Diorama bestaunen, das man in liebevoller Kleinarbeit zusammengebastelt hat, eine Miniaturlandschaft, in der der sagenumwobene Kampf naturgetreu nachgestellt ist. Über 400 kleine Zinn-Ritter reiten da aufeinander los – in Wirklichkeit waren es damals noch viel mehr.

600, 800, manche behaupten sogar 20 000 Ritter hätten hier gegeneinander gekämpft, genau weiß das heute keiner mehr – damals hat man nicht so genau gezählt. Um 9 Uhr morgens ging es los. Die Ritter ritten im Galopp aufeinander zu und versuchten, sich gegenseitig mit ihren Lanzen aus dem Sattel zu heben. Wer in voller Rüstung vom Pferd fiel, der stand meist so schnell nicht mehr auf. Die Kettenhemden waren schwer, und nicht selten brach man sich beim Sturz ein paar Knochen. Auch König Adolph bekam schon am frühen Morgen einen Stoß gegen den Helm, der ihm die Sinne raubte. Er rappelte sich aber bald wieder auf und kämpfte weiter – wegen der Kopfschmerzen allerdings ohne Helm. Adolph war als tapferer Krieger bekannt, und trotz seiner fast 50 Jahre war er ein gefürchteter Zweikampfgegner.

Die Sonne brannte immer heißer, und unter ihren Rüstungen litten die Ritter fürchterlich. Man erzählt sich,

Kontakt

Museum Göllheim-Uhl'sches Haus (Stadtverwaltung: Herr Peter)
67307 Göllheim
Tel.: 0 63 51 / 4909-14

Öffnungszeiten

Sonntags: 15 - 18 Uhr
Sonst nach Vereinbarung.
Bei zusätzlichen Ausstellungen bitte erweiterte Öffnungszeiten erfragen!

Anfahrtsweg

Über die A 6 Richtung Kaiserslautern/Mannheim, Abfahrt Enkenbach-Alsenborn, dann in Richtung Eisenberg, in Ramsen links ab in Richtung Göllheim.

daß bei der Schlacht mehr Menschen am Hitzschlag starben als durch Schwerthiebe. Der Ritter von Ochsenstein beispielsweise ist regelrecht in seiner Rüstung erstickt. Erst Stunden nach der Schlacht fing man sein Pferd ein, und der Ochsensteiner saß tot, aber aufrecht im Sattel.

Gegen Mittag gelang Albrechts Truppen eine Kriegslist. Sie taten so, als würden sie sich zurückziehen, und verschwanden hinter dem Hasenbühl. Adolph setzte mit seinen Leuten hinterher – durch Hitze und Staub den Abhang hinauf, die schweren, glühend-heißen Rüstungen am Leib. Da preschten plötzlich die gegnerischen Ritter den Hügel wieder herunter, sie hatten die Sonne im Rücken und die Bogenschützen, die Albrecht aus Ungarn mitgebracht hatte, an ihrer Seite. Deren Pfeile konnten auch ein Kettenhemd durchdringen.

Ein Schwerthieb traf Adolph am ungeschützten Kopf, er stürzte blutend vom Pferd, ein Fußsoldat Albrechts warf sich auf ihn und schnitt ihm die Kehle durch. Erst Stunden später fanden Adolphs Leute die Leiche ihres Königs, sie war völlig entkleidet – jemand hatte Adolphs Rüstung und Waffen geraubt. Das war zwar gegen die Ritterehre, aber trotzdem üblich: Rüstungen waren damals ziemlich teuer. Auf dem ganzen Schlachtfeld, auf dem so viele Ritter ihr Leben verloren hatten, hat man bis heute keinen einzigen Helm, keine Lanze, kein Schwert, nicht mal einen Dolch gefunden...

In Göllheim erinnert außer dem Museum noch ein uraltes Steinkreuz an den Tod des Königs Adolph. Der Überlieferung nach hat Adolphs Frau es noch im gleichen Jahr errichten lassen. Die Jahrhunderte und auch ein paar vandalierende Söldner haben es ziemlich ramponiert, aber immer noch kann man sehr gut die hohe Kunstfertigkeit des mittelalterlichen Steinmetzes erkennen. Das Königskreuz ist Ausgangspunkt eines Rundwanderweges, der über das ehemalige Schlachtfeld durch die waldreiche Umgebung von Göllheim führt. Eine Station dabei ist auch die Klosterruine

Rosenthal – ein ehemaliges Zisterzienserinnenkloster 6 km von Göllheim. Hier soll Adolphs Frau während der Schlacht für ihren Mann gebetet haben – was aber eher unwahrscheinlich ist, denn das Kloster war das Hauptquartier von Adolphs Gegner Albrecht.
Nach der Schlacht hatte man Adolph hier vorübergehend begraben, denn Albrecht erlaubte nicht, daß man den toten König traditionsgemäß im Speyerer Dom bestattete. Erst nach Albrechts Tod setzte man die beiden feierlich in Speyer bei.
Während der französischen Revolution wurde das Kloster zerstört, ein paar Kleinode mittelalterlicher Kunst gibt es aber trotzdem noch in der Ruine zu sehen: z.B. eine Rötelzeichnung aus dem 14. Jahrhundert an der Westwand des einstigen Äbtissinnenzimmers, sie stellt die Kreuzigung Christi dar.

Im Diorama ist die Schlacht mit 400 Zinnsoldaten liebevoll nachgestellt.

Sven Rech

Mittelalterliche Monster und christliche Kleinode Elsaß	156
Der Michelangelo aus Lothringen Étain	160

Kirchengeschichten

Steine im Brotbeutel Dahner Land	166
Die Sixtinische Kapelle des Seille-Tals Sillegny	170
Alice von Forbach und ihre Kirche Forbach	174
Und Rahel stiehlt das Hitlerbild Vasperviller	178
Der geteilte Himmel Otterberg	182
Gläserner Friede Sarrebourg	186
Großes Bauernhaus mit Scheune Merchingen und Brotdorf	190
Kirche aus Stahl Crusnes	194
Soldat mit Handgranate Völklingen	198
Kaiser Wilhelm und die Hugenotten Courcelles/Chaussy	204

Nicht nur mächtige Bauwerke hat die romanische Straße zu bieten, sondern auch Kleinode. Eines davon ist die Margaretenkapelle in Epfig, etwa 30 Kilometer südlich von Straßburg.

Von der Straße aus ist sie kaum zu sehen, unscheinbar liegt sie auf einer kleinen Anhöhe am Ortsausgang. Schüchtern ragt ein Glockenturm in den Himmel. Der

Mittelalterliche Monster und christliche Kleinode
Die Straße romanischer Bauwerke im Elsaß

helle Putz verdeckt den Bruchstein. Ein Zeichen dafür, daß die Kapelle sehr alt ist: Fast tausend Jahre. Denn in der Frühromanik wurden die Fassaden noch nicht aus behauenen Steinen konstruiert, sondern aus ungleichmäßigen Steinbrocken, die mit Mörtel zusammengefügt und dann verputzt wurden. Sofort fallen von außen die harmonischen Proportionen auf. Nicht rechteckig ist der Grundriß, sondern fast quadratisch. Gebaut wurde die Kapelle möglicherweise von lombardischen Maurern, denn die galten damals in der

Portal der Kirche in Kaysersberg.

Baukunst als führend. Auf diesen Einfluß deutet auch der Arkadengang mit den kleinen Steinsäulen hin, der ein Jahrhundert nach dem eigentlichen Bau angefügt wurde. Er erinnert eindeutig an Norditalien. Einen solchen Arkadengang gibt es sonst an keiner elsässischen Kirche. Auch von innen hat die Margaretenkapelle etwas Besonderes zu bieten: Die mittelalterlichen Wandmalereien. Sie sind zwar ein bißchen verblichen, aber ein mächtiger Stier, ein Adler, ein Löwe und ein Engel, die Symbole der vier Evangelisten – alle in kräftigen Farben gemalt – sind noch gut zu erkennen. Einige Kilometer nördlich von Epfig liegt Rosheim, eine Hochburg romanischer Baukunst, die im Sommer viele Besucher anzieht. Hier fallen vor allem die grotesken Wasserspeier und Dachreiter auf. Seit Jahrhunderten harrt der Mann aus Stein im Schneidersitz auf dem Dach der Sankt Peter und Paul-Kirche aus. Er wartet wohl noch immer darauf, daß ihm Reisende ein paar Münzen in seine Bettelschale werfen. Nicht weit, ebenfalls auf dem Dach, eine recht grausame Szene:

Christliche Symbole in Rosheim.

Ein junger Mann in den Klauen eines Monsters, das ihn verschlingen will. Die Legende sagt, daß er der Sohn des schrecklichen Grafen von Salem ist. Zur Strafe für das menschenverachtende Benehmen des Grafen ließ Gott seine Söhne von Bären fressen.

Wann diese Figuren hier zwischen allerhand kleinen Teufelchen hingesetzt wurden, ist nicht mehr so genau nachzuvollziehen, wahrscheinlich aber im 13. Jahrhundert. Der Kirchenbau selbst war schon vorher begonnen worden, im 12. Jahrhundert. Mächtig ragt

Kontakt

Die Broschüre „Fahrtstrecken und Entdeckungen" ist erhältlich beim „Comité Régional du Tourisme d'Alsace"
6, avenue de la Marseillaise
B.P. 219
F-67005 Strasbourg Cedex
Tel.: 0 03 33/88 25 01 66
Fax: 0 03 33/88 52 17 06

Säulenkapitelle am Portal von St. Pierre et Paul in Sigolsheim.

die Fassade aus behauenem Sandstein inmitten eines weiten Kirchplatzes empor.

Noch tagelang kann man so durchs Elsaß streifen von einer romanischen Kirche zur anderen, mehr als 20 sind es insgesamt und fast jede ist eine Entdeckung wert. Die Romanische Straße erstreckt sich von Wissembourg bis Feldbach im Südelsaß.

Susanna Dörhage/Nicole Fey

Rrrumms! Hinter mir ist die Kirchentür ins Schloß gefallen, in der Église St. Étienne hallt es wie Donnergrollen nach. Es ist stockdunkel, durch die Kirchenfenster dringt das letzte Tageslicht nur noch als dunkelblaues Glühen herein. Gut, daß ich schon mal hier war, vor Jahren... Da rechts muß es sein, an der Wand. Richtig, ein schmiedeeisernes Gitter, daneben

Der Michelangelo aus Lothringen
Der Bildhauer Ligier Richier

ein Knopf, so groß wie eine Kinderhand. Wenn man draufdrückt, geschieht ein Wunder.

Dann erscheint nämlich hinter dem Gitter eine Gruppe Menschen in seltsamen Gewändern – Leute aus einer anderen Zeit. Sie sind gerade dabei, einen Toten in den Sarg zu legen, und dabei ist die Zeit stehengeblieben: „Sépulcre" – die Grablegung Christi, die letzte große Plastik des Renaissance-Bildhauers Ligier Richier.

Ganz vorne tragen zwei Männer den toten Christus an Schultern und Beinen, der Körper ist schlaff und hängt

„Sépulcre" –
Die Grablegung Christi...

...in der Kirche
St. Etienne in St. Mihiel.

schwer in den Armen der beiden Männer. Der Kopf ist zur Seite gedreht, das Gesicht drückt Leid und unsägliche Erschöpfung aus – aber auch unendliche Ruhe: Es ist vollbracht.

Maria Magdalena kniet vor dem Leichnam und salbt ihm zum letzten Mal die Füße – eine Geste voll trauriger Zärtlichkeit. In der ganzen Gruppe ist nichts von ehrfürchtiger Anbetung des Messias – sie haben ihren Sohn, ihren Geliebten, ihren Freund verloren: Der Menschensohn wird hier zu Grabe getragen. Im Hintergrund muß seine Mutter von zwei Freunden gestützt werden, weil sie dem Zusammenbruch nahe ist. Ganz links schlägt eine weitere Frau (für Bibelfeste: Maria Salome) das Grabtuch zurück, und in ihrer Bewegung drückt sich eine tiefe und ganz intime Trauer aus. Auf der anderen Seite, ganz rechts hinten, würfeln zwei Soldaten um das Gewand Christi, als ginge sie das alles gar nichts an...

Johannes stützt die niedersinkende Maria...

Kontakt
Office de Tourisme St. Mihiel
Departement Meuse
Tel.: 0 03 33/29 89 06 47,
Mairie: Mme. Vincent
Tel.: 0 03 33/29 89 15 11

Öffnungszeiten
Die Kirchen sind im Prinzip immer geöffnet.

Ligier Richier zeigt die Menschen hinter dem biblischen Personal: Individuen in ihrem Leid, ihrem Entsetzen und ihrem Schmerz, Personen, die eine eigene Geschichte haben – und die in diesem Moment nicht weiter wissen vor Verzweiflung. Wie um das Ganze nicht zu privat zu machen, kniet da auch ein Engel im Hintergrund und beweint das Kreuz.

Und wie das gemacht ist! Da stimmt jede Proportion, jede Bewegung wirkt natürlich, wie eingefroren in einem Schnappschuß. Die Gesichter... – bis ins kleinste Detail hat Richier die Gemütsbewegungen herausgearbeitet, Persönlichkeiten geformt, ein Meister ganz im Sinne der Renaissance, ein Michelangelo aus Lothringen.

Um 1500 kam er in St. Mihiel zur Welt. Die Stadt ist heute ein verträumtes kleines Städtchen, in dem nur noch die beiden großen Sakralbauten – die Abteikirche St. Michel und die Hallenkirche St. Étienne sowie die wunderschöne Bibliothek an die Blütezeit erinnern. Im Mittelalter und in der frühen Neuzeit war St. Mihiel ein kulturelles und wirtschaftliches Zentrum. Hier wurde Gericht gehalten, hier gab es eine Universität, und wichtige Handelsstraßen kamen hier zusammen. Und mit Ligier Richier begann eine Bildhauertradition, die sich bis heute gehalten hat. Wenn man Glück hat, trifft man auf der Straße den Maître Dante Donzelli. Der heißt wirklich so, und so sieht er auch aus, weißer Backenbart und wache Augen. Er ist der vorläufig letzte Bildhauer in St. Mihiel, und trotz seiner mehr als 80 Jahre gibt er sein Können mittwochnachmittags an die Kleinen weiter.

Ligier Richier aber wird wohl der berühmteste Sohn dieser Stadt bleiben. In der ganzen Gegend hat er seine Spuren hinterlassen, bevor er Lothringen verlassen mußte. Er hatte sich der neuen Glaubensrichtung seiner Zeit angeschlossen, dem Protestantismus, und das sah man in St. Mihiel gar nicht gerne. Richier starb 1567 in Genf.

Anfahrtsweg

Von Metz über die Autobahn Richtung Nancy, in Pont-à-Mousson nach Westen Richtung Commercy (D 958), nach etwa 25 km in Rambucourt rechts ab in Richtung St. Mihiel (D 907).

Nach Étain: von St. Mihiel aus in Richtung Verdun (D 964) und in Verdun die N 3 in Richtung Metz nehmen. Eine reizvolle Alternative ist die D 901 von St. Mihiel Vigneulles - dort lohnt sich der Abstecher nach Hattonchâtel. Über die D 908 kommt man nordwärts nach Etain.

...in der Abteikirche von St. Mihiel.

Geblieben sind seine Werke. Von der Kirche St. Etienne sind es nur ein paar Minuten zu Fuß bis zur alten Abteikirche von St. Mihiel. Dort stützt Johannes die niedersinkende Maria – ein weiteres Zeugnis davon, wie Richier in den Randbemerkungen der Bibel nach den menschlichen Tragödien gesucht hat, mit denen er die Größe des Kreuzestodes anschaulich machen wollte. In Hattonchâtel, ein paar Kilometer weiter Richtung Metz, gibt es ein wunderschönes Retabel, ein Halbrelief, von Ligier Richier zu besichtigen. Den Schlüssel zu der kleinen Kapelle hat die Bauersfrau gegenüber. Auch in Bar-le-Duc, in Pont-à-Mousson und an vielen anderen Orten Lothringens finden sich seine Skulpturen.

Die schönste aber ist für mich die Pieta in Étain, ca. 20 km östlich von Verdun. In der oft zerstörten und immer wieder zusammengeflickten Kirche hält Maria ihren toten Sohn im Arm. Trauer und Zärtlichkeit hat Richier in ihr Gesicht modelliert, und daß er für eine gute Sache gestorben ist, das ist ihr ziemlich egal.

Sie hat viel durchgemacht, diese Skulptur. Sie mußte vor den Bilderstürmern der französischen Revolution

Die Kirche von Etain beherbergt...

...die Pieta, die vielleicht schönste Plastik von Ligier Richier.

in Sicherheit gebracht werden, vor den Granaten des Ersten Weltkrieges und den Barbaren des Zweiten. Irgendein Dummkopf von SS-Offizier hat sie dann doch in einer Kiste gefunden, in der er Waffen vermutete. Ihm und seinen Kumpanen kam die Plastik wohl entartet vor – sie haben sie in 45 Stücke gehauen. Heute ist sie hervorragend restauriert und steht da, wo sie hingehört: in der Landschaft, in der so viele Söhne ihr Leben gelassen haben und unter deren Eindruck Kurt Tucholsky geschrieben hat:

„Das Entartetste auf der Welt ist eine Mutter, die darauf noch stolz ist, das, was ihr Schoß einmal geboren hat, in Schlamm und Kot umsinken zu sehen."

Ligier Richiers 500 Jahre alte „Pieta" zeigt das andere, das menschliche Antlitz des Todes.

Sven Rech

Steine im Brotbeutel
Das Winterkirchel im Dahner Land

Auf einem Bergsattel zwischen Erfweiler und Hauenstein steht von Bäumen verborgen ein ganz besonderes Gotteshaus: das Winterkirchel. Bemerkenswert ist es nicht nur wegen seiner idyllischen Lage, sondern vor allem auch wegen seiner Entstehungsgeschichte. Bereits im 18. Jahrhundert befand sich an dieser Stelle, etwa auf der Hälfte des Weges zwischen Erfweiler und Hauenstein, eine Gnadenstätte. Erwähnt ist diese „Maria-Himmelspforte" erstmals in der Pfarrchronik des Jahres 1748. 1789, während der französischen Revolution, wurde diese Marien-Wallfahrtskapelle zerstört. Mehr als 150 Jahre lang fanden die Pilger dort nur noch eine Grotte mit einer Muttergottesstatue. Aber immer wieder dachten die Menschen im Dahner Land an diese Kapelle auf dem Winterberg, vor allem in Krisenzeiten. Bereits während des Ersten

Nach dem Krieg arbeiteten etwa 150 Erfweiler im Nachbarort Hauenstein. Auf dem Weg zur Arbeit schleppten sie Stück für Stück das Baumaterial für das Winterkirchel in den Wald.

Weltkriegs gelobten einzelne Soldaten aus Erfweiler, die Kapelle „Maria-Himmelspforte" wiederaufzubauen, wenn sie denn nur glücklich aus dem Krieg zurückkehrten. Während des Zweiten Weltkrieges legte dann praktisch das ganze Dorf ein solches Gelübde ab, und nachdem die Verluste für Erfweiler relativ gering waren, machte sich die Gemeinde an die Arbeit. Regierungsrat Max Brunner aus Pirmasens entwarf den Plan für das Winterkirchel und, unterstützt von den Nachbargemeinden, begannen die Bewohner von Erfweiler zu bauen. Ein Gemeinschaftswerk entstand, das wohl nur wenige Parallelen findet. Vom Schulkind über die Mutter, den Arbeiter, die Oma und den Opa, alle waren sie am Bau des Winterkirchel beteiligt. Und das kam so: Über den Winterberg gingen in der Mitte dieses Jahrhunderts täglich etwa 150 Frauen und Männer aus Erfweiler zur Arbeit nach Hauenstein, wo damals immerhin noch 17 Schuhfabriken produzierten. Um halb sechs in der Früh ver-

Kontakt

Ortsbürgermeister W. Frary
66996 Erfweiler
Tel. und Fax: 0 63 91/17 10
Pfarramt Dahn, 66994 Dahn
Tel.: 0 63 91/17 65

An jedem 13. zieht eine Prozession aus Erfweiler auf den Winterberg.

ließen sie ihre Häuser, gegen sieben Uhr abends waren sie wieder zurück – der Sonntag war ihr einziger freier Tag. 1948/49 trugen sie aber nicht nur ihren Henkelmann und ihre Thermoskanne mit sich auf diesem Schuhfabrikarbeiterweg, sondern auch Backsteine und Ziegel und was sie sonst noch brauchten für den Bau des Winterkirchels. Nach Feierabend legten sie noch eine zweite Schicht an der Kapelle ein. Die älteren Männer hatten schon den ganzen Tag über auf diesem Bergsattel zwischen Erfweiler und Hauenstein geschuftet, die Frauen und die Schulkinder aus dem Dorf hatten sie mit Essen versorgt. Im August 1949 war es dann soweit, das Werk war vollendet, das Gelübde erfüllt. Am 14. August war dann einer der schönsten Tage im Leben des Erfweiler Pfarrers Eugen Barudio, der stellvertretend für die Dorfgemeinschaft das Gelübde zum Wiederaufbau der Kapelle auf dem Winterberg abgelegt hatte. Denn an diesem Tag weihte der Speyerer Bischof Dr. Joseph Wendel, der aus dem Saarland stammende spätere Kardinal und Erzbischof von München und Freising, das Winterkirchel vor mehr als 5000 Wallfahrern aus dem Dahner Land feierlich ein. Noch heute ist das Winterkirchel eine Pilgerstätte. An jedem 13. eines Monats versammeln sich die Gläubigen am Ortsausgang von Erfweiler zu einer Prozession auf den Winterberg. Viele Einheimische gehen sogar jeden Montag und Mittwoch die Hälfte des alten Schuhfabrikarbeiterweges, auch heute noch den Rosenkranz betend wie vor fast 50 Jahren. Und weil das so ist, entstand bereits vor 40 Jahren die Idee, Rosenkranzstationen auf dem Weg zum Winterkirchel aufzustellen, und seit nunmehr 11 Jahren sind die Bilder des freudenreichen, des schmerzhaften und des glorreichen Rosenkranzes komplett – sie weisen dem Pilger den Weg zur Himmelspforte auf den Winterberg, wo das Winterkirchel am 15. August, in Erinnerung an Fatima, seinen großen Wallfahrtstag erlebt.

Ulli Wagner

Öffnungszeiten

Das Winterkirchel ist immer geöffnet. Es gibt kleinere Prozessionen an jedem Montag und jedem Mittwoch. Am 13. jeden Monats findet eine schon etwas größere Wallfahrt statt.

Eintrittspreise

Der Eintritt ist frei.

Anfahrtsweg

A 6 bis Autobahnkreuz Neunkirchen, dann A 8 bis Ende der Ausbaustrecke, weiter über die B 10 bis Hinterweidenthal, dann über die B 427 bis Dahn, dort links ab in Richtung Erfweiler. Am Ende der Winterbergstraße befindet sich ein Kapellchen, gleichzeitig auch die erste Rosenkranzstation und der Treffpunkt für die Prozessionen. Von dort aus ist der Hauptweg zum Winterkirchel ausgeschildert. Wenn Sie lieber über andere Wanderwege die Wallfahrtsstätte erreichen wollen, sollten Sie sich im Dorf einen Wanderplan besorgen.

„Gehen Sie nach Sillegny in die armselige Kirche, und schauen Sie sich die frommen, barbarischen Fresken aus dem 16. Jahrhundert an. Dort kann man am besten die Poesie des Seille-Tals erfahren. Das Herz das an der Mosel weit geworden ist, schnürt sich hier zusammen."
Maurice Barrès

Die Sixtinische Kapelle des Seille-Tals
St. Martin in Sillegny

Lothringen, ein Land, das viele Kriege gesehen hat bringt in Sillegny eine düstere, beklemmende, aber doch faszinierende Poesie hervor. Die Kirche St. Martin war nur eine von vielen unscheinbaren Wehrkirchen, die einen Verteidigungsgürtel von Lorry-Mardigny bis zur Mosel bildeten. Der Krieg begleitete dieses Gebäude von der Entstehehung bis in die jüngste Vergangenheit. Die Jahreszahl 1329, das Jahr der Grundsteinlegung, war in den Gewölbebogen eingemeißelt. Der Bogen fiel mitsamt dem Glockenturm den Bombardements des Zweiten Weltkrieges zum Opfer.

Der Heilige Fiacrius, ein irischer Missionar in Lothringen.

Der Baum des Jessaia.

St. Martin wäre auch heute noch keine Reise wert, hätte man nicht im Jahre 1845 wieder einmal beschlossen, den bislang weißen Verputz zu renovieren, aber dieses Mal die Farbe des Natursteins zur Geltung zu bringen. Dabei fand man Fresken, die Sillegny weit über die Grenzen bekannt gemacht haben. Sie entstanden Mitte des 16. Jahrhunderts im Auftrag des Klosters Saint Pierre-aux-Nonnains, das Ländereien bei Sillegny besaß. Besonders beeindruckend ist die Darstellung eines Jüngsten Gerichts auf einer Fläche von 42 qm gleich über dem Eingang. Zwischen dem Himmlischen Jerusalem und einem wirklich schauerlichen Höllenschlund schwebt der Erlöser, und seine Engel tragen die Menschen teils ins Reich Luzifers teils an die Pforte einer mittelalterlichen Stadt, die von Petrus bewacht wird. Vor allem die Höllenqualen sind besonders pla-

stisch ausgestaltet in einer Art, die an Hironymus Bosch erinnert, freilich viel einfacher und schlichter. Da wird sogar ein Mensch am Spieß gebraten und dabei mit Wasser übergossen, als ob die Teufel, die das Feuer anblasen, Bratensaft gewinnen oder seine Qualen verlängern wollten. Ähnlich drastisch fällt die Darstellung der Heiligen Agathe aus. Sie ist ans Kreuz gebunden und wird gefoltert, indem die Schergen ihre Brüste mit eisernen Zangen bearbeiten.

An der Rundmauer des Treppenaufgangs fällt ein fünf Meter hoher Christophorus ins Auge, Gleichnis für das menschliche Leben als Übergang auf unsicherem Boden. Nicht alle 31 Motive, mit denen die Kirchenwände geschmückt sind, stammen aus dem 16. Jahrhundert. Während der Renovierungsarbeiten (1845-1865) kamen einige Ergänzungen von einem Maler namens Maladot hinzu, der mit der Restaurierung beauftragt worden war (Jesus auf dem Ölberg, Christus auf dem Kreuz, oder die Apostel Petrus und Paulus). Dennoch vermittelt die Kirche – vor allem dank der recht gut erhaltenen Farben aus Metalloxiden, Pflanzen und Eigelb – das plastische Bild einer sogenannten Biblia Pauperum, einer Bibel für Arme, wie sie für die des Lesens nicht kundigen Landbewohner ehedem weit verbreitet war.

Unter preußischer Herrschaft übrigens wurde das Gebäude unter Denkmalschutz gestellt, was vielleicht erklärt, daß es bei deutschen Touristen bekannter ist als in Frankreich. Und Graf Zeppelin höchst persönlich war es schließlich, der mit Hilfe von kupfernen Dachrinnen die von Feuchtigkeit bedrohte Kirche sanierte. Noch während des 1. Weltkrieges aber wurden diese Kupferrohre von der Armee wieder abmontiert und zur Herstellung von Handgranaten benutzt. Höllenrachen und Gottesverehrung, sie liegen im Seille-Tal dicht beieinander.

Stefan Miller

Die Heilige Margarete und der Drache.

Kontakt

Comité départemental
du Tourisme de la Moselle
Marc Metay
B.P. 11096
F-57036 Metz
Tel.: 0 03 33/87 37 57 65
Fax: 0 03 33/87 37 57 08 oder
87 37 58 84

Öffnungszeiten

Die Kirche ist täglich geöffnet.

Eintrittspreise

Der Eintritt ist frei.

Anfahrtsweg

A4 bis Metz, dann in südlicher Richtung auf der D 5
ca. 10 km nach Sillegny.

Alice von Forbach und ihre Kirche
La Chapelle Sainte-Croix

Im 13. Jahrhundert lebte Theoderich von Werd, Graf von Réchicourt und Guéblange, ein Nachkomme des wohlbekannten Landgrafen vom Elsaß auf der Burg, die auf dem Schloßberg errichtet worden war und die stolz auf die kleine Ortschaft Forbach herabschaute. Der Graf hatte eine wunderschöne Tochter, Alice, sie sah aus wie eine Märchenfee. Eines Tages hatte ihr Vater die Ritter aus der Nachbarschaft zu einer großen Jagd eingeladen. Sie kamen alle gern, unter ihnen auch zwei junge Edelmänner, die Herren von Siersburg und Felsberg. Als sie fröhlich den Hunden nach durch den Wald ritten, begegnete ihnen die bildhübsche Alice. Und – puff, hast du nicht gesehen – verliebten sich die beiden unsterblich in die entzückende Maid. Auch das Herz der schönen Alice war angerührt von Stärke, Jugend und Frische der beiden Edeljunker. Doch da Alice sich auf Caprice reimt, konnte sich ihr Herz nicht entscheiden; den einen liebte sie, den anderen bewunderte

Steingewordene Sühne für den Tod zweier Männer, die die gleiche Frau liebten

sie, und es fiel ihr so schwer, eine Wahl zu treffen. Wo aber die Liebe sich staut in den Arterien und Nerven, da ist die Explosion nicht weit. Und so überkam die beiden jungen Herrn eine rasende Eifersucht, obzwar sie doch die besten Freunde waren (manche sagen sogar, sie seien Brüder gewesen). Blind vor Liebesrasen beschlossen sie, die Liebe zur schönen Grafentochter in einem Zweikampf auszutragen. Doch das Schicksal meinte es nicht gut mit den beiden: an einem strahlenden Tag – wie gemacht für Liebe, Glück und Segen – traf den einen der Stahl des anderen, der eine fiel sogleich zu Tode getroffen zu Boden, der andere erlag bald hernach seinen schweren Verletzungen. Übrig blieb die arme Alice. Von Gewissensbissen geplagt und verzweifelt floh sie aus der Burg und suchte mit blutendem Herzen Zuflucht auf der nahe gelegenen Anhöhe. Dort stand ein römisches Wehr und die traurige und mit der Welt entzweite Alice ließ es ausbauen zu einer Kapelle. Tag für Tag kniete sie in Andacht vor dem Heiligen Kreuz nieder. Ihre schönen Augen standen voller Tränen, sie betete für die armen Seelen der edlen Ritter und bat Gott für ihre eigene um Erbarmen. So beschloß sie in Gram und Trauer ihr Leben in Abgeschiedenheit und Demut, weil sie sich nicht hatte entscheiden können.

Pierre Neidt und Alfons Brunner sind stolz auf „ihre" Kirche. Und sie haben allen Grund dazu. Haben sie es doch geschafft, die in Ruinen liegende Kapelle zum Heiligen Kreuz, das „einzige authentische historische Denkmal unserer Region", mit immensem Aufwand restaurieren zu lassen, sie wieder zu dem zu machen, was sie Jahrhunderte hindurch war, seit ihrer legendenumwobenen Errichtung um 1250: ein Ort der Einkehr und Begegnung mit Ruhe, Stille und gläubiger Innerlichkeit. Die beiden in Ehren ergrauten Herrn, der eine ehemaliger Kohleeinkäufer für die Staatsbahn SNCF, der andere ehemaliger Lehrer, sie haben 1976 die „Freunde der Kreuzkapelle" zusammengetrommelt.

Kontakt

Association „Les Amis de la Chapelle Sainte-Croix"
Pierre Neidt oder
Alfons Brunner
22, rue de l'Eglise
57600 Forbach

Öffnungszeiten

Täglich von 9 Uhr bis Sonnenuntergang.

Anfahrtsweg

Goldene Bremm (Route nationale) - kurz vor Innenstadt links Centre Hôpitalier - Richtung Autobahn auf der Rue Sainte Croix - am Kreisverkehr halblinks in den Wald (ab da ist die Kapelle ausgeschildert).

Mit einem wahren Werbefeldzug sammelten sie über 250 000 Mark und sorgten Jahr um Jahr dafür, daß das Bauwerk wieder begehbar, wieder benutzbar, ja sogar wieder bewohnbar wurde. Heute leben dort im Nebengebäude Soeur Angélique und Soeur Michelle vom Orden der Heiligen Vorsehung, beide schon in Rente, die eine aus Thionville in den Wald neben der Autobahn gezogen, die andere nach ihrer langjährigen Tätigkeit als Lehrerin in Saarbrücken. Diese beiden sorgen auch dafür, daß die Kapelle jeden Tag denen offensteht, die sich hier sammeln wollen, sie sind darüberhinaus für alle da, die das Gespräch suchen. Und so kommt es, daß nach Beendigung der Restaurierung die Heiligenkreuzkapelle wieder ein Anlaufpunkt geworden ist. Für Gläubige, die sich jedes Jahr aufmachen zur Wallfahrt, die beten vor der anrührenden Pieta, oder vor der aus einem Baumstamm geschnitzten Heiligen Anna, der Schutzpatronin der Kirche. Die ernsten, mageren, ja strengen Züge der älteren Frau stehen in einem spannenden Kontrast zur ängstlichen Frömmigkeit des Kindes, um dessen Schulter sie schützend ihren Arm legt. In der dunklen, leicht feuchten Atmosphäre der Kapelle wird man den Eindruck nicht los, daß sich im flackernden Licht der Opferkerzen diese Figuren aus dem 18. Jahrhundert in Bewegung setzen könnten. Hörte man nicht die vorbeifahrenden Autos auf der nahen Autobahn dann und wann mit ihrem neuzeitlichen Brummen, es würde nicht überraschen, wenn sich die verschleierte Alice von Forbach aus dem Seitengang dem Altar nähern, sich kurz vor der naiven mittelalterlichen Kreuzigungsgruppe über der ehemaligen Eingangstür verneigen würde, um dann mit Tränen in den Augen vor dem großen Kruzifix ihr Abendkyrie zu beten. Pierre Neidt und Alfons Brunner haben es bei der wöchentlichen Messe am Mittwoch um 17.30 Uhr immer wieder erlebt: regelmäßig kommen Dutzende der treuen Gläubigen, Unbekannte, um in der ganz eigenen Stille der Kapelle den Gottesdienst mitzufeiern. Nicht selten finden sich darunter Besu-

cher, die über Spicheren, durch den Sangenwald, die Dauendell oder den Bois Epeller von Behren her auf der alten Römerstraße gewandert sind. Wie erzählt jemand hinter vorgehaltener Hand: „Also, dieses Mädel, die die beiden so hingehalten hat, cette Alice, tu sais, c'était une prostituée." Dabei hat die Arme ihre Entschlußlosigkeit doch so bitter bereut. Und ohne ihre Geschichte gäbe es heute nicht die „Chapelle Sainte Croix".

Ihre Auferstehung aus Ruinen vedankt die Kapelle den beiden Forbachern Pierre Neidt und Alfons Brunner.

Gerd Heger

Vasperviller, das ist einer dieser Orte am südlichen Rand von Lothringen, wo man nie genau weiß, ob man da sonntags noch Brot kaufen kann oder ob es vielleicht doch schon im Elsaß liegt. Vasperviller, hatte dreihundert Jahre lang keine Kirche mehr. Per Zufall fanden die Einwohner einen ambitionierten Architekten, Carl Lietzenburger aus Ludwigshafen, der gerade

Und Rahel stiehlt das Hitlerbild
Vom Turm in der Kirche von Vasperviller

Die Idole, die Rahel ihrem Vater Laban stiehlt, sind nicht gerade das, was man sich unter alttestamentarischen Götzenbildern vorstellt.

in einem Nachbarort eine Fabrik errichtete. Er half ihnen, eine Kirche für den Preis eines Einfamilienhauses zu bauen – mit Eigenleistung, das versteht sich ohnehin auf dem Land.

Lietzenburger orientierte sich bei seinem Entwurf an Le Corbusiers berühmtem Kirchenschiff in Ron-

Ökumenisches Mahnmal für einen katholischen, einen evangelischen und einen jüdischen Geistlichen.

champ. Er schuf einen Betonbau, in dem sich konkave und konvexe Formen auf eigentümliche Weise verschränken.

Was entsteht, ist ein gekrümmter Raum, in dem sich die Gemeinde wie in einem Zelt versammelt. Dieser Raum wiederum umschließt eine turmförmige Kapelle, die rotes Licht in den Saal wirft. Die Nische der Kapelle umschließt selbst wieder eine Nische in der Außenwand.

Öffnungszeiten
Täglich, keine festen Uhrzeiten.

Eintrittspreise
Der Eintritt ist frei.

Die ungeschönten Betonmauern bergen drei ineinander verschachtelte Kapellen.

So stecken nun drei gebogene Wände gleichsam wie Babuschka-Puppen ineinander: Mensch, Gemeinschaft, Gemeinde.

Nicht weniger ungewöhnlich aber als die Raumgestaltung sind die kleinen versteckten Zeichen, die aus der Pfarrkirche Ste Thérèse ein Monument des politischen Gedächtnisses machen. Das Licht fällt durch schmale, schlitzförmige Fenster, in denen rohe Rundhölzer stehen. Sie erinnern entfernt an die hölzernen Pfähle eines Stacheldrahtzaunes. Und an der Außenwand des in ungeschöntem Beton gehaltenen Gebäudes findet sich denn auch hinter einer der vielen Biegungen ganz unvermittelt Stacheldraht. Ungewöhnlich genug auch, daß an der Wand zwischen Kapelle und Saal ein Davidsstern leuchtet. Neugierig nähert sich der Besucher also jener Kapelle, aus der ein mystisches Licht dringt. Es wird durch rote Glassteine in den Wänden erzeugt und in dieses blutige Rot ist ein Stahlrelief getaucht, das an der Wand hängt. Aus dem Relief ragen zwei Hände, eine Schlinge, ein Beil....

"Georges Meyer, Wahlscheid, decaptivité 1944
Henri Mosimann, Niederhoff, pendu 1942
Moise Perkalowitsch, Sarrebourg, Auschwitz Chambre à gaz 1944",
steht da geschrieben. Ein katholischer Priester, ein evangelischer Pfarrer, ein jüdischer Rabbi, sie wurden von den Nazis enthauptet, erhängt, vergast. Ihnen ist dieses ökumenische Mahnmal gewidmet. Wenn man solche Hintergründe kennt, beginnen auch die anderen Teile der Kirche zu sprechen. Der martialische Glockenturm, der Schlitze wie Schießscharten hat oder die Bildwand neben dem Eingang mit Glasfenstern von Gabriele Kuttemeyer. Die 17 Fenster stellen den Stammbaum Christi dar, also fast ausschließlich Szenen aus dem Alten Testament, das erleichtert die Ökumene mit der jüdischen Tradition. Aber da fällt ein Bild aus dem Rahmen. Rahel, die zweite Frau Jakobs, stiehlt ihrem Vater Laban bei der Flucht die Idole. Doch diese Idole sind nicht das, was man sich unter alttestamentarischen Götzenbildern vorstellt. Eines davon ist deutlich als Hitler zu identifizieren.

Stefan Miller

Anfahrtsweg

Autoroute de l'Est Richtung Strasbourg bis Phalsbourg, über die N 4 nach Saarbourg, über die D 44 Richtung Messe, Barville, kurz vor Abreschviller rechts abbiegen auf die D 961 nach Vasperviller.

Literatur

Carl Lietzenburger:
„Der Turm in der Kirche"
Zeitschrift „Bauwelt" (1969)
Heft Nr. 35.

In Otterberg fiel die Mauer zehn Jahre früher. 1979 riß man ein, was über Jahrhunderte die Gläubigen in der alten Abteikirche Otterberg getrennt hatte: Eine Mauer vom Fußboden bis zur Decke teilte das Gotteshaus in zwei konfessionelle Lager. Die Protestanten beteten im Längsschiff von West nach Ost, wie es sich gehört, die Katholiken dagegen mußten bei der Messe

Der geteilte Himmel
Baukunst und Ökumene in der Abteikirche Otterberg

in der Nord-Süd-Achse knien, ihnen war das Querschiff zugesprochen worden. Ein Kompromiß, der 253 Jahre zurücklag.

Nachdem sich im 16. Jahrhundert Wallonen – reformierte Glaubensflüchtlinge aus den Niederlanden – in Otterberg niedergelassen hatten, teilten sich Katholiken und Protestanten die große Kirche des ehemaligen Zisterzienserklosters. Bald aber dehnten die Refor-

Die Abteikirche in Otterberg ist ein Meisterwerk der Steinmetzkunst. 90% der Originalsteine sind noch erhalten.

mierten ihre Gottesdienste derart aus, daß die katholische Gemeinde, die weniger zahlreich war, kaum noch zu ihren heiligen Messen kam. Zwischen Lang- und Querhaus zog man schließlich eine Mauer hoch, die aus dem architektonischen Meisterwerk des 12. Jahrhunderts zwei halbe Kirchen machte – ein steinernes Denkmal der menschlichen Intoleranz in Glaubensfragen.

Wer heute in die Abteikirche tritt, sieht davon nichts mehr. Das Gebäude ist hervorragend restauriert, die Spuren der Bausünden vergangener Jahrhunderte sind beseitigt, die Kirche hat wieder ihr ursprüngliches Gesicht: ein Bau von der einfachen, überwältigenden Schönheit der Romanik – das heißt, so ganz stilecht ist die Kirche nicht. Denn als gegen 1180 Zisterziensermönche mit dem Bau ihrer Klosterkirche begannen, da hatten die Baumeister schon jene architektonischen Vorstellungen entwickelt, die man später „gotisch"

Zwischen Lang- und Querhaus zog man eine Mauer zwischen den Religionen. Heute ist davon nichts mehr zu sehen.

nennen sollte, nach oben strebend, dem Himmel entgegen bauten sie ihre Sakralgebäude.

Und so sind denn einige der strengen Ordensregeln der Zisterzienser ein wenig vernachlässigt worden. Statt der vorgeschriebenen flachen Decke beispielsweise konstruierte man Kreuzrippengewölbe mit spitz zulaufenden Bögen. 26 Meter sind es vom Fußboden bis zum Dachfirst. Das Mittelschiff ist höher als die Seitenschiffe und hat eigene Fenster – die Bauweise einer Basilika.

Über 80 Meter lang, 36 Meter breit – die Kirche in Otterberg ist eine der größten der Pfalz. Dabei war sie ursprünglich gar nicht für eine große Schar von Gläubigen gedacht. Eine reine Klosterkirche sollte sie sein, ausschließlich für die etwa 50 Mönche bestimmt.

Als im Jahre 1145 die ersten Zisterzienser nach Otterberg kamen, da wollten sie am liebsten gleich wieder weg. Zu groß erschienen ihnen die Schwierigkeiten, hier ein Kloster zu errichten. Die heilige Hildegard von Bingen höchstselbst empfahl ihnen allerdings auszuharren. Schließlich begann man mit dem Bau der Kirche. Ein sorgfältig geplantes Unternehmen: Das sumpfige Gelände wurde zunächst aufwendig trockengelegt. Bei archäologischen Untersuchungen stieß man auf Teile einer Wasserleitung von etwa 1170. Es ist die älteste bekannte mittelalterliche Wasserleitung in Deutschland.

Die Abteikirche Otterberg ist für die Ewigkeit gebaut – und ihre Baumeister verstanden ihr Handwerk. Die schweren Eichenbalken unter der Kirche tragen auch heute noch das Fundament, und das Gemäuer besteht zu über 90 % aus den Originalsteinen. Wer genauer hinsieht erkennt, wie exakt die Steinmetze des 12. Jahrhunderts gearbeitet haben. Die halbrunden Dienste der Säulen beispielsweise sind nicht etwa vorgemauert, sondern aus einem Stück mit den Eckquadern der Pfeiler gefertigt und im Verbundsystem aufeinandergefügt – eine Meisterleistung der Statik und der Steinmetzarbeit. Auf vielen Steinen sind noch die Zeichen der

Zeitweise Hafer- und Strohspeicher – wie durch ein Wunder hat die Abteikirche alle Wirren der Geschichte schadlos überstanden.

Steinmetze zu sehen: gekreuzte Äxte, Lilien, eine Harfe, sogar ein Gesicht hat einer als „Signatur" seiner Arbeit benutzt. Und sicher nicht nur aus Eitelkeit, die Zeichen wurden vor allem dann wichtig, wenn abgerechnet wurde...

1254 wurde die Kirche eingeweiht. Bis in die Mitte des 16. Jahrhunderts diente sie den Mönchen von Kloster Otterberg, das sich zu einem der reichsten und wichtigsten Klöster der Region entwickelte. Im Zeitalter der Reformation und der Glaubenskriege kamen wallonische Protestanten nach Otterberg. Der 30jährige Krieg brachte die Katholiken wieder zurück nach Otterberg, der Streit um die Nutzung des Gotteshauses begann, schließlich wurde die Mauer hochgezogen.

Die Abteikirche hat dies alles wie durch ein Wunder relativ schadlos überstanden, nicht einmal, daß sie während der Französischen Revolution als Hafer- und Strohspeicher verwendet wurde, sieht man ihr heute an. Still und erhaben steht sie über den Jahrhunderten. Heute bezeichnen Kunsthistoriker die Fensterrose über dem Westportal, die die mittelalterlichen Baumeister um 1240 gefertigt haben, als eine der schönsten jener Epoche. Aber selbst das kann die alten Mauern nicht mehr aus der Ruhe bringen.

Sven Rech

Kontakt
Evangelisches und Katholisches Pfarramt
Führungen:
Helmut Fischer
67697 Otterberg
Tel.: 0 63 01/95 17

Öffnungszeiten
Führungen nach Vereinbarung.

Eintrittspreise
Es wird kein Eintritt erhoben.

Anfahrtsweg
Die A 6 in Richtung Kaiserslautern, Ausfahrt Kaiserslautern-Mitte, dann die B 270 in Richtung Otterbach/Lauterecken, in Otterbach rechts abbiegen in Richtung Otterberg.

Gläserner Friede
Das Chagallfenster in Sarrebourg

„Frieden" heißt das große Kirchenfenster der Chapelle des Cordeliers aus dem 13. Jahrhundert in Sarrebourg. Und es ist ein Symbol der Völkerverständigung. Dieses Fenster im Abschluß des Chorraums ist 12 Meter hoch und über 7 Meter breit, es ist das größte Fenster von Marc Chagall in Europa, und es zeigt als zentrales Motiv ein nacktes Paar. Mann und Frau, gemalt in typischer Chagallmanier. In heller Farbgebung scheinen die beiden Figuren inmitten von blauen, grünen und roten Farben zu schweben. Wie in eine immergrüne Natur eingebettet, umwölbt ein Kranz von Grün das Paar. Drumherum das Blau des Alls, der Ewigkeit. Darin, überall verstreut, finden sich Gesichter und Figuren in diesem Bild, es sind sakrale Geschichten aus der Bibel. Aber auch Profanes läßt sich ausmachen: links oben zum Beispiel eine männliche Figur, die sich anscheinend tanzend bewegt. Es ist ein lebensbejahendes, frohes Fensterbild, ein Symbol für Brüderlichkeit und Freundschaft, ein Sinnbild von Harmonie und Eintracht.

Marc Chagall (1887 - 1985), dieser französische Maler und Grafiker russischer Herkunft, schuf sein „Friedensfenster" für Sarrebourg im Jahr 1976. Einige Jahre zuvor hatte man das Kirchenschiff wegen Baufälligkeit abgerissen, nur die Kapelle, die unter Denkmalschutz stand, blieb erhalten. Der Chorabschluß, der so ein großes Loch bildete, wurde mit einem riesigen Fenster verschlossen, dem „Friedensfenster" von Marc Chagall. Daß gerade Chagall für diese Stadt ein Sinnbild für den Frieden verwirklichte, ist einmal auf die Freundschaft mit Pierre Messmer zurückzuführen, dem ehemaligen französischen Premierminister, der später als Bürgermeister von Sarrebourg seine Pariser Kontakte nutzte. Aber auch die Tatsache, daß gerade Sarrebourg immer wieder durch Kriege stark in Mitleidenschaft gezogen

Kontakt
Fremdenverkehrsamt
Sarrebourg
Tel.: 0 03 33/87 03 11 82

Öffnungszeiten
Mai bis September:
Mo, Mi, Sa 10 - 12 Uhr
und 14 - 19 Uhr,
Di, Do 9 - 12 Uhr
und 14 - 19 Uhr,
So 14.30 - 17.30 Uhr.

Oktober bis April:
Mo 14 - 18 Uhr,
Di, Mi, Fr 8 - 12 Uhr
und 14 - 18 Uhr,
Do 9 - 12 Uhr
und 14 -18 Uhr,
Sa 9 - 12 Uhr,
So geschlossen.

Das nackte Paar im Zentrum...

wurde, spielt für die Wahl der Thematik des Fensters eine Rolle. So ruhen auf dem Militärfriedhof in der Rue de Verdun über 13 000 Soldaten.
Doch neben diesem Sinnbild für Völkerverständigung in der Chapelle des Cordeliers findet man noch weitere Werke von Chagall: zum Beispiel ein Tryptichon, das

sich der Natur widmet. Aufstrebende Pflanzen symbolisieren hier Lebenskraft. Im Mittelteil – wie meist bei Chagall – eine schwebende Figur, ein Engel. Ein Bild für die Stadt selbst. Denn Sarrebourg liegt inmitten von über 50 000 Hektar Wald, nur wenige Kilometer von den Nordvogesen und der Seenlandschaft entfernt. So wird auch Sarrebourg „Das Tor zu den Vogesen und zu den Lothringischen Seen" genannt.

Seit 1994 ist die Chapelle des Cordeliers noch um eine weitere Sehenswürdigkeit reicher. Ein Wandteppich, 7 Meter breit und 4,70 Meter hoch bildet exakt das Friedensfenster im Gebäude der Vereinten Nationen in New York ab.

Sarrebourg lohnt aber nicht nur wegen des berühmten Chagallfensters einen Besuch. Da ist zum Beispiel das Tor zur Städtischen Bibliothek, ein kunstvoll geschmiedetes Eisengitter. Das Gebäude selbst stammt aus dem 18. Jahrhundert. Oder da ist die riesige Bronzeskulptur auf dem Bahnhofsplatz. Ihr Titel: „Die Hand". Um Sarrebourg herum liegen außerdem in unmittelbarer Nähe eine ganze Reihe von weiteren Ausflugszielen, das Schiffshebewerk von Saint-Louis-Arzviller oder auch der Tierpark von Ste Croix.

Wolfgang Schmitt

...des 12 Meter hohen Friedensfensters scheint inmitten von blauen, grünen und roten Farben zu schweben.

Eintrittspreise
Erwachsene: FF 16,-
Kinder bis 16J., Rentner, Militär: FF 8,-

Anfahrt
Autobahn A 4, Abfahrt Sarrebourg, dann RN 4.

Großes Bauernhaus mit Scheune
Die Holzmeisterkirchen St. Agatha in Merchingen und St. Maria Magdalena in Brotdorf

Losheimer Stausee, Saarschleife, Schloß Ziegelberg, das Wolfsfreigehege, Begriffe, die einem einfallen, wenn man an die Gegend um Merzig denkt. Weniger bekannt, aber ebenso einen Besuch lohnend, sind zwei Kirchen, die wegen ihrer eigenwilligen Architektur auffallen: St. Agatha in Merchingen und St. Maria Magdalena in Brotdorf. St. Agatha wurde in den Jahren 1929/30 erbaut, St. Maria Magdalena drei Jahre später. Es sind architektonische Meisterwerke. Der Baumeister Clemens Holzmeister hat sie geschaffen. Ein Mann, der Leiter der Architekturklassen in Wien und Düsseldorf war und der als Erbauer Ankaras bezeichnet wird. Unter anderem hat Holzmeister dort das Kriegsministerium und die Sommerresidenz des Kemal Attatürk geschaffen. Auch das Neue Schauspielhaus in Salzburg stammt von ihm.

Die Kirche St. Agatha verbindet klare Bauhaus-Formen...

Holzmeister (1886 - 1983) war ein Architekt der Bauhausschule. So stehen auch die beiden Kirchen in Merchingen und Brotdorf in dieser Tradition. Klare einfache Linien, kubische Formen, die Merkmale der äußeren Gestaltung. Der Architekt verzichtete auf traditionelle Kirchenbauformen: Turm, Gewölbe und getrennte Kirchenschiffe fehlen. Vielmehr hat Holzmeister ein „großes Bauernhaus mit Scheune" geschaffen, wie der Osservatore Romano in den 30er Jahren die Kirche St. Agatha in einem Artikel betitelte. Denn das Innere der Kirche wird durch die dunkle Holzkonstruktion des Dachstuhls überspannt. Ein Element der Farbgestaltung, das durch die dunkelbraunen Fliesen auf dem Boden wieder aufgenommen wird. Die weiße Farbe an den Wänden steht dazu in Kontrast. Licht erhält die Kirche durch je drei Rundbogen und zwei Rundfenster an den Seiten. Die hellste Stelle allerdings findet sich über dem Altarbereich, wo fünf verdeckte Rundbogenfenster indirekt Licht spenden. Die Kirche St. Agatha ist ein Meisterwerk der Bauhausarchitektur.

...mit Anleihen aus der ländlichen Architektur.

Daß überhaupt ein solches Gebäude in Merchingen steht, das verdankt die Gemeinde Pastor Johann Speicher, der den Bruder Holzmeisters während des Studiums in Rom kennenlernte und den Baumeister für Merchingen begeistern konnte. Auch für Brotdorf. Dort integrierte Holzmeister die alte Kirche, nutzte sie als Altarraum für den Neubau. Auch hier herrscht wieder der Bauernhauscharakter, auch hier spannt sich

Kombi-Kirche: In Brotdorf hat Holzmeister das alte Gotteshaus als Querschiff in den Neubau integriert.

eine Holzdecke über das Kircheninnere. Doch Holzmeister war nicht nur Architekt. Auch die Innenausstattung beider Kirchen wurden von ihm geschaffen, von den Kirchenbänken bis zum Altarleuchter.
Die beiden Kirchen sind so außergewöhnlich, daß sich mittlerweile ein „Clemens-Holzmeister-Kreis" gegründet hat, um die Bedeutung der beiden Bauwerke einer breiteren Öffentlichkeit bekannt zu machen.

Selbst die Bänke hat der Holz-Meister selbst geschaffen.

Wolfgang Schmitt

Kontakt
Wer St. Agatha in Merchingen besuchen möchte, der sollte einen Besichtigungstermin mit dem Küster telefonisch ausmachen.

Der Küster, Georg Kaspar, ist unter Tel.: 0 68 61/61 75 zu erreichen.

Oder man setzt sich direkt mit dem „Clemens-Holzmeister-Kreis" unter Tel.: 0 68 61/44 46 in Verbindung.

Öffnungszeiten
Der Seiteneingang zu St. Maria Magdalena ist täglich zw. 9 u. 18 Uhr geöffnet.

Anfahrt
Über die A 8 oder B 51 nach Merzig. Dann folgt man der Ausschilderung nach Merchingen.
Nach Brotdorf nimmt man den gleichen Weg bis nach Merzig. Fährt dann der Ausschilderung folgend nach Brotdorf.

Kirche aus Stahl
Ste Barbe in Crusnes

Die Kirche von Crusnes ist in kaum einem Tourismus- oder Kulturführer verzeichnet. Doch dabei handelt es sich bei diesem Gotteshaus um die einzige Stahlkirche Europas. Eine Einmaligkeit also, ein Denkmal, aber ein vergessenes. Erst 1990 wurde die Kirche unter Denkmalschutz gestellt, als sie bereits vom Rost zerfressen war. Im Oktober 1997 endlich hat man mit Restaurierungsmaßnahmen begonnen, aber trotz staatlicher Zuschüsse und der Unterstützung durch den Stahlbaukonzern Astron fehlt es noch an Geld.

Crusnes ist ein altes Bergmannsdorf mit gerade mal 1700 Einwohnern, es liegt im Département Meurthe-et-Moselle und ist über die Route Nationale Nr. 52 zu erreichen. Die Ortschaft selbst ist unterteilt in Crusnes-Village und Crusnes-Cité. In der Cité, in der Bergmannssiedlung, steht die mächtige Kirche als ein Zeugnis längst vergangener Tage vor dem großen

Die einzige Stahlkirche Europas war ein Geschenk des Stahlbarons de Wendel.

Vom Rost zerfressen: staatliche und private Zuschüsse reichen für eine vollständige Restaurierung nicht aus.

leeren Dorfplatz. Benannt ist sie nach der Schutzpatronin der Bergleute: Ste Barbe, Sankt Barbara.
1939 wurde die Kirche erbaut. Sie war ein Geschenk der Familie de Wendel, der damaligen Eigentümer der Bergwerke, an das Dorf. Man hatte damals ein Gebäude modernster Bauart geschaffen. Ein Modell sollte hier entstehen, das man später in Afrika für die geplanten Missionskirchen verwenden wollte. Konstruiert ist die Kirche in einer Art Baukastensystem. Auf ein Stahlskelett wurden doppelwandig Stahlplatten aufgezogen, die als Innen- und Außenwände dienten, die Zwischenräume wurden zur Isolierung mit Sand aufgefüllt. Architektonisch verwendete man Stilmittel, die dem Art deco entlehnt sind. So führt eine breite Treppe zu einem mit Säulen umrahmten Portal mit kunstvoll verzierten Eisentoren. Es sind strenge Formen, über denen der kleine eckige Glockenturm thront.
Der Innenraum wird bestimmt durch das große Mit-

Kontakt
Georgette Lecomte
Tel.:0 03 33/82 89 32 49

Öffnungszeiten
Vom ersten Sonntag nach Ostern bis zum letzten Sonntag im September von 15.00 - 18.00 Uhr.

Anfahrt
A 31 in Richtung Thionville, dann über die A 30 nach Hayange. Dort nimmt man die RN 52 in Richtung Fontoy und Havange bis zur Abfahrt Bréhain-la-Cour. Ab da ist Crusnes ausgeschildert.

telschiff. Auf Steinplatten aus lothringischer Minette ist in den Seitenschiffen ein Kreuzweg dargestellt. An den Wänden finden sich zahlreiche Gemälde vieler polnischer und italienischer Heiliger, Zeugnisse der Herkunft der Bergleute.

Die Kirche Ste. Barbe in Crusnes-Cité ist ein Denkmal vergangener Arbeiterkultur. Mit der Stillegung der Bergwerke im Jahre 1973 begann das Sterben der Region um Crusnes. So liegt das Dorf mit seinen schmalen Backsteinhäusern und seiner Kirche abseits, vergessen und teilweise verlassen da. Ein Symbol für die Zeit, als es der Region einmal besser ging. Auch als ein Symbol für den Wandel der Zeit.

Wolfgang Schmitt

Kirche aus dem Baukasten: nach dem Modell von Ste Barbe sollten in Afrika Missionskirchen entstehen.

Die „Versöhnungskirche" in Völklingen gibt dem Wort Versöhnung einen völlig neuen Klang. Nicht, weil sie so herausragend schön wäre, sondern weil sie viel von den martialischen Seiten der Industriegeschichte in dieser Region erzählt. Der Zentralbau von Franz Kuhn orientiert sich am Vorbild der Saarbrücker Ludwigskirche. Er wurde von 1926 bis 1928 im rhei-

Soldat mit Handgranate
Die Völklinger Versöhnungskirche

nisch-barocken Baustil errichtet, zu einer Zeit also, in der kaum noch barockisierend gebaut wurde. Die Giebelfront weist einen für eine Kirche wirklich ungewöhnlichen Figurenschmuck auf. Vier Gußfiguren symbolisieren Tugenden. Die „Liebe" wird durch eine Mutter-Kindgruppe dargestellt, „Barmherzigkeit" wird mittels der Figur einer Krankenschwester versinnbildlicht. Das ist noch nicht weiter auffällig bis auf die Tatsache, daß kein spezifisch christliches Motiv gewählt wurde. Die dritte Plastik, verkörpert die Arbeit, dargestellt durch einen Hüttenarbeiter. Makaber indes wird

Makabres Ensemble: handgranatenwerfender Soldat als Symbol der Treue.
Die Taube auf dem Helm ist sicher nicht im Sinne des Bildhauers.

diese Fassade durch das Bild der Treue. Ein Soldat mit Stahlhelm, der im Begriff ist eine Handgranate zu schleudern, schützt seinen verwundeten Kameraden. Diese Darstellung erhält einen fast zynischen Beigeschmack durch die Tatsache, daß die Figuren 1932 von der Völklinger Industriellenfamilie Röchling gestiftet wurden, deren Hütte im Ersten Weltkrieg als Rüstungslieferant für 80-90% der Stahlhelme das Material produzierte. Die Statue erregte schon bei der Aufstellung das Mißfallen einer Minderheit (40%) des Presbyteriums, die darin eine „Verherrlichung der Gewalt und eine Verhöhnung all dessen, was in der Kirche gelehrt und gepredigt wird", sah. Die Diskussionen entzündeten sich immer wieder. 1947 bei der Amtseinführung von Pfarrer Obermann nahm Kirchenrat Wehr Anstoß an der Figur und empfahl, sie zu entfernen, aber die Figur blieb stehen. Als 1984/85 der Soldat durch ein

Mutter und Kind als Sinnbild der Liebe.

Gerüst an der Außenfassade leicht zugänglich war, wurde die Granate in einer „Spontiaktion" abgesägt und dann auf Presbyteriumsbeschluß wieder angeschweißt. 1984/85 schließlich wurde die Debatte um den Soldaten an der Giebelfront von einer Friedensgruppe, die sich in der Gemeinde gegründet hatte, neu

entfacht. Das Presbyterium beschloß schließlich, den
Text einer Denktafel (nicht Gedenktafel!), behielt sich
die Aufstellung jedoch vor. Ihr Text lautet:
„An alle, die sehen und verstehen möchten!
An der Giebelseite dieser Kirche ist ein Soldat
mit Handgranate vor einem verwundeten Kameraden
abgebildet – als Sinnbild für Treue.
Unsere Geschichte können
und wollen wir nicht leugnen.
Aber: Sind Beispiele aus Kriegen geeignet,
solidarisches Handeln darzustellen?
Wie stehen wir zur biblischen Verheißung
der Gewaltlosigkeit?

Wer gewinnt an den Kriegen?
Und wo sind die Opfer?
Wir bitten alle, die durch unsere Gedankenlosigkeit,
unsere Nachlässigkeit
oder unseren Opportunismus unter Gewalt leiden,
um Vergebung.

Fatale politische Botschaft:
Das monumentale Decken-
gemälde...

...feiert die „Befreiung" des Montanreviers durch die Saarabstimmung 1935.

Der Name dieser Kirche erinnert uns an den Auftrag Christi: Versöhnung.
Das Presbyterium der Evangelischen Versöhnungskirchengemeinde
Pfingsten 1993"
Nach erregten Protesten in der Gemeinde, vor allem einiger Anhänger der Familie Röchling, sah man von einer Aufstellung der Denktafel schließlich ab, und dokumentierte den Text nur im Eingangsbereich der Kirche.
Die Versöhnungskirche enthüllt aber nicht nur in der Gestalt eines Soldaten etwas von der politischen Vergangenheit ihrer Entstehungszeit. Die Familie Röchling, die mit 100 000 Mark und großzügigen Darlehen dem Bau ihre tatkräftige Unterstützung zukommen ließ, wurde auch in dem Innenraum verewigt. Auf einem elliptischen Deckengemälde, das den Abschluß einer ovalen Kassettendecke von 3500 Kassetten bildet, wurden mehrere prominente Familienmitglieder abgebildet. Der Stifter, Hermann Röchling, wurde nach dem Grundsatz, keine lebenden Personen abzubilden,

nicht dargestellt. Das Gemälde, das als zentrales Motiv den Sieg des Kreuzes darstellt, zeigt nun neben den religiösen Inhalten im Himmel auch die Völklinger Hütte auf Erden und Korngarben als Erinnerung an die ehemalige Kornkammer des Saarlandes, das Köllerbachtal. Soweit so gewöhnlich. Fatal wird aber auch dieses Gemälde, wenn man den Adler über der Hütte aufsteigen sieht, der seine Ketten gesprengt hat. Fatal, wenn man weiß, daß dieser Adler für das „befreite" Saargebiet stehen soll, das in der Saarabstimmung 1935 soeben die französischen „Ketten" gesprengt hat. Fatal, wenn man weiß, daß die Röchlings maßgebliche politische Leitfiguren in der „Deutschen Front" waren, jenem politischen Bündnis, das den Anschluß des Saargebietes an Hitlerdeutschland betrieb. Und so steht es schließlich auch auf dem Pfarrhaus in Stein gemeißelt: „Erbaut im Jahr der Saarbefreiung 1935".

Stefan Miller

Der Stifter des Gemäldes, Hermann Röchling, ließ nur bereits verstorbene Mitglieder der Familie abbilden.

Kontakt

Evangelische Versöhnungskirchengemeinde, Poststr. 48
66333 Völklingen
Frau Spang
Tel.: 0 68 98/2 21 37

Anfahrt

A 620 Abfahrt Völklingen. Die Versöhnungskirche passiert man auf dem Weg in die Innenstadt. Sie ist leicht am neobarocken Turm zu erkennen.

Im traditionell katholischen Lothringen stößt man nur selten auf eine protestantische Kirche. Wenn die dann auch noch aus dem letzten Jahrhundert stammt, dann hat sie ganz gewiß eine ungewöhnliche Entstehungsgeschichte wie die „Kaiserkirche" von Courcelles, einer kleinen Gemeinde 20 km südöstlich von Metz. Wie der Name schon andeutet, ist sie das „Ge-

Kaiser Wilhelm und die Hugenotten
Die „Kaiserkirche" in Courcelles/Chaussy

Die Kaiserloge...

...in der Kaiserkirche...

schenk" eines Kaisers, und zwar des deutschen Wilhelm II., der 1895, als sie gebaut wurde, noch das „Sagen" hatte in Elsaß-Lothringen. Eine seiner Lieblingsstädte war das benachbarte Metz; im nahe gelegenen Schloß Urville bei Courcelles, zu dem eine extra Bahnlinie mit „Kaiserbahnhof" gebaut wurde, weilte er gerne zur Sommerfrische. Courcelles war schon seit Mitte des 16. Jahrhunderts evangelische Diaspora. 1560 von dem calvinistischen Prediger Peter von Coelen aus Genf gegründet, siedelten sich hier viele Hugenotten an, die vor allem unter Ludwig XIV. schwer zu leiden hatten. Entweder sie schworen ihrem

Glauben ab, oder sie mußten mit Verbannung oder dem Tode rechnen. (Viele Courceller Hugenotten retteten sich nach Ludweiler im Warndt, wo ihnen Fürst Ludwig von Nassau-Saarbrücken „Exil" gewährte).

Schon um 1600 haben sie in Courcelles ein erstes eigenes Gotteshaus, das wenig später zerstört wird. Mehr oder weniger heimlich treffen sich die Hugenotten danach in privaten Betsälen und Scheunen. Erst 1837 wird wieder der Grundstein zu einem eigenen Bethaus gelegt (das heute noch, ziemlich verwahrlost, neben dem Friedhof steht).

1893 nun kamen „Majestät" auf die Idee, „seinen" Courcellern eine neue Kirche mitten im Ort zu stiften (ob zum eigenen Ruhm oder als Denkmal des Leids der Hugenotten, sei dahingestellt). Er beauftragte seinen Metzer Dombaumeister Tornow mit der Aufgabe; der stellte binnen eineinhalb Jahren ein ungewöhnliches Gotteshaus fertig: eine Kreuzkirche mit quadratischer Vierung und vier kurzen Kreuzarmen. In den vier Ecken des Kreuzes befinden sich auf der einen Seite zwei Seiteneingänge, auf der anderen Seite die Sakristei

...ziert der kaiserliche Reichsadler.

Der Stifter Wilhelm II. vor „seiner" Kirche.

und der Zugang zu einer eigenen Kaiserloge, verziert mit Keramikkacheln, auf denen der Reichsadler verewigt ist.

Am meisten aber besticht das Kirchenschiff durch seine üppige, kunstvoll gestaltete Holzornamentierung. Altar, Kanzel und Chormobiliar wurden aus uraltem Eichenholz hergestellt, das man aus den Keltern des Metzer Weinbaugebietes herbeigeschafft hatte. Zusammen mit dem Gebälk der Orgelempore, einem riesigen Kronleuchter in der Kirchenmitte und einem gußeisernen „Bollerofen" verleiht es dem Kircheninneren eine ganz und gar „unprotestantische" Wärme und Behaglichkeit.

Auch der Ort selbst scheint wie aus einer anderen Welt: links und rechts des Dorfbaches, der von einem alten Waschhaus gesäumt wird, kauern die aneinandergebauten Lothringer Bauernhäuser. Eine „Hugenottenscheune" erinnert an die Zeiten der Verfolgung. Der Friedhof neben dem alten Bethaus ist eine Oase der Ruhe und Besinnlichkeit. Kein Wunder, daß sich dieser äußeren Idylle auch das Fernsehen bemächtigte, um vergangene Zeiten heraufzubeschwören: Für ein Fernsehspiel des Saarländischen Rundfunks über das Leben Gustav Reglers wurden hier einige Kindheitspassagen gedreht. Denn in Courcelles sieht's heute (fast) noch so aus wie in Merzig vor 80 Jahren ...

Wolfgang Felk

Kontakt
Ref. Kirchengemeinde Courcelles/Chaussy
(Pfarrer Pappe spricht nur französisch.)
Tel.: 0 03 33/87 64 00 19

Öffnungszeiten
Die Kirche ist gewöhnlich geschlossen, die Schlüssel bekommt man im Pfarrhaus gegenüber (telefonische Anmeldung ist ratsam).

Anfahrtsweg
Autobahn Saarbrücken-Metz, Abfahrt Boulay, der Ausschilderung nach Courcelles folgen.

Jeanne d'Arc in Rente?	210
Schloß Jaulny	
Wo Stanislaus den Pascha spielte	216
Zweibrücken	
Ein barockes Märchen	220
Schloß Haroué	

Feudaler Glanz

Das Schloß von Thorey-Lyautey…	224
Thorey-Lyautey	
Service Fouquet und andere Kostbarkeiten	228
Thionville	

Jeanne d'Arc in Rente?
Über die unglaublichen Geheimnisse von Schloß Jaulny

Das Schloß ist nicht schön, aber selten. Eine Festung aus dem 12. Jahrhundert, die ausnahmsweise mal nicht von Vauban umgebaut wurde, und so steht sie noch heute mit ihren dicken Ritterburgmauern auf einem Felsen und trutzt: das Château fort von Jaulny, hoch über dem idyllischen Tal des Flüßchens Rupt. Die beiden Seitenflügel des Schlosses umrahmen den finsteren Innenhof wie zwei steinerne Fäuste, kaum ein Fenster lichtet die Fassade, und man stellt sich vor, wie in einer mondlosen, sturmgepeitschten Nacht der müde Wanderer verzagt an der Glocke zieht, wie sich hoch oben unterm Dach kreischend ein Laden öffnet, und wie es alles ein furchtbares Ende nehmen wird.

An Sonn- und Feiertagen dürfen die Touristen klingeln. Für 10 Francs werden dann das schmiedeeiserne Gitter geöffnet und die dunklen Geheimnisse von Schloß Jaulny offenbart. Und es gibt ihrer etliche.

Gleich im Schloßhof darf man in ein tiefes Loch gucken, die ehemalige Zisterne, 30 Meter tief und, wie versichert wird, letzte Ruhestätte eines unglückseligen Paters, den aufgebrachte Revolutionäre aus Pont-à-Mousson dort hinabgeworfen hatten und die Steine seiner Kapelle gleich hinterher. Es geht weiter vorbei an Hellebarden und Truhen aus dem 15. Jahrhundert; vorbei an Wandteppichen, groß wie ein Fußballtor, an denen flämische Künstler ein Jahr pro Quadratmeter gewebt haben; vorbei an Louis-Treize-Sesseln und François-Soundsoviel-Schränken; vorbei an Wappen, Ahnentafeln, Zinnkrügen und kupfernen Bettpfannen. Die Führung durch das Sammelsurium macht eine junge Dame, Anna Collignon – ihrer Familie gehört das Schloß seit 1870; „Et vous avez le plat à escargot qui, lui, est pour une personne."

Eine Pfanne für etwa drei Dutzend Schnecken. Heute eine Familienpackung, damals haben so was die Her-

Martyrium oder Rente? Tatsächlich soll Jeanne d'Arc auf Schloß Jaulny einen beschaulichen Lebensabend verbracht haben.

ren Ritter alleine verputzt – na ja ... Aber jetzt kommts: Madame Collignon holt tief Luft und durch die muffigen Mauern weht plötzlich der Atem der Weltgeschichte.

Über dem Kamin nämlich hängen zwei Porträts – ein Mann und eine Frau. Der Mann sei Robert des Armoises, erläutert die Führerin, und seine Frau Jeanne sei niemand anderes als Jeanne d'Arc.

Jeanne d'Arc? Die Jungfrau von Orléans? Wurde die nicht in Rouen verbrannt? Wurde sie: am 30. Mai 1431, an einem Mittwoch, fand auf dem Marktplatz

Hoch über dem idyllischen Flüßchen Rupt steht das Château fort noch heute auf seinem Felsen und trutzt.

von Rouen die öffentliche Hinrichtung statt – vor den Augen der Welt und mit etlichen Aktenvermerken, die alle erhalten sind: die Prozesse um Jeanne d'Arc sind die bestdokumentierten des ganzen Mittelalters. Selbst die Beschwerde des Henkers ist erhalten: der Scheiterhaufen sei zu hoch gewesen, so daß er den üblichen Gnadenstoß nicht habe geben können.

Und nun soll Jeanne also dem Feuer entkommen sein und hier auf Schloß Jaulny als brave Ehefrau eines unbedeutenden Landadligen alt geworden sein? Madame Collignon wartet, bis die Besucher die Ungeheuerlichkeit der Behauptung verstanden haben, ehe sie mit der Erklärung beginnt:

Jeanne d'Arc sei nämlich gar nicht das arme, gottgesandte Bauernmädchen gewesen, als das die Legende sie gerne sieht. In Wahrheit sei sie das Ergebnis eines Seitensprungs der französischen Königin mit dem Grafen von Orléans. Das Baby wurde zur Familie d'Arc nach Domrémy gebracht, die es sozusagen inkognito aufzuziehen hatte. Die Heilige Jungfrau wäre also ein Bastard des französischen Königshauses – ihr Wappen, das sie in der Schlacht tragen durfte, zeige das ganz deutlich. (Viele Wappenkundler sind sich da nicht so sicher ...) Und ein Mitglied des Königshauses, so erklärt Anna Collignon, hätte niemals verbrannt werden dürfen wie eine ordinäre Hexe. Königliche Häupter wurden mit dem Schwert von ihren Leibern getrennt, wenn es denn nötig war. Jeanne d'Arc wäre demnach in letzter Sekunde gerettet worden – in Rouen brannte irgendeine andere Frau.

Natürlich denkt man insgeheim, auch Elvis Presley ist schließlich nicht wirklich tot, die Titanic ist nie gesunken, und Adolf Hitler ist heute 107 und schmiedet fern in Südamerika Pläne für seine Rückkehr. Moderne Mythen. Aber mit dieser Jeanne ist es etwas anders: Tatsächlich tauchte 1436, fünf Jahre nach der grausamen Hinrichtung von Rouen, in Lothringen eine Frau auf, die sich als Jeanne d'Arc ausgab. Das war keine Seltenheit. Schon vor Jeanne d'Arc wimmelte es geradezu von gottbefohlenen Jungfrauen, die Frankreich retten wollten. Schuld daran war eine Prophezeiung des Zauberers Merlin: „Eine Frau wird Frankreich verraten, eine Jungfrau wird es retten." Über die Frau war man sich einig: Isabeau von Bayern, die französische Königin, hatte mit Bettgeschichten, Intrigen und Heiratspolitik das Reich an die Engländer verschachert. Aber wer war die Jungfrau? Jeanne d'Arc muß unter vielen Bewerberinnen wohl die glaubwürdigste gewesen sein – so glaubwürdig, daß sich die Engländer nach ihrem Prozeß nicht mit dem „milden" Urteil der Inquisition zufrieden geben wollten, und die lebenslange Kerkerhaft dann doch in ein Todesurteil verwandelt wurde. Und nun war sie wieder da. Überall tauchten Gerüchte auf, die Jungfrau sei gar nicht verbrannt worden, im-

Kontakt
Château fort de Jaulny
Anna Collignon
54470 Jaulny
Tel.: 0 03 33/83 81 93 04
(Madame Collignon spricht nur französisch, versteht aber etwas deutsch.)

Öffnungszeiten
Sa, So 14.00 - 17.30 Uhr. Auf Wunsch und nach Terminabsprache machen die Besitzer auch Gruppenführungen unter der Woche.

Eintrittspreise
FF 30.-
Gruppen: FF 20.-

Anfahrtsweg
Autobahn Metz - Nancy, Ausfahrt Fey, dann der Beschilderung „Lac de Madine" folgen. In Arnaville rechts in das schöne Tal des Flusses Rupt abbiegen, das sich auch wunderbar für Fahrradtouren eignet. Einige Kilometer folgt man der Straße am Fluß entlang, dann gabelt sich der Weg unter einem Monstrum von Eisenbahnbrücke: dort fährt man links nach Jaulny (ist auch ausgeschildert).
In Jaulny am besten auf dem Dorfplatz parken. Zum Schloß sind es dann noch 50 Meter.

mer wieder gab es junge Frauen, die vorgaben, die entflohene Retterin Frankreichs zu sein. Aber mit dieser einen ist es etwas anderes: Denn Jeanne d'Arcs eigene Brüder werden sie als ihre Schwester wiedererkennen – oder muß man sagen: anerkennen? Wie dem auch sei, die wiedererschienene Jeanne – ob nun echt oder falsch – paßt einigen Leuten ganz gut ins politische Kalkül. Man zieht mit ihr an der Spitze in irgendeiner Erbfolgeangelegenheit in Deutschland zu Felde, wo sie mit knapper Not dem Kölner Großinquisitor mit dem bezeichnenden Namen Heinrich Kalteisen entkommt. Der hat, wie es sich gehört, gewissenhaft Buch über die Aktion geführt. Sein Hexenjäger Johannes Nyder hat dann Jeannes Spur im Luxemburgischen verloren. Kein Wunder, denn dort, in Arlon, wird Jeanne zu ihrem Schutz mit Robert des Armoises verheiratet, einem lothringischen Ritter und – nebenbei bemerkt – Schwager von Robert de Baudricourt, der Jeanne d'Arc sieben Jahre zuvor auf ihrer Mission begleitet hat. Das Paar wohnt dann eine Zeit lang in Metz, der dortige Dechant bezeugt es in seinen Annalen. Und auf einer alten Metzer Kirchentür finden sich angeblich dieselben Porträts wie über dem Kamin von Schloß Jaulny ... Eine schöne Geschichte – wenn man sie für sich behält. Denn die Variationen zur offiziellen Geschichtsschreibung führen auch im heutigen Frankreich noch zu erbitterten Historikergefechten, Verleumdungen und Beleidigungen. Die Collignons, die Schloßherren von Jaulny, zum Beispiel werden sich hüten, ihre Hauptattraktion auf Prospekte drucken zu lassen. Damit hatten sie schon richtig Ärger bekommen. Und dabei läßt sich die Echtheit ihrer auferstandenen Jeanne zweifelsfrei beweisen: Auf der Schloßterasse findet sich nämlich ein Fußabdruck der Heiligen. Und der tut Wunder: Eine junge Frau, die sich ein Baby wünscht, muß nur ihren nackten Fuß in diesen Abdruck stellen. Es soll schon zweimal funktioniert haben ....

Sven Rech

Die einstigen Schloßherren: Ist Jeanne des Armoises Jeanne d'Arc?

Seit dreihundert Jahren ist das hübsche Irrwog-Tal bei Zweibrücken nun schon Naherholungsgebiet. Wenn auch erst unsere bürgerliche Zeit diesen Begriff geprägt hat, früher hieß sowas eher Lustrevier, Park oder Sommerresidenz. Aber die Zweibrücker Herzöge gingen hier mit dem gleichen Vergnügen auf die Jagd, mit dem heute die Bürger durch die schöne Landschaft flanieren.

Hirsch und Hase lassen die modernen Besucher in Ruhe – umweltbewußt wird stattdessen ein Waldlehrpfad abgewandert, den Jugendliche angelegt haben

Wo Stanislaus den Pascha spielte
Die „Fasanerie" bei Zweibrücken

Die Ruinen zweier Pavillons gehören zu den wenigen Überresten der alten Pracht.

und auf dem allerhand Wissenswertes über die Flora zu entdecken ist. Besonders schöne Bäume sind gekennzeichnet, auf seltene Sträucher wird hingewiesen.

Die Wanderer stoßen dabei immer wieder auf Überreste einer alten Mauer, die im 18. Jahrhundert das ganze Gebiet umschloß. Diese Umfriedung war notwendig, weil hier für die Herzöge von Zweibrücken Fasanen zur Jagd gezüchtet wurden, und die mußten natürlich eingesperrt werden. Vielleicht wollten die Feudalherren auch allzu neugierige Bürger aussperren.

Geblieben ist bis heute der Name des gesamten Naherholungsgebietes „Fasanerie". Das ist wesentlich leichter zu merken als „Tschifflik", so nannte Stanislaus Leszcynski sein berühmtes Lustschloß, das er sich hier während seines kurzen Aufenthaltes in Zweibrücken von 1714 - 1718 errichten ließ.

Wie kommt nun ein polnischer König ausgerechnet ins weitentfernte Zweibrücken? Die große Politik und ein widriges Geschick haben ihn hierher verschlagen.

Er war in die Auseinandersetzungen zwischen Peter dem Großen von Rußland und Karl XII. von Schweden geraten und verlor dabei seine Krone. Der Schwedenkönig, der gleichzeitig Herzog von Zweibrücken war, ließ den bettelarmen Ex-Monarchen aber nicht fallen und ermöglichte ihm ein komfortables Asyl in der Pfalz.

Stanislaus war vielleicht kein begnadeter Politiker, aber er war ein Baunarr mit Geschmack. Später konnte er das als Herzog von Lothringen ja noch genügend beweisen. Wir verdanken ihm die wunderbare „Place Stanislas" in Nancy.

„Tschifflik" fiel nicht ganz so pompös aus und viel weniger dauerhaft. Aber dafür war der Name auch politisches Programm. „Tschifflik" heißt nämlich „Landhaus" auf türkisch und mit den Ottomanen wiederum war Karl XII. verbündet. Das friedliche Leben eines Paschas also führte Stanislaus im Zweibrücker Stadtschloß, ins Irrwogtal kam er nur im Sommer. Die leichten Pavillons der Anlage waren für einen Daueraufenthalt nicht geeignet.

Sie sind denn auch fast alle zerfallen, ebenso gibt es kaum noch Spuren der barocken Gartenanlage. Heute fühlt sich der Besucher an einen englischen Garten erinnert. Im Barock gab es genau abgezirkelte Terrassen mit gepflegten Blumenbeeten und große hölzerne Orangerien. Von der ganzen Pracht sind nur noch die oberen Weiher erhalten und die Ruinen zweier Pavillons, die massiv ausgeführt wurden, weil sie als Stützmauern dienten. Man muß schon viel Phantasie haben, um sich vorzustellen, wie in den dreigeschossigen Bauten, die weder Fenster noch Decken mehr haben, Tee getrunken wurde oder wie die Damen oben an den Brüstungen standen und die heimkehrenden Jäger begrüßten. Inzwischen wurde die alte „Wassertreppe" zwischen diesen beiden Gebäuden, die durch eine Terrasse verbunden sind, wieder freigelegt. Über die Sandsteinstufen plätschert wieder das Wasser, doch allzuviel barocker Glanz ist nicht geblieben.

Doch das tut der Beliebtheit der Anlage kaum Abbruch. Und fürstlich leben läßt es sich immer noch in der „Fasanerie". Oder zumindest im gleichnamigen Hotel-Restaurant. Direkt hinter den alten Weihern

Kontakt
Romantik-Hotel „Fasanerie"
Familie Roland Zadra
Fasanerie 1
66482 Zweibrücken,
Tel.: 0 63 32/973-0
Fax: 0 63 32/973-111

wurde in den dreißiger Jahren eine großzügigen Anlage gebaut. So ganz hat man sich dabei zu keinem Stil entschlossen. Die weißen Mauern mit Sandsteingewänden und Türmchen auf dem Haupthaus sind zumindest etwas „anbarockisiert", vor allem aber die Innenräume sind recht stimmungsvoll gestaltet. Im feudalen Haupthaus wird mit Konzerten Kultur angeboten, im daneben liegenden „Landhaus" kommt man zu bürgerlichen Preisen in den Genuß von Kaffee und Kuchen und Vespertellern.

Im Sommer sitzt man draußen unter großen Bäumen, die Kinder tummeln sich auf dem Spielplatz oder können Fische und Enten füttern, die immer noch die Wasserbecken beleben. Gesundheitsbewußte Besucher schätzen auch die kleine Kneippanlage.

Und nach der Stärkung gehts zu einem Spaziergang in den 1975 gegründeten Wildrosengarten. Hier hat die Oscar-Scherer-Stiftung eine Art Rosen-Museum angelegt. In einem ehemaligen Obstgarten wurden Sträucher von alten Rosenarten, die heute nicht mehr gezüchtet werden, und von Wildrosen angepflanzt. Diese ganze Anlage ist naturnah gehalten. Hier wird nicht gemäht, gedüngt oder geschnitten. Die Rosensträucher, die viel größer sind als die der heutigen Zuchtrosen, bieten besonders im Frühsommer einen herrlichen Anblick, aber auch im Frühherbst lohnt sich ein Spaziergang: So viele verschiedene Sorten von Hagebutten wie hier sind sonst nirgendwo zu sehen. Zwischen den Sträuchern gibts viele lauschige Sitzplätze, entweder auf den eher unbequemen Bänken der siebziger Jahre oder in den mehr romantischen Pavillons, die neu aufgestellt wurden und ganz unverhohlen wieder barocke Formen aufnehmen. Dazwischen immer wieder Steine und Trümmer aus der feudalen Zeit Zweibrückens, als Stanislaus hier kurz mal den Pascha spielte.

Auch die Weiher stammen noch aus Stanislaus' Zeit.

Elisabeth Sossong

Als „barockes Märchen" wird das Schloß Haroué gern bezeichnet und der hauseigene Prospekt stilisiert das Wasserschloß gar zum „lothringischen Versailles" empor. Das ist sicher werbewirksam ein bißchen übertrieben – aber das schöne Barockgebäude am Ufer des träg dahinfließenden Madon ist ein architektonisches Kleinod in herrlicher Lage und mit bemerkenswerter Inneneinrichtung. Trotzdem – so bedauert die Besitzerin Minni de Beauvau Craon, kämen kaum deutsche Besucher nach Haroué. Um sie verstärkt zu umwerben, bietet man die obligatorische Schloß-

Ein barockes Märchen
Schloß Haroué

Kontakt
Château de Haroué
Danielle Yung
F-54740 Haroué
Tel.: 0 03 33/83 52 40 14
Fax: 0 03 33/83 52 44 19

Öffnungszeiten
1. April bis 15. November:
14 bis 18 Uhr.
Morgens nach Vereinbarung.

führung mittlerweile auch auf deutsch an. Die Schloßherrin selbst, informiert freilich nur auf französisch. Sie ist Erbin eines großen Namens, hat keine Brüder und ist in England verheiratet. So widmet sich die letzte Beauvau Craon mit viel Engagement der Erhaltung ihres Elternhauses. Die Eintrittsgelder sind ausschließlich für die Renovierungen bestimmt – Haroué ist Privatbesitz und Staat oder Region schießen nur zu ganz besonderen Aufwendungen etwas zu.

Und so führt Madame la Princesse unverdrossen Besucherscharen durch ihr Schloß, immer freundlich und auch zum x-ten Mal die Geschichte (des Schlosses) mit Begeisterung erzählend.

Ihr Urahn Marc de Beauvau Craon erhielt das Schloß vom lothringischen Herzog Leopold zu Beginn des 18. Jahrhunderts. Madame sagt, weil er ein guter Freund des Herzogs war, die Fama berichtet, daß die hübsche Marguerite de Beauvau Craon das Gefallen des Souveräns fand, und er deshalb den Ehemann mit einer Wasserburg aus dem 17. Jahrhundert „besänftigte". Nun sei es wie es wolle, jedenfalls genügte die Burg nicht mehr so recht den Ansprüchen, und der bekannte lothringische Baumeister Germain Boffrand wurde mit dem Umbau beauftragt. Er behielt die vier charakteristischen Türme des Vorgängerbaus bei, riß den großen Donjon ab und gestaltete eine symmetrische Dreiflügelanlage. Zweimal überquert der Besucher den Burggraben, zuerst gelangt man in einen pavillonflankierten Vorhof, dann geht es in den eigentlichen Ehrenhof, den Arkadengänge rechts und links sowie ein Mittelrisalit beherrschen. Spitze Dächer, die Turmhauben und eine Unzahl von hohen Kaminen prägen die Silhouette von Haroué, dem man auf dieser Seite noch Renaissanceeinflüsse ansieht.

Besonders prächtig ist die Gartenseite, auch hier gute Beispiele von hübschem Bauzierrat in Form von Putten und allegorischen Figuren und schöngeschmiedeten Geländern. Hier gibt es sogar noch einen Barockgarten der dann in Park und Wald übergeht. Der Besuch von Haroué ist wie das Eintauchen in eine vergangene Zeit. Das Schloß liegt ganz am Rande des gleichnamigen verschlafenen Dorfes, alles atmet hier noch den Geist des Barock, stünden nicht störend ein paar Autos vor dem Schloßportal würde man sich nicht wundern, kämen die Hofkutschen angefahren. Noch älter als der eigentliche Schloßbau sind die angrenzenden Wirtschaftsgebäude, denen man ebenfalls Einflüsse der Renaissance ansieht. Haroué ist das einzige immer noch bewohnte Schloß in Lothringen, und bei der Besichtigung erlebt der Besucher den Wandel der Jahrhunderte. Da gibt es die Staatszimmer aus der Zeit des Herzogs Leopold und des Königs Stanislaus, der das Herzogtum an Frankreich vererbte. Der Tisch auf dem der Vertrag zur Übergabe unterschrieben wurde, wird heute hier ebenso liebevoll aufbewahrt wie Prunkschwerter und Waffen der Urahnen.

Berühmt sind auch die großen Tapisserien aus der herzoglichen Manufaktur von Malgrange, die schon 1737 geschlossen wurde. 12 Riesenteppiche illustrieren die Geschichte von Alexander und seinen Schlachten. Die riesigen Wandbehänge haben ihre Farben noch sehr

Eintrittspreise
Erwachsene: FF 27,-
Kinder: FF 15,-
Gruppen: FF 23,- pro Person

Anfahrt
Schloß Haroué ist zu erreichen über die Autobahn Nancy-Dijon. Es liegt an der D 9. Entfernung Nancy 29 km. Von Lunéville in Richtung Rambersvillers und dann Bayon. Von dort aus ist das Schloß ausgeschildert.

Zwei Türme der ehemaligen Wasserburg flankieren die barocke Gartenseite.

gut bewahrt – sind allerdings teilweise arg zerschlissen, das Hinterteil von Alexanders Streitroß – nur noch lose Fäden. Restaurierungsarbeiten sind inzwischen im Gang, doch sie sind langwierig und kostspielig – ebenso wie die der Möbelstoffe. Haroué beherbergt eine seltene Sammlung von königlichem Mobiliar, Einrichtungsgegenstände aus dem Besitz von Ludwig XVIII. Auch hierzu gibt es eine pikante Geschichte. Als der glücklose Bruder Ludwigs XVI. 1814 aus dem englischen Exil zurückkehrte, richtete er seiner Freundin, Baronin Keller, ein hübsches Schlößchen in Paris ein und stattete es prächtig im Stil der Zeit aus. Die Tochter der Baronin wiederum heiratete einen Beauvau und brachte so den königlichen Salon und das Billardzimmer mit nach Lothringen. Und so lächeln der dicke Louis und die hübsche Baronin Keller heute von verschiedenen Wänden auf die neugierigen bürgerlichen Besucher, die all die Anekdoten aus fürstlichem Munde begierig aufnehmen. Und heimlich vergleichen sie die Ahnenbilder mit der jungen Frau, die sie herumführt, und können sicher sein, daß es die wirkliche Besitzerin ist. Hängt doch im Treppenhaus das Porträt ihrer schönen Großmutter im schwarzen Gesellschaftskleid und das ist Minni de Beauvau-Craon wie aus dem Gesicht geschnitten.

27 FF kostet die Besichtigung und Madame ist leicht verstört darüber, daß dies den Deutschen zu teuer vorkommt. Schließlich könne man dafür doch viel sehen – eine Stunde Führung selbst durch das altertümliche Klo aus dem letzten Jahrhundert, und der Erhalt sei schließlich sehr kostspielig. So wurde mittlerweile einer der Türme renoviert. Er ist mit hübschen Fresken im chinesischen Stil aus dem 18. Jahrhundert ausgemalt – und dank eines großzügigen Zuschusses der Region ist inzwischen wieder ein Salon zugänglich, der im 19. Jahrhundert verschwenderisch ausgemalt und vergoldet worden war. Eine kleine Ausstellung dokumentiert diese Restaurierungsarbeiten und zeigt, wie mühsam aber kompetent hier ein historisches Gebäude erhalten wird, das Repräsentationsbau und steingewordene Geschichte ist – und immer noch das Heim einer Familie.

Elisabeth Sossong

Zweimal überquert der Besucher den Burggraben, bevor er im eigentlichen Ehrenhof steht.

Das Schloß von Thorey-Lyautey...
...ist kein Schloß, hat aber was zu erzählen

Vierzig Kilometer südlich von Nancy, Ausfahrt Colombey-les-Belles, liegt der 300-Seelen-Weiler Thorey. Das Dorf schmückt sich mit dem Namen eines Mannes, der schon zu Lebzeiten eine Legende war, das Dorf heißt heute Thorey-Lyautey. General Hubert Lyautey, 1854 bis 1934, Maréchal de France, Erster Statthalter Frankreichs in Marokko von 1912 bis 1925, war mit 18 Monaten aus dem ersten Obergeschoß auf den Place Stanislas in Nancy gestürzt, schrieb mit 12 Jahren Aufsätze über Descartes und wurde 1912 in die Académie Francaise gewählt. Das Schloß, das General Lyautey in den 20er Jahren in Thorey hat bauen lassen, ist eigentlich kein Schloß. Das monströse Bauwerk mit Park und Teich hat keinen Stil, aber die beiden Museen, die es beherbergt, erzählen eine Geschichte, als hätte Karl May aus 1001 Nacht abgeschrieben und einiges durcheinandergebracht. Im Untergeschoß befinden sich Arbeitszimmer und Bibliothek des Generals, mit immerhin 16 000 Bänden, darunter Folianten aus der Frühzeit des Buchdrucks, viel Plato, Pascal, Descartes, das ganze 18. und 19. Jahrhundert, Literaturzeitschriften, zu hunderten Kartenwerke, Photos, Selbstgezeichnetes ..., und das Erstaunliche: wenn man blättert, erkennt man an Randnotizen, der hat das alles gelesen. Hubert Lyautey, der sich mehrfach für Wochen in Klöster zurückzog, der erst infolge einer Privataudienz beim Papst dem Royalismus abschwor, und das nur halb, gehörte im ausgehenden Jahrhundert zu den habitués der literarischen Salons, war mit dem Philosophen Paul Désjardins eng befreundet, gehörte zu den Gründungsmitgliedern republikanisch-intellektueller Zirkel wie der Union pour la Vérité, sein erster Essay erschien 1891 anonym in der Revue des Deux Mondes: „Le rôle social de l'officier". Lyautey plädiert, da gerade die allgemeine Wehrpflicht eingeführt worden war, für eine sozialpädagogische Verantwortung des Offiziers, sozusagen als zentrales Organ der „Staatsbildung", er nennt erstaunlicherweise preußische Militärschulen als Vorbild, und für die Überwindung des Abgrunds zwischen hommes de lettres und hommes d'épée (Männern des Geistes und Männern des Schwerts). Lyautey wurde nach seinem Scheitern in Marokko, und nachdem er auch nicht Staatspräsident geworden war, was seinem Selbstbild entsprochen hätte, Ehrenpräsident dreier nationaler Pfadfinderorganisationen. Schloß Lyautey beherbergt heute das nationale Pfadfindermuseum, und wenn man dem Gründerpräsidenten des Phänomens Schloß Lyautey, Colonel Geoffroy, folgt, dann sind die meisten Besucher des Hauses Männer – Männer mit Söhnen und Enkeln.

Im Treppenhaus, in der Bibliothek, im „marokkanischen Zimmer" oben unterm Dach: überall Waffen, Säbel, Pistolen, Gewehre. Mit Korallen besetzt, ummäntelt mit ziseliertem Kupfer, in Schildpatt und Elfenbein gefaßt. Alles unbrauchbare Häuptlingswaffen,

Das Schloß, das keines ist, erzählt Geschichten, als hätte Karl May aus 1001 Nacht abgeschrieben.

Im „marokkanischen Zimmer" unter dem Dach hat der Maréchal de France geträumt.

grazile Vorderlader, als Symbole von Freundschaft oder Unterwerfung, dem französischen Generalresidenten in Rabat überreicht von irgendeinem der unterworfenen Stämme der marokkanischen Berge.

Lyautey, und davon erzählt das Schönste im Schloß, das „marokkanische Zimmer", hat 13 Jahre lang im französischen Protektorat Marokko die Macht ausgeübt, er war der Generalresident. Hier entwickelte er die „Méthode Lyautey", er umgab sich mit französischen und marokkanischen Patriziersöhnen, um die Methode weiterzugeben. Lyautey hatte schon bei seinen frühen algerischen Einsätzen arabisch gelernt, und machte sich durch Studium und Gespräch zu einem Maghreb- und Islam-Spezialisten. Seine Arbeitsmaxime war die ostentative, sowohl strategische wie auch ernstgemeinte Anerkennung der maghrebinischen Kultur. Er versuchte durch demonstrativen Respekt zumindest die Eliten für sich zu gewinnen. „Je veux faire de la sorte qu'ils nous aiment" („Ich möchte erreichen, daß sie uns lieben"). Nicht durch Waffengewalt, sondern durch Kooperation und durch sichtbare Aufbauleistungen (Bahn, Hafen, Schulen ...) gewann Lyautey die Stammesfürsten und deren Söhne. Nicht Machtdemonstration, sondern Austausch war seine Methode. Nicht Colonisierung, nicht Französisierung, sondern Differenz, Abstand, Respekt waren sein Stil. Damit schuf er sich in Frankreich, mehr noch in Algerien Feinde. Denn Algerien war der Modellfall der bewaffneten Ausbeutung, war Kolonie im engeren Sinne. Marokko sollte das Gegenbild sein: Lyautey ging nämlich davon aus, daß noch die aktuelle junge Generation, die in die neuen Schulen geht, das Selbstbestimmungsrecht der Völker einklagen oder sich nehmen wird. Dann sollte das Land soweit sein, daß es sich seinerseits anlehnen will, und zwar an Frankreich. Die marokkanischen Zimmer in der Lothringer Pampa ließ Lyautey vor Ort von Marokkanern gestalten. Die blau-bunten Kacheln, die kupfernen Türrahmen, die kunstvollen spanischen Wände, die fein geschnitzten Schränke, die beiden großen Lager zum Kiffen und Ruhen, der Häuptlingsthron, ... jedes für sich ein edles Teil, alles zusammen hat Märchencharme. Der General war ein Leser, ein Enthusiast, er neigte zu Depressionen und zur Träumerei: hier oben unterm Dach hat der Maréchal de France geträumt.

Das Schloß von Thorey-Lyautey erzählt in Form von Zimmern das Leben des Maréchal de France. Ein Lothringer Zimmer zeigt seine Verwurzelung in der Region, ein fern-östliches Zimmer seine frühe Karriere, die Bibliothek sein Seelenleben, das Schlaf- und Sterbezimmer seinen Privatgeschmack, der schlicht zeitgenössisch war, das marokkanische Zimmer ein für Frankreich eher untypisches Kapitel Kolonialgeschichte.

Lyautey starb in Lothringen, wurde, das war sein Wunsch, nach Marokko überführt und in einem Mausoleum nach eigenen Entwürfen bestattet. 1961 wurde General Lyautey ein zweites Mal staatlich bestattet, er ruht heute im Invalidendom.

Dietmar Schellin

Kontakt

Fondation Lyautey
Pierre Geoffroy
B.P. 3851
F-54029 Nancy-Cedex
Tel.: 0 03 33/83 56 20 00
Fax: 0 03 33/83 56 52 57

Öffnungszeiten

1. Mai bis 30. September:
14 bis 18 Uhr
Außer dienstags!

Großzügiger Park mit Teich, Terrasse mit Café, Restaurant, verschiedene Räume für 150 Personen, geeignet für Feiern, Konferenzen und Seminare.

Anfahrtsweg

E 50 nach Metz, E 21 nach Colombey-les-Belles,
dann D 12, D 51 und D 56.

Das Château de la Grange gehört heute dem Comte de Selancy. Es wurde zu Beginn des 18. Jahrhunderts von Robert Cotte, dem Architekten des Königs erbaut und vom Marquis de Fouquet, dem Verwandten Ludwig XIV., gekauft. Doch seine Ursprünge gehen noch weiter zurück, zum ersten Mal ist die Festung de la Grange bereits 1106 urkundlich erwähnt.

Noch heute gehört das Schloß de la Grange Nachfahren der Fouquets.

Der Vater der heutigen Gräfin war Offizier im Rang eines Majors, Senateur de la Moselle und Vizepräsident

Service Fouquet und andere Kostbarkeiten
Das Château de la Grange bei Thionville

Himmel(s)-Bett:
Das Schlafzimmer des Bischofs.

des Conseil Regional. Er verstarb während einer Parlamentssitzung und hinterließ seine Frau und zwei Kinder. Als ihr Bruder bei einem Autounfall tödlich verunglückte, wurde Silvie, die heutige Comtesse de

Selancy, Alleinerbin von la Grange. Nach dem Zweiten Weltkrieg war sie die erste Bürgermeisterin von Manom, in dessen Gemarkung das Schloß liegt, sie war somit nicht nur die erste Frau, sondern auch die jüngste auf diesem Posten in ganz Frankreich. 1951 heiratete sie den Comte de Selancy, einen hochrangigen Offizier, dessen Verwandschaft mütterlicherseits aus Korsika stammt.

Bei dieser langen Geschichte und vielfältigen verwandtschaftlichen Beziehungen ist es nur allzu verständlich, daß das Château de la Grange einen reichen Schatz von erlesenen Kunstwerken, wertvollem Mobiliar und seltenem Porzellan birgt.

Das älteste Zimmer im Schloß, die Küche im Untergeschoß, stammt noch aus dem Jahre 1106. Unter schönem altem Gewölbe findet man dort einen Kamin, in dem ein ganzer Ochse gebraten werden kann.

Im Obergeschoß können sich die Besucher die verschiedenen Schlafzimmer anschauen, die Salons und das Marmorbadezimmer, in dem Wanne und Waschbecken aus einem Marmorblock gehauen sind und das Pauline Borghese, der Schwester Napoleons, gehörte. In manchen Zimmern befindet sich noch der Originalfußboden aus der Zeit Robert de Cottes. Das Mobiliar stammt vorwiegend aus der Zeit Ludwig des XIV. und des XV. Der Wandschmuck besteht aus zahlreichen Portraits der Fouquet-Familie und der verwandten Linien, aus riesigen flandrischen Wandteppichen, sowie aus alten korsischen Landkarten, die der heutige Comte mit ins Schloß gebracht hat, die ältesten davon aus dem 16. Jahrhundert, die jüngste noch vom Vater des Comte erstellt.

Prunkstück des Château de la Grange aber ist die einzigartige Porzellansammlung. Da gibt es zum Beispiel chinesisches und koreanisches Seladonporzellan, Meißner-Porzellan aus der Zeit um 1800, sowie das Service Fouquet zu sehen, das noch heute ein Beleg für die Schläue des Marquis ist. Denn die Wappen der Fouquets sind so geschickt auf dem Geschirr ange-

Kontakt

Château de la Grange
Comte de Selancy
F-57100 Thionville
Tel.: 0 03 33/82 53 25 40
Fax: 0 03 33/82 53 88 92

Öffnungszeiten

Juli und August: ganztägig geöffnet.
Führungen, auch deutschsprachige:
Sa, So und an Feiertagen: 14.30 Uhr, 15.30 Uhr, 16.30 Uhr und 17.30 Uhr, Gruppen nach Vereinbarung.
Und wenn Sie gerade eine verpaßt haben, dann können Sie die Wartezeit mit einem Spaziergang durch den schönen Schloßpark verkürzen.

Die Küche: Hier wurde zubereitet, was später in den edlen Stücken der heutigen Porzellansammlung serviert wurde. bracht, daß sie immer zu sehen sind, egal ob die Schüsseln und Teller gefüllt, oder bereits leer gegessen sind. Schmuckstück des Eßzimmers ist ein großer Kamin, der noch in der alten Fayencerie gemacht wurde, die es bis ins vorige Jahrhundert noch auf La Grange gab.

Ulli Wagner

Anfahrtsweg

Das Schloß de la Grange ist relativ leicht zu finden. Welchen Weg auch immer Sie vom Saarland nach Thionville wählen – wenn Sie in die Stadt reinfahren, halten Sie sich Richtung Cattenom und Mondorf. An einer großen Gabelung stadtauswärts liegt das Schloß dann linkerhand.

Der rote Salon (u.) und das Empire-Zimmer (o.).
Im Hintergrund links die Badewanne der Marquise Pauline Borghese.

Geigen und Galgen	234
Echternach	
Maurice Barrès, der Bahnhof und die Fleischpasteten	238
Metz	
Im Pfarrhaus schön versumpfen...	242
Beaumarais	
Choucroute Garnie – mit einer Prise gepfefferter Erotik	246
Blaesheim	

Denkma(h)lzeiten

Auf den Spuren des Klöppelkrieges	252
Asselborn	
Was du ererbst von deinen Vätern...	256
Saarbrücken	
Jugenstil für Feinschmecker	260
Nancy	
Dinieren wie der Präsident	264
Verdun	
Bacchus im Fenster	268
Obernai	

"Drei vor, zwei zurück", so sprangen sie angeblich seit vielen Jahrhunderten, die Pilger der Echternacher Springprozession. Aber weil in diesen Tagen jeder schnell voran kommen möchte, hat man die Rückwärtsbewegung durch einen Sprung zur Seite ersetzt. Die einen sagen, dieser merkwürdige Brauch sei auf eine Epidemie zurückzuführen, die unter Rindern in einem Eifeldorf ausgebrochen sei. Ihre krankhaften Zuckungen habe man nur durch eine Prozession zum Heiligen Willibrord nach Echternach heilen können. Andere führen diesen seltsamen Tanz auf die im Mittelalter immer wieder belegte Tanzwut oder auf heidnische Tänze zurück, die von den christlichen Missionaren erst verdammt und dann christianisiert wurden. Auf jeden Fall hat Echternach etwas mit dem Tanzen

Geigen und Galgen
Das Restaurant „Beim Laange Veit" in Echternach

zu tun. Das belegt auch die Geschichte vom Langen Veit. Der soll irgendwann Anfang des 8. Jahrhunderts ins Heilige Land gepilgert sein. Als er nach langer Zeit von dort zurückkehrte, war ihm nicht nur seine Frau von Sarazenen geraubt worden, seine Verwandten hatten auch seinen Besitz unter sich aufgeteilt. Sie verspürten wenig Lust, diesen wieder abzugeben, und so klagten sie Veit des Mordes an seiner Gattin an. Als er auf dem Richtplatz stand, erbat sich Veit noch einmal auf einer Rebek, einer arabischen Geige, spielen zu dürfen, die er von seiner Pilgerfahrt mitgebracht hatte. Sein Spiel verzauberte alle, die es hörten, so sehr, daß sie wie von Sinnen anfingen zu tanzen und gar nicht mehr ablassen konnten. So verließ er unbehelligt den Richtplatz und ward nicht mehr gesehen. So geschehen am Pfingstdienstag des Jahres 729. Veits Verwandte mußten noch fünf Tage tanzen, bis sie dem Heiligen Willibrord ihre Verbrechen beichten konnten. Andere, die nicht gestanden, hatten ihr Leben lang den Tatterich.

Mit einer arabischen Rebek soll der Geiger von Echternach seine Henker verzaubert haben.

Echternach und die Tanzwut, das scheint zusammenzugehören, und daß in dem Namen Veit der Veitstanz anklingt, ist sicher kein Zufall. Noch heute erinnert das Restaurant „Beim Laange Veit" an den „Geiger von Echternach". Es liegt neben dem gotischen Vorbau des „Dingstuhl", des historischen Gerichtsgebäudes, am Marktplatz von Echternach. Seine Grundmauern scheinen dieselben wie die des Gerichtsgebäudes zu sein, gehen also wohl auf mittelalterliche Ursprünge zurück. Die Fassade ist deutlich jünger, hier nimmt ein kupferfarbenes Relief von einem Geiger vor einem Galgen die Veits-Geschichte auf. Die Gasträume sind so behutsam restauriert, daß sie teilweise noch den Grundriß des alten Gebäudes erkennen lassen. Durch den ehemaligen Räucherkamin, der heute zum Treppen-

haus umfunktioniert ist, gelangt man in den Gewölbekeller, wo gleich eine zur Tapete vergrößerte Fotografie des Echternacher Marktplatzes aus der Zeit kurz nach der Jahrhundertwende auffällt. Und plötzlich bemerkt man, daß die Craräume auf allen drei Etagen mit historischen Fotografien geschmückt sind. Manche davon sind mit dem Namen J.M. Bellwald signiert. Jener Bellwald war einer der ersten Fotografen Luxemburgs und der Großvater der heutigen Wirtin. Ihm gehörte das Haus, das er als Fotoatelier nutzte. Er war es auch, der den ersten fotografischen Reiseführer für Echternach herausgab. Er experimentierte mit Panoramafotografien vom Marktplatz, kolorierte seine Bilder, montierte und collagierte. Ja, er malte auch Landschaften in Öl, und erholte sich dabei wohl manchmal vom fotografischen Realismus.

So hängt in der Gaststube auch das Bild der nahe gelegenen Wolfsschlucht mit Blick auf Echternach. Freilich wissen nur die Eingeweihten unter den Gästen, daß man nirgends von dieser Schlucht aus das alte Abteistädtchen sehen kann.

Aber die Gäste interessieren sich wahrscheinlich ohnehin mehr für die vorzügliche Küche. Und wenn ihr Blick dann auf die Lampen fällt, in deren blecherne Schirme Motive aus der Geschichte der Stadt Echternach gestanzt sind, dann fällt Ihnen sicher auch das Bild von der romanischen Abteikirche ins Auge. Und dann sinnieren sie wahrscheinlich über einen irischen Mönch namens Willibrord, der hier im Jahre 698 eine Abtei gründete, und damit ein kulturelles Zentrum für eine ganze Region schuf, eines von vier Zentren der Buchmalerei auf dem europäischen Festland. Ein Mönch, zu dem die Menschen pilgerten, wenn ihr Vieh in seltsame Zuckungen geriet, zu dessen Abtei sie später tanzten, drei vor, zwei zurück...

Stefan Miller

Die Grundmauern des Restaurants stammen aus der gleichen Zeit wie der gotische Dingstuhl nebenan.

Kontakt

Restaurant-Brasserie
„Beim Laange Veit"
39, Place du Marché
L-6460 Echternach
Tel.: 0 03 52/7 20 81
Fax: 0 03 52/72 75 66

Anfahrtsweg

An der Mosel entlang bis Wasserbillig, von dort durch das malerische Sauertal nach Echternach. Das Restaurant liegt im Zentrum von Echternach am Marktplatz.

Maurice Barrès, der Bahnhof und die Fleischpasteten
Das Restaurant „A la Ville de Lyon" in Metz
hätte beinah Literaturgeschichte gemacht

Wenn man in französischen Restaurants wie dem „Ville de Lyon" in Metz zu speisen sich anschickt, dann weiß man: In den nächsten zwei, drei Stunden hat man mit den hors d'oeuvres, den plâts, den fromages, den desserts und den sie begleitenden Getränken alle Sinne voll zu tun. Französisches Essen will zelebriert sein, und das braucht seine Zeit.

„Fast food!" würde Maurice Barrès vermutlich schimpfen und sich verächtlich schnaubend von unsren heutigen Schlemmerorgien abwenden. Als er noch im „Ville de Lyon" wohnte und speiste, saß man bis zu acht, neun Stunden zu Tisch, ehe endlich der Digestif aufgefahren wurde. Und Monsieur Barrès würde die Verrohung der französischen Tischsitten bestimmt auf den schlechten Einfluß der barbarischen Germanen zurückführen. Schon für deren protzige Architektur, die man sich neuerdings überall in Lothringen ansehen mußte, hatte Barrès nur Hohn und Spott übrig: „Nichts sticht hervor, alles ist zurückhaltend, zusam-

mengekauert unter einem Deckel aus einem gewaltigen Blatt grünen Spinats", schreibt er über den Metzer Bahnhof, den Kaiser Wilhelm gerade als Monument großdeutscher Herrlichkeit im besetzten Gebiet errichten ließ. „Man will hier an den ehrbaren Sinn einer Kathedrale erinnern, und das Ganze ist doch nichts als eine Torte, eine riesige Fleischpastete!"
Über die merkwürdigen Metaphern seiner Architekturkritik wird man sich weniger wundern, wenn man weiß, daß Barrès diese Zeilen in einem der bekanntesten Gasthäuser seiner Zeit schrieb: im „Ville de Lyon" nämlich. 1907 entstand dort der Roman „Colette Baudoche", in Stein gemeißelt erinnert heute eine Tafel in der Außenfassade an diesen denkwürdigen Schöpfungsakt. Innen kann man sich den kleinen Salon „Maurice Barrès" für 12 Personen reservieren lassen.

Ansonsten ist das literarische Werk von Maurice Barrès in die wohlverdiente Vergessenheit geraten – wie viele seiner Zeitgenossen auf beiden Seiten der Grenze schrieb auch Barrès mit am nationalen Größenwahn, der sich erst über den Gräbern von Verdun wieder abkühlen sollte.

Was der Dichter außer Blattspinat und Fleischpastete im „Ville de Lyon" genossen hat, ist nicht bekannt – es wird aber im großen und ganzen dieselbe Küche gewesen sein, die Laure und Michel Vaur, die jetzigen Besitzer, heute noch pflegen: die cuisine traditionelle, die ohne große Sperenzchen aus den reichen Erzeugnissen französischer Agrarkultur abendfüllende Menues zusammenstellen kann.

Ob allerdings die Spezialität des Hauses, tête de veau, im Zeitalter des Rinderwahnsinns viele Liebhaber finden wird, ist fraglich.

Das Restaurant hat eine lange Tradition. Um 1400 gab es bereits die Straße, die damals allerdings noch rue Fleur-de-Lys hieß. Von hier waren es nur ein paar Schritte zum alten Hafen von Metz, die Schiffe der deutschen und flandrischen Händler legten hier an,

Kontakt
„A la Ville de Lyon"
7, rue des piques
F-57000 Metz
Tel.: 0 03 33/87 36 07 01

Öffnungszeiten
Sonntagabends und montags geschlossen.

Menüs gibt es zwischen FF 110,- bis FF 300,-.
Karte FF 65,- bis FF 160,-.

Anfahrtsweg
Nach Metz, dort unterhalb der Kathedrale am Kanal.

und viele Schiffer und Kutscher werden wohl im Hotel Fleur-de-Lys eingekehrt sein, das ab 1495 bezeugt ist. Es war das Nachbarhaus des heutigen Restaurants. Im 16. Jahrhundert zog ein Nonnenorden in die Straße, die Gebäude formten sich zu einer Abtei. Reste davon sind heute noch im „Ville de Lyon" zu sehen: Der Speisesaal – „La chapelle" genannt – ist in den Mauern der ehemaligen Kapelle untergebracht. Die französische Revolution machte Schluß mit der frommen Nutzung, die Gebäude wurden Staatseigentum und meistbietend verhökert. Wenig später machten sich Fuhrleute und Pferdehändler hier breit. Auch der Name der Straße hatte sich geändert: Fleur-de-Lys, Lilienstraße, das war nicht mehr zeitgemäß, nachdem man den Träger des verhaßten Lilienwappens vom König zum Bürger und anschließend ins Jenseits befördert hatte. Fortan heißt die Straße Rue des Piques.

Und nun beginnt die lückenlose Geschichte eines Schlemmerlokals: 1838 erwirbt ein gewisser Claude Aertz das Haus Nummer 7 in der Rue des Piques. Er möbelt ein paar der heruntergekommenen Mauern aus dem 14. Jahrhundert wieder auf, reißt allerdings das meiste ab und baut ein neues, großzügiges Hotel – bald eine gefragte Adresse bei Einheimischen und Reisenden. 1874 – mittlerweile hat Preußens Gloria in Metz Einzug gehalten – pachtet ein Monsieur Hennequen die Gaststätte. Der Herr ist ein erfahrener Maître d'hôtel. Sein Lokal „A la Ville de Lyon", das vorher ein paar hundert Meter weiter auf der anderen Seite des Kanals lag, war gut eingeführt und überstand den Umzug in die traditionsreiche Rue des Piques unbeschadet. Maurice Barrès führte von hier aus seine geschmackvollen Attacken gegen die wilhelminische Architektur, und die Schauspieler und Musiker des Metzer Theaters wurden Stammpublikum.

Auch in unseren Tagen hatte das Restaurant illustre Namen zu bieten. Bis vor kurzem kam nämlich einer der bedeutendsten Sommeliers Frankreichs hochselbst an den Tisch, um die guten Tropfen aus dem Keller des

„Ville de Lyon" zu empfehlen: Daniel Olivieri. Der ist mittlerweile Chef des Weinkellers im „Casino des Sommeliers" in Saargemünd. Die großen Jahrgänge im „Ville de Lyon" gibt es dagegen immer noch – bis zurück zum Jahr 1929, in dem zwar die Börse krachte, aber offenbar ein wunderbarer Sommer war.

Und keine Angst, wenn sie nicht gerade ganz historisch sind, sind die meisten der edlen Tropfen gewissermaßen an die neue französische Promillegrenze angepaßt. Sogar die Grands crus gibt es im „Ville de Lyon" als offene Viertelchen. Mit einer guten Grundlage hat man da gar nichts zu fürchten – selbst wenn das Menue nur zwei, drei Stunden gedauert hat.

Sven Rech

Maurice Barrès schrieb im „Ville de Lyon" seinen Roman „Colette Baudoche".

Wo fahren wir hin, wenn wir unserem Besuch aus dem „Reich" mit unserer Nähe zu „Fronkreisch" imponieren wollen?

Natürlich erstmal zum „Woll" nach Spicheren, danach „schön" essen nach Forbach oder Saargemünd. Links liegen lassen wir meist den Flecken Saarland, der in der Tat noch der französischste ist: Saarlouis-Beaumarais zum Beispiel, in der Tat direkt links neben der Autobahn – wenn man von Saarbrücken kommt.

Erst rechts runter, Abfahrt Saarlouis, dann zwei Mal links, schon bin ich da: im wunder-schön gepflasterten Innenhof des Hofhauses Beaumarais. Efeu an den alten Mauern, hübsch unbequeme, altmodische Biergartenmöbel. Beim Aperitif studiere ich – nein, noch nicht die Speisekarte – erst, was Jürgen Baus, aus Beaumarais

Im Pfarrhaus schön versumpfen...

Hofgut und Altes Pfarrhaus Beaumarais – was für eingefleischte (auch vegetarisch orientierte) „Saar-Franzosen"

stammender Stadt- und Landschaftsplaner, über die Siedlungsgeschichte geschrieben hat: Als nämlich Louis Quatorze ab 1680 seine Festung Saarlouis baute, siedelte er seine Bausoldaten in einem Barackenlager im feuchten Sumpfland in der Saaraue an. Wer das Ganze allerdings beau marais – einen schönen Sumpf also – genannt hat, bleibt unklar. Fest steht jedoch, daß das Anwesen, in dem ich sitze (und ebenfalls ganz schön versumpfe, wenn nicht bald die Speisekarte kommt) schon 1635, also lange bevor Louis' Sumpfsoldaten anrückten, den Namen „Beaumari" trug. Das älteste Gebäude also weit und breit, in dessen weiträumigem, von Stallung, Scheune und Wohnhaus eingefaßten Hof schon vor Jahrhunderten Dorfversammlungen abgehalten und Feste gefeiert wurden.

Und da kommt sie auch schon, die Speisekarte. Ich habe die Wahl zwischen deftigem Wurstsalat mit Bratkartoffeln, bunten Blattsalaten mit Edelfischen oder einem Entrecote mit Schalottenconfit. Und ich habe die Wahl, im Hof oder in den ehemaligen Stallungen zu speisen, die mittlerweile im durchaus gelungenen rustikalen Brasserie-Stil daherkommen. An den Wänden hier Bilder von Jörg Stein, einem hessischen Künstler. Das Hofhaus ist nämlich nicht nur Garten- und Speiselokal, sondern auch Kunst-Galerie, die der Küchenchef bislang selber bestückte, nun aber in professionelle Hände abgeben will. Um mehr Zeit zu haben für Kabarett und Konzerte, die er ebenfalls im Hofhaus veranstaltet.

Der da so intensiv über den Tellerrand seiner Küche hinausblickt, entpuppt sich als junger Mann Mitte Zwanzig: Thomas Fischer aus Frankfurt. Er hat sich in der „Orangerie" des Parkhauses Gengenbach in Völklingen „hochgekocht" und seit 1994 schwingt er hier den Kochlöffel. Mit frischer Bistro-Küche in der „Brasserie Hofhaus" und mit ambitionierter französischer Küche gleich nebenan im Restaurant „Altes Pfarrhaus Beaumarais". Wo es auch erstmal was zu gucken gibt:

Kontakt

Hotel-Restaurant „Altes Pfarrhaus Beaumarais"
Hauptstraße 2 - 6
66740 Saarlouis-Beaumarais
Tel.: 0 68 31/63 83
Fax: 0 68 31/6 28 98

Öffnungszeiten

Restaurant „Altes Pfarrhaus":
täglich außer Samstagmittag und Sonntag
12 - 14 Uhr und 19 - 22 Uhr
Brasserie „Hofhaus":
täglich ab 17 Uhr

Anfahrtsweg

A 620, Ausfahrt Saarlouis-City, Richtung Wallerfangen, erste Abzweigung links (Beaumarais).

Literatur

Jürgen Baus:
„Bau- und Siedlungsentwicklung von Saarlouis-Beaumarais", Kassel 1996.
Dora Dimel:
„Die Geschichte Beaumarais", Saarlouis 1979.

Wer zuviel getrunken hat, kann nach dem Essen im spätbarocken Hotel logieren.

Der Gastraum präsentiert sich im Pariser Bistro-Stil der 20er- und 30er Jahre: Lederbänke, Sessel und Tische von Thonet, ein imposantes Art-Deco-Büffet, an den Wänden großformatige Ölgemälde von Roger Lersy, die früher mal den Speisesaal des Luxusdampfers „Liberty" schmückten. Und als kleine Überraschung: elegante Damen der Epoche – Modezeichnungen von Mia Münster aus St. Wendel! Ausgesucht hat das die Geschäftsführerin des Anwesens, Eva Krause, die auch das angeschlossene Hotel im Alten Pfarrhaus betreibt.

Der langgezogene spätbarocke Bau mit Mansardendach an der Hauptstraße, so lese ich weiter bei Jürgen Baus, wurde 1762 unmittelbar an das Hofhaus angebaut, von einem Gutsbesitzer namens Balthasar Henning, der es 1829 an die Familie de Galhau weiterverkaufte, die im Dorf schon ein kleines Schloß bewohnte, das heute nicht mehr existiert. Die Galhaus schenkten das Anwesen 1882 der Pfarrgemeinde Beaumarais, die es bis 1958 nutzte. Danach wohnten „mittellose Familien" darin, heute lassen es sich nicht ganz mittellose Menschen gutgehen in dem weitläufigen Areal, das noch viel von seiner Geschichte erzählt und überall behagliche Gastlichkeit ausstrahlt.

So, jetzt wird es aber wirklich Zeit, daß ich zu Potte komme. Den Baus habe ich beiseite gelegt, in Händen halte ich nun die stattliche Speisekarte des Restaurants und laviere entscheidungsschwach zwischen Austernparfait im Pumpernickelmantel, Offener Lasagne von Lachsforellen-Zander-Ragout und Lammrücken im Tomaten-Rosmarin-Mantel...

Vielleicht sollte ich doch noch einen zweiten Aperitif zur Entscheidungshilfe heranziehen. Schließlich ist ja im Hotel noch die Suite im alten Backhaus frei. Falls ich doch noch total versumpfe im inzwischen so wirtlichen beau marais von Saarlouis.

Wolfgang Felk

Diese Liaison ist besonders apart, sogar delikat. Eigentlich paßt das alles gar nicht zusammen. Aber gerade in diesem Überraschend-Gegensätzlichen liegt dieser ganz spezielle, dieser prickelnde Reiz. Philippe Schadt ist ein elsässischer Wirt comme il faut. Aus dem elsässischen Bilderbuch könnte auch sein Restaurant entsprungen sein, das praktischerweise ganz einfach „Schadt" heißt – draußen gediegenes Mauerwerk, drinnen ein ebenso stilvolles Ambiente inmitten wärmender Holztäfelungen. Das ist kein einfaches Dorfgasthaus. Die Speisekarte bietet Genüsse vom Feinsten: Choucroute in mancherlei Variationen, filet de sandre, Lammkeule, foie gras en brioche, Bäckeofe, poussin roti, Wild, Coq au vin, zur Nachspeise ein sorbet arrosé oder mousse au chocolat, natürlich fabrication maison.

Choucroute Garnie – mit einer Prise gepfefferter Erotik
Das ungewöhnliche Restaurant „Schadt" in Blaesheim

Nun, solch Verlockendes gibt es nicht nur chez Philippe im Örtchen Blaesheim westlich von Straßburg. Aber nur bei Monsieur Schadt tanzen zum Sauerkraut auch scharfe Hexen. Die Damen und Herrn Abgeordneten des Europaparlaments und des Europarats in Straßburg beispielsweise wissen sehr wohl, warum sie diese Adresse als Geheimtip unter sich kursieren lassen. Ein elsässisches Restaurant wie viele andere? Wo schaut sonst noch die verworfene sexuelle Leidenschaft von äußerst gewagt-frivolen Bildern an der Wand den tafelnden Gästen auf den Teller und in die Augen? Wenn Monsieur Schadt beim Erzählen den Schalk verschmitzt aus seinen Augen blicken läßt, weiß man: Das ist nicht nur ein patron comme il faut, Philippe ist weit mehr. Wir wünschen verschärften Appetit: So grüßen Weiblein, Männlein, Hexen, Fabelgestalten in all ihrer entfesselten Sexgier von den besagten Zeichnungen. Choucroute Garnie mit einer Prise gepfefferter Erotik: bon appetit! Philippe Schadt nennt in der ostfranzösischen Region etwas Einzigartiges sein eigen – eine ero-

Philippe Schadt, „Maître de plaisir" für alle Sinne.

tische Hexenstube inmitten eines absolut typischen elsässischen Restaurants. Eine wahrhaft durchwachsene Geschichte. Alternatives einmal ganz anders.
Monsieur Schadt, ein seriöser Herr im reiferen Alter, ist ein Honoratior mit Rang und Namen in der Region. Ein Mann des Elsässertums. Schadt ist spiritus rector und Präsident der renommierten Assoziation „Route de la choucroute", einer Wirte- und Hoteliervereinigung. Kann es etwas Elsässischeres geben als das Sauerkraut? Wohl kaum. Und so zelebriert Philippe in seiner Küche 1a choucroute nicht einfach auf banal-ordinäre Weise – le patron erhebt seine Sauerkrautkreationen zur haute cuisine. So etwas darf auch seinen Preis haben.
Aber Monsieur Schadt ist nicht nur ein Könner seines Fachs, der einen gastronomischen Betrieb mit bester

Reputation als Institution etabliert hat. Philippe, der Herr im reiferen Alter, hat es auch ganz einfach faustdick hinter den Ohren: Er hat einen ausgeprägten Hang zum Kurios-Schrägen, das in seinem Haus eine faszinierend-eigentümliche Symbiose mit dem Elsässertum eingeht. Schadt ist gut Freund mit einem illustren Kreis von Künstlern und Kreativen – zu seiner Entourage zählen der Objektkünstler Raymond Emile Waydelich (der kürzlich mit einem ungewöhnlichen „Zukunftsmuseum" in Straßburg auf sich aufmerksam machte), der Schriftsteller Martin Graff, der Maler Christian Geiger, der PR-Profi Roland Anstett. Und vor allem: Tomi Ungerer. Ohne Ungerer gäbe es diese mittlerweile schon legendäre „Hexenstube" gar nicht. Aber es wartet ja noch mehr bei Philippe.

Patron Schadt ist nicht nur ein Freund der Künstler, sondern auch der Kunst, und derselben hat er in seinem Restaurant ein Refugium verschafft. Schon im Flur und im Treppenaufgang fällt der Blick auf Dinge,

Nach den Fleischgerichten zum Dessert ein Blick auf die fleischlichen Lüste.

die man eher in einer städtischen Szenekneipe vermuten würde – da hängen Poster, Plakate, Photos, Bilder, Karikaturen mit allerlei Satirischem, Bissigem, Ironischem. Und im Speisesaal im Erdgeschoß geht es gleich weiter. Natürlich, alles ist so, wie es sich für ein gediegenes elsässisches Restaurant gehört, Holzvertäfelungen strömen Behaglichkeit aus, Leuchter verbreiten gedämpftes Licht, Blumen dekorieren die Tische, ausgestopfte Marder und Vögel zieren ganz ländlich die Wände. Comme il faut! Aber eben nicht nur: Mitten drin sind ganz plötzlich Zeichnungen von Tomi Ungerer zu sichten, die so gar nicht dazu passen wollen: Da blicken Katzen auf Fischleichengräten, da schauen seltsame Schweinsköpfe wie auch immer herum. Mais oui, bon appetit!

Und dann oben an der Decke „Le ciel de Raymond Waydelich", ein außerordentlich buntes Gemälde, gestaltet von Christian Geiger – das Kunstwerk, wer würde so etwas im tiefen elsässischen Dorf vermuten,

Die Lufthoheit über die Stammtische haben in Blaesheim die Hexen.

Kontakt

„Schadt", Place de l'Eglise
F-67113 Blaesheim
Tel.: 0 03 33/88 68 86 00
Fax: 0 03 33/88 68 89 83
Wer in der Hexenstube den Aperitif nehmen oder essen möchte, sollte dies bei der Reservierung sagen.

Anfahrtsweg

Auf der Autobahn von Saarbrücken bis Straßburg, dann auf der Autobahn in Richtung St. Dié par col, nach wenigen Kilometern die Ausfahrt Geispolsheim nehmen und von diesem Ort nach Blaesheim fahren. Das Restaurant liegt an der Hauptstraße in der Ortsmitte. Das „Schadt" ist kein Hotel, es gibt aber zwei Hotels im Dorf.

zeigt Altertümliches aus fernen Gefilden, griechische Tempel und Säulen, hinter denen antike Figuren hervorlugen. Antike Figuren? Klar doch, als solche lächeln von oben herab Philippe Schadt, Raymond Waydelich, Tomi Ungerer und Yvonne, eine Straßburger Winstub-Prominente. Voilà. Durchschnittliche Zeitgenossen mögen von solch einem skurrilen Bild inmitten des Elsässertums irritiert, ja verwirrt sein. Aber wer will schon durchschnittlich sein? Nichtdurchschnittliche Zeitgenossen sagen: Einfach stark so was, man muß halt Ideen haben.

Noch stärker ist es eine Treppe höher in der Hexenstube. Mitglieder von Kommunionsgesellschaften, die von der Kirche nebenan kommen und dort tafeln, sind von den optischen Genüssen ausgeschlossen: Monsieur Schadt läßt in solchen Fällen, man weiß ja nie, die Vorhänge vorsichtshalber geschlossen, hinter denen sich die gewagte Galerie verbirgt. Zuweilen beugen sich über foie gras und choucroute auch Gäste, die von Ungerers gemalten erotischen Ausschweifungen in diesem Zimmer noch nichts wissen: Dann wartet Philippe, der es faustdick hinter den Ohren hat, bis zur Nachspeise, um den Besuchern ein dessert surprise zu bereiten – unvermutet zieht le patron die Vorhänge beiseite. Und so kriegen das sorbet arrosé und die mousse au chocolat noch einen Drive mehr – wenn die Hexen mit ihren Besen allüberall und auch zwischen den Beinen hantieren, wenn sich ein lüsterner Molch vor Wollust windet, wenn die kopulationsmäßigen Positionierungen sportiv-exzessiver kaum vorstellbar sind .... Man weiß, Tomi Ungerer, der Zeichner, der Maler, der Karikaturist, ist eine äußerst vielseitige Künstlerpersönlichkeit, und er pflegt sich Zurückhaltung nicht unbedingt aufzuerlegen.

Natürlich muß man nicht unbedingt warten, bis der Wirt gnädigerweise die Vorhänge vor den ganz speziellen Zeichnungen öffnet: Wer will, kann sich von geilen Hexen und geilen Teufeln vom entrée bis zum café, digestif aufmunternd umwehen lassen. Oder warum nicht in der Hexenstube den apéritif im erotischem Flair genießen und dann zum Essen in den Speisesaal unter den „Ciel de Raymond Waydelich" hinabschreiten? Klar: Moralisten und Moralistinnen alter und neuer Provenienz werden um Philippe Schadts Reich vermutlich einen Bogen machen. Aber es gibt ja nicht nur Moralisten und Moralistinnen alter und neuer Provenienz: Die Reputation des „Schadt" deutet an, daß sich nicht wenige gern einmal vom schrägen Reiz mit dem gewissen Etwas einen Kick geben lassen möchten. Aber Vorsicht! Das „Schadt" ist ein Restaurant, nichts anderes, von den scharfen Hexen sollte man sich nicht unbedingt zu diesem oder jenem hinreißen lassen ... Unübersehbar hängen sie in der Hexenstube an der Wand, die Hexenruten – gedacht für jene, die nicht brav sein wollen. Und Philippe Schadt hat es, wie schon gesagt, faustdick hinter den Ohren...

Karl-Otto Sattler

Niemand vermutet hinter der idyllischen Fassade die verruchten Bilder eines Tomi Ungerer.

Auf den Spuren des Klöppelkrieges
Das Vieux Moulin in Asselborn

Asselborn ist selbst vielen Luxemburgern nicht bekannt. Das kleine Dorf liegt im nördlichen Luxemburg nahe der belgischen Grenze. Ein Besuch lohnt sich auf jeden Fall. Im Tal kurz vor Asselborn liegt eine Mühle, deren Ursprung auf das 11. Jahrhundert zurückgeht. Nichts ungewöhnliches im Ösling, den Luxemburger Ardennen. Viele kleine Flüsse und Bäche durchziehen die Landschaft hier oben. Die Asselborner Mühle hat aber etwas besonderes zu bieten: gutes Essen.

1991 hat die Niederländerin Marijke Verhagen die Mühle gekauft und in ein Restaurant und Hotel verwandelt. Ein Jahr lang dauerten die Umbauarbeiten. Es hat sich gelohnt.

Weiß getüncht mit dem typischen Schieferdach steht die Mühle an dem „Emeschbach". Die alten Räder sind noch immer vorhanden, und auf Wunsch werden sie auch in Betrieb genommen. Neben dem Restaurant stehen noch die Originalmaschinen. Hier soll in naher Zukunft ein Mühlenmuseum entstehen. Im Innenhof weist ein kleines Denkmal auf eines der wichtigsten Ereignisse der luxemburgischen Geschichte hin. Ein Schäfer mit seinen Schafen soll an den Bauernaufstand Ende des 18. Jahrhunderts erinnern: den „Klöppelkrieg". Der Schäfer von Asselborn hatte einen französischen Gendarmen erschossen und wurde deshalb hingerichtet. Ein Märtyrer, wie ihn die Luxemburger lieben.

Doch der Reihe nach: In Luxemburg hatten mal wieder die Besatzer gewechselt. Nach den Österreichern waren die Franzosen hier gelandet und mit ihnen die Werte der Revolution. Die damaligen Luxemburger wollten nichts wissen von „Liberté, Egalité und Fraternité". Die Bauern im Norden fühlten sich wohl im feudalen System. Die Abschaffung des Katholizismus und damit auch aller Kirchglocken und Kreuze mißfiel ihnen sehr. Und als Napoleon in Ägypten weilte, probten sie den Aufstand. Mit Knüppeln – im luxemburgischen Klöppelen – Äxten, Heugabeln, Sensen und Pistolen ging es gegen die Franzosen. Drei Tage dauerte der Aufstand, dann übernahmen die republikanischen Soldaten wieder das Kommando. Misch Pitz, der Schäfer von Asselborn war einer der Aufständischen. Er wurde von einem französischen Gericht zum Tode verurteilt. Auf dem Glacisfeld in Luxemburg rollte sein Kopf. Noch heute erinnern mehrere Denkmäler im Ösling an den „Klöppelkriich". Das größte steht neben der Abtei in Clerf. Viele Schulkinder verbinden mit dem Denkmal vor allem Arbeit und Schweiß, denn sie mußten in früheren Jahren dafür sorgen, daß die Takenplatten am Monument glänzten.

Die Asselborner Mühle bietet sich als Ausgangspunkt für Ausflüge im Norden ideal an. Clerf liegt nur ein paar Kilometer entfernt. Nicht nur die Abtei – in der die Patres übrigens Kaffee rösten und verkaufen – auch eine Burg bietet Clerf. Mit einer der bekanntesten Ausstellungen der Welt: der „Family of Man". Die berühmte Fotoschau, die Edward Steichen 1955 für das Museum of Modern Art in New York zusammenstellte. In den 50er und 60er Jahren lockte die Ausstellung, die um die Welt ging, mehr als neun Millionen Besucher an.

Neben Clerf ist auch Vianden sehenswert. Eine halbe Stunde von Asselborn entfernt steht hier eine der schönsten Burgen Luxemburgs. Und wer sich zwischen den kulturellen Ausflügen erholen will, fährt am besten nach Esch an der Sauer. Hier gibt es neben einer Burg, einen Stausee, wo sich im Sommer Touristen und Einheimische beim Schwimmen, Surfen oder Segeln tummeln.

Wer es lieber ruhiger mag, kann in direkter Nähe der Mühle stundenlang spazierengehen. Vielleicht finden Sie ja noch einen der Holzpantoffel, die die Bauern im

Kontakt

Hotel-Restaurant
„Vieux Moulin"
L-9940 Asselborn
Tel.: 0 03 52/99 86 16
Fax: 0 03 52/99 86 17

Preise

Übernachtung mit Frühstück im DZ: DM 137,50 / LUF 2 750,-. Gastronomisches Arrangement: 2 Übernachtungen mit Frühstück (am ersten Abend ein 3-Gänge-Menü; am zweiten Abend ein 5-Gänge-Menü), Preis pro Person DM 270,- / LUF 5 400,-.

Anfahrtsweg

Über die E 421 von Luxemburg in Richtung Ettelbrück-Clervaux, Ausfahrt Clervaux, dann in Richtung Troisvierges, ungefähr 2,5 km nach Clervaux in Richtung Boxhorn und nach Asselborn. Im Dorf nahe der Kirche zeigt ein Schild dann den Weg (0,5 km in Richtung Rumlange).

Klöppelkrieg zurückgelassen haben. Als die Franzosen hinter ihnen her waren, sollen sie sich des hinderlichen Schuhwerks entledigt haben. Vielleicht lassen Sie aber auch nur einfach die Füße im Bach baumeln. Abends erwartet Sie dann ein viergängiges Menü am Kamin, bei Kerzenlicht: Forellen aus dem Emeschbach nach Müllerinnen Art, oder Kaninchen mit Feigensoße, zum Dessert Birnentorte mit Eis oder gratinierte Erdbeeren. Nur einige der Köstlichkeiten der Asselborner

Mühle. Marijke Verhagen hat es geschafft, dem rustikalen schwerfälligen Gebäude eine freundliche Atmosphäre zu verpassen. Die dunklen Balken stehen im Kontrast zu der hellblauen Decke und dem blauen Teppich. Und der Blick aus dem Fenster zeigt den Emeschbach.

Wo ehedem der Klöppelkrieg stattfand, wird heute nur noch mit Messer und Gabel gekämpft.

Patricia Brevern

„Katzenmusik vor dem Stiefel" – so der Titel des Bildes, das auf der Speisekarte abgebildet ist: Vor einem Eckhaus stehen Dorfbewohner mit ihren Instrumenten. Ob sich das eher wie das Gejaule von Katzen angehört hat, ist heute nicht mehr herauszufinden. Auch einige andere Begebenheiten, die sich in einem der ältesten Häuser Saarbrückens, dem Gasthaus „Zum Stiefel", zugetragen haben, sind im Staub der Geschichte verloren gegangen. Erhalten geblieben sind jedoch die Außenwände und die Tradition des fast 300 Jahre alten Gemäuers.

Johann Daniel Bruch eröffnete 1702 neben der Werkstatt eines Schusters seine Brauerei. Dieser betrieb bereits nebenbei eine Gaststätte und hatte sie – als Meister seines Faches – auch schon getauft. Sieben

Was du ererbt von deinen Vätern...
300jährige Tradition im Saarbrücker Gasthaus „Zum Stiefel"

Jahre später heiratete die Schustertochter den Nachbarn Bruch und löste damit die Qual der Berufswahl der Nachkommenschaft bis zum heutigen Tage. In der achten Generation hat derzeit Thomas Bruch das Sagen in der gutbürgerlichen Gaststätte mit hauseigener Brauerei am Sankt Johanner Markt. Stolz erzählt er von gesellschaftlichen und kulturellen Ereignissen, die sich über die Jahrhunderte im Hause seiner Vorfahren zugetragen haben.

Da sei zum Beispiel Ur-Großvater Gustav, der 1848 von Freiheit, Gleichheit und Brüderlichkeit der französischen Brüder angesteckt, verbotenerweise eine schwarz-rot-goldene Flagge gehißt haben soll. Als die Preußen ihn dabei ertappten, floh er ins nachbarliche Eschringen, damals von den Bayern beherrscht, und ritt des nächtens heimlich zum „Stiefel", um dort den Familienbetrieb weiterzuführen. Jahre später kürten ihn die Oberhäupter von Saarbrücken zum Ehrenbürger ihrer Stadt. Heute wohnt der Urenkel in der nach dem kühnen Fahnenhisser benannten Gustav-Bruch-

Offizierskasino, Brauerei, Sexkino, das Gasthaus „Zum Stiefel" hat schon viel erlebt.

Straße. Und noch eine Episode weiß der Urenkel zu berichten: 1870 habe Karoline Bruch im deutsch-französischen Krieg Verwundete vom Schlachtfeld aufgesammelt und zur Pflege in den „Stiefel" gebracht.
In den letzten hundert Jahren machte der „Stiefel" einige Wandlungen durch. Im Zweiten Weltkrieg wurde er Landesrundfunkanstalt, danach ein französisches Offizierskasino. – Die Brauerei existierte schon seit 1856 nicht mehr – Anfang der 50er kam schließlich das Haus unter den Hammer, nachdem Irene ihren ungetreuen Ehemann Fritz rausgeschmissen hatte, weil der lieber bei seiner weiblichen Bedienung seinen Hopfen verlor, als am heimischen Herd. Pünktlich zur Zeit

Erinnerung an Zeiten, als fast jedes Wirtshaus noch eine kleine Brauerei war.

der freien Liebe paßte sich schließlich auch der der Familie Bruch fremdgegangene „Stiefel" dem Zeitgeist an und wurde zum Sexkino. Allerdings, so weiß Thomas Bruch zu berichten, sah man dort gerade mal harmlos entblößte Damen in Schwarz-Weiß.

Erst gut zwei Jahrzehnte später ging das Eckhaus am Sankt Johanner Markt wieder in den Besitz der immer noch als Brauer tätigen Familie Bruch über. Gute Beziehungen und ein wohlgefüllter Geldbeutel erfüllten den Traum vom heutigen Chef Thomas, der mit seinem Vater nach fast vier Jahren Rennovierungen im Jahre '79 endlich wieder das Gasthaus „Zum Stiefel" eröffnen konnte. Die Räume des ehemaligen Kinos vermieteten sie erst einmal an das Kulturamt, das

Staatstheater und den Saarländischen Rundfunk, die dort eine Kleinkunstbühne einrichteten.

Schließlich jedoch siegte der Kapitalismus über den Idealismus, am ehemaligen Ort der schönen Künste wurden wieder Hefekulturen gezüchtet. „Der Stiefel" ist heute eine Gaststätte mit eigener Brauerei. Fast an der gleichen Stelle wie damals stehen moderne Kupferkessel. Und da, wo die alten Mauern abgebrannt sind – bei einer Höhe von drei Metern – fügen sich die neuen, kaum unterscheidbar, ganz im Stile der alten handgeklopften Steine an. Die Küche hält sich an die deutsche Speisekarte und das Bier schmeckt wie eh und je.

Katharina von Bormann

Kontakt
Gasthaus „Zum Stiefel"
Am Stiefel 2
66111 Saarbrücken
Tel.: 06 81/9 36 45 16

Anfahrtsweg
„Zum Stiefel" befindet sich in Saarbrücken-St. Johann, zw. Markt und Fröschengasse.

Öffnungszeiten
Gasthaus „Zum Stiefel":
Tägl. (außer So):
12 - 14 Uhr
und 18 - 24 Uhr

Gasthaus Brauerei
„Stiefel-Bräu":
Mo - Sa: 11.45 - 1 Uhr
So: 16 - 1 Uhr

Ich schwinge durch eine Drehtür und bin in Paris? Nein, ich bin doch in Nancy. Durch die Gänge des großen Speisesaals flitzen die so gut bekannten französischen Kellner, die „Garçons", schwarz gekleidet mit ihren langen weißen Schürzen, genauso wie schon vor rund hundert Jahren. Nein, halt nicht ganz, denn früher trugen sie noch ihren typischen Moustache, ihren Schnurrbart. Der fehlt heute. Hier im Café Excelsior oder Café Flo, wie es unter den jungen Leuten von Nancy genannt wird, scheint alles authentisch, d'époque sozusagen. Es war im Jahre 1910, als der reiche Bierbrauer Louis Moreau ein Hotel mit Brasserie im Erdgeschoß von den berühmtesten Künstlern und Handwerkern der École de Nancy bauen ließ, einer Kunstrichtung, die die Rückkehr zur Natur mit den

Jugendstil vom Feinsten
Die Brasserie Flo in Nancy

neuen industrialisierten Produktionsformen verknüpfen wollte, und die heute so etwas wie der Inbegriff des Jugendstils geworden ist. Diese Bewegung sollte die Kunst ganz Europas beeinflussen. Der Architekt Lucien Weissenburger, der Glasermeister Jacques Gruber, der Kunsttischler Louis Majorelle und der Glaslampenkünstler Antonin Daum (das Café Flo war der erste öffentliche Ort in Nancy, der elektrisch beleuchtet wurde), die Crème de la Crème des Jugendstils, der Art Nouveau von Nancy, hatte sich hier zusammengefunden, um dieses außerordentliche Meisterwerk einer Brasserie zu konstruieren.

Der Speisesaal ist fast so groß wie das Schiff einer gotischen Kathedrale. Die große Neuerung, die die Brasserie am Ende des vorigen Jahrhunderts bedeutete, war eben, Leute, die sich erholen wollten und dabei etwas konsumieren mochten, in einem einzigen Saal unterzubringen und nicht in den kleinen abgetrennten Räumen, wie damals in Restaurants üblich. Die erste Brasserie dieser Art ist in Paris entstanden. Dort wollte

Die Crème des Jugendstils schuf das Café Excelsior in Nancy.

man schnell bedient werden, mit sehr guten Mahlzeiten, zu einem angemessenen Preis. Meistens gab es die sogenannten „Plats uniques" in einem einzigen großen Saal, der nur durch Arkaden unterteilt wurde, eben so wie man einst auch Kirchenschiffe unterteilte. Ist die äußere Fassade des Gebäudes im strengen Wiener Stil gehalten, so spiegelt der Saal die üppigen französischen Formen wieder. Blumen und Farnmotive, Blätter des Ginkgo und Baobab finden sich in den Fenstergläsern, im Dekor. In der Ecke hinterm Tresen steht eine Frauenbüste und hie und da ein alter Blumentopf, auch das kleinste Detail stammt aus der Zeit. Im Jahre 1974 wurde das Café zum Monument Historique ernannt, auch wenn es zu dieser Zeit schon sehr heruntergekommen war. Als Mitte der 80er Jahre die

Kontakt

Bureau de Tourisme
Florence Wieser
F-54000 Nancy
Tel.: 0 03 33/83 35 22 41
L'Excelsior/Café Flo
50, rue Henri Poincaré
F-54000 Nancy
Tel.: 0 03 33/83 35 24 57

Öffnungszeiten

Täglich von 7.30 - 0.30 Uhr

Anfahrtsweg

Autobahn Metz - Nancy, Abfahrt Nancy-Centre, Richtung Gare S.N.C.F., gegenüber befindet sich dann das Café.

Cafékette Flo auch das Excelsior kaufte, wurde der Saal von Grund auf restauriert, so z.B. der Stuck, doch die Fenster konnte man nicht ausbessern, denn sein Geheimnis der Farben hat Jacques Gruber nie preisgegeben. Glücklicherweise überstand das Gebäude beide Weltkriege unbeschadet, obwohl gerade das Bahnhofsviertel stark bombardiert wurde – ein wunderschönes Jugendstilkaufhaus gerade 10 Meter weiter wurde dem Erdboden gleich gemacht. Die eigentlich dramatische Epoche für den Jugendstil in Nancy folgte erst in den 60er und 70er Jahren. In den Hochzeiten des Resopals verachtete man diesen Stil, und gerade in Nancy wurden sehr viele Bauwerke der Jahrhundertwende zerstört. Gegenüber dem Café, ein typisches Beispiel:

Das Café war der erste Ort in Nancy mit elektrischem Licht.

Einst stand dort ein Hotel, ganz ähnlich dem Excelsior. Vor 20 Jahren wurde es abgerissen und ein Hochhaus gebaut. Das Café Flo/Excelsior ist sozusagen ein Überlebender. Es hat viel Glück gehabt, denn die Einwohner von Nancy haben für die Erhaltung des Gebäudes gekämpft. Das Café ist sehr populär, und zwar bei allen Generationen. Studenten trinken hier einen Kaffee, Touristen kehren ein, genauso wie Stammkunden, die abends nach der Oper hier speisen, mittags kommen die Geschäftsleute. Die Menschen von Nancy sind dem Café genauso verbunden wie dem Place Stanislas.

Maria Gutierrez

Ein Krebssüppchen vorneweg, dann Seezungenfilets à la Marguery (was immer das ist), Wildschweinkeule von ganz jungen Frischlingen – und dann ging's erst richtig los: mit gebratenen Entenküken nach Rouener Art, lothringischen Rebhühnern und Langoustentartar. Das war am 22. September 1903, und die Speisekarte des „Coq hardi" in Verdun war so exquisit, wie man sich die Belle Époque eben vorstellt. Bis zu zehn Stunden saßen unsere Urgroßväter zu Tisch, wenn es was zu feiern gab – vorausgesetzt natürlich, sie hatten das nötige Kleingeld...

Die, die hier tafelten, hatten es. Für viele von ihnen zahlten nämlich die französischen Steuerzahler mit schöner Regelmäßigkeit die Zeche. Napoleon III. hat es sich hier gutgehen lassen und Charles de Gaulle. Der

Dinieren wie der Präsident
Die Hostellerie „Le Coq hardi" in Verdun

Dîner
servi dans les Salons Bellevue

Au Menu

LE FOIE GRAS FRAIS DES LANDES
FIGUE CONFITE A L'HUILE D'OLIVE ARDOINO VIERGE
LANGOUSTINE

LE PETIT OISEAU DE LA FERME
FARCI AUX CHÂTAIGNES
CÈPES DE MEUSE, TOMBÉE DE CHOU FRISÉ

LE GÂTEAU « ÉDOUARD »
CHOCOLAT EXTRA BITTER ORANGE
AU GRAND-MARNIER
ET
LA TUILE GÉANTE CROUSTILLANTE AUX AMANDES

Les Vins

CHÂTEAU DE SANCERRE MARNIER-LAPOSTOLLE 1995

CHÂTEAU FOMBRAUGE
GRAND CRU SAINT-ÉMILION 1994

Le Digestif

CUVÉE GRAND-MARNIER CENTENAIRE

begnügte sich immerhin mit ein paar deftigen lothringer Spezialitäten, die Speisekarte ist noch zu besichtigen. Alle französischen Staatspräsidenten waren hier zu Gast – das heißt: fast alle. François Mitterand hat es in 14 Jahren Amtszeit nie geschafft, hier abzusteigen – nicht mal, als er dem Bundeskanzler über die Kriegsgräber hinweg die Hand zur Versöhnung reichte. Der jetzige Direktor des „Coq hardi" hat die Ignoranz des Präsidenten noch nicht ganz verwunden, zumal auch Helmut Kohl an diesem historischen Tag nur seine Gattin in dem traditionsreichen Hotel unterbrachte und selbst anderswo schlief.

Hannelore Kohl aber steht nun im Goldenen Buch neben vielen anderen illustren Gästen, die in einem der 35 Zimmer übernachtet haben. Und wenn man Glück hat oder ganz einfach darum bittet, dann kann man auch als Normalsterblicher mit Kreditkarte in einem der antiken Möbel die Decken zurückschlagen, in denen schon Ludwig der Verschnupfte... aber das will ja keiner wissen. Die Zimmer sind alle sehr individuell eingerichtet, mit schönen Bädern und allem Komfort, und in jedem stöhnt garantiert eine Diele unter den 160 Jahren Hotel-Geschichte.

Denn was viele nicht wissen: Verdun ist nicht erst 1914 erbaut worden. Auch wenn der Erste Weltkrieg die Stadt deutlich geprägt hat. Ringsum lagen die Forts, in denen sich Deutsche und Franzosen für ein paar Meter Boden, für die nationale Ehre oder die Aktionäre der Rüstungsindustrie mit Granaten zerstampft haben. Eine Million Tote.

Fünf Jahre nach dem Schlachten besuchte Kurt Tucholsky als einer der ersten deutschen Journalisten die Felder dieser zweifelhaften Ehre. Tief erschüttert schrieb er hinterher:

„Da ist im Fort Vaux ein Verbandsraum... wenn da einer nicht als Pazifist wieder herauskommt, dann ist er eben ein Schwein."

Der Satz gilt bis heute. Die Schlachtfelder sind ein Muß für jeden Verdun-Besucher.

Aber da ist auch das andere, das ältere Verdun. Wer hätte hier eine so hübsche, verwinkelte Altstadt vermutet? Mittendrin steht eine Kathedrale, deren romanischer Grundriß einmal stilbildend für die ganze Region gewesen ist. Leider haben die späteren Jahrhunderte ihrerseits der Kathedrale ihre Stilrichtungen aufgepropft. Es ist ihr nicht gut bekommen – am schlimmsten ist der Barockaltar, eine monströse Scheußlichkeit aus grünem Marmor, die die Proportionen des so oft veränderten Kirchenschiffs endgültig zunichte macht.

Seit 1827 gibt es den „Coq hardi", den tapferen Hahn, und lange Zeit rang er mit dem Hotel Belle Époque um den Rang, das erste Haus am Platz zu sein. Bis vor vierzig Jahren der Besitzer dieses Hotels den Hahnen-Gasthof kaufte und noch ein bißchen exquisiter machte. Sein Sohn, Patrick Leloup, achtet heute zusammen mit seiner Frau darauf, daß die Tradition nicht mehr als unbedingt nötig beschnitten wird.

Das Menu (ab ca. 200 FF) dauert zwar nur noch rund drei Stunden, aber die Qualität der Küche leidet darunter kein bißchen. Auch wenn es nicht ganz billig ist: ein Dîner im „Coq hardi" sollte man sich mal leisten.

Sven Rech

Kontakt
Rezeption „Coq hardi"
F-55000 Verdun
Tel.: 0 03 33/29 86 36 36
Fax: 0 03 33/29 86 09 21

Öffnungszeiten
Täglich

Anfahrtsweg
Über die A 4 in Richtung Paris, Ausfahrt Verdun, einfach Richtung Centre Ville fahren – der „Coq hardi" ist dann ausgeschildert.
Er liegt direkt am Ufer der Meuse, gegenüber vom Postamt.

Bacchus im Fenster
Das Hotelrestaurant „La Cloche" in Obernai

Bei blauem Himmel und strahlendem Sonnenschein läßt es sich mit einem Stück Flammkuchen und einem Viertel Riesling fast leben wie Gott in Frankreich. Wenn das Ganze dann auch noch auf der Terrasse eines denkmalgeschützten typisch elsässischen Fachwerkhauses mitten in einer idyllischen Kleinstadt am Fuße des Odilienberges serviert wird, dann ist das Wohlgefühl perfekt. Erleben können Sie das zum Beispiel im Hotelrestaurant „La Cloche" in Obernai. Das Gebäude stammt aus dem 14. Jahrhundert und liegt genau zwischen dem Rathaus und der Kirche Peter und Paul. „La Cloche" war von jeher ein Gastronomiebetrieb, das Hotel kam erst später hinzu, das ist nun allerdings auch schon einige Jahrzehnte her. 1995 kam das Hotelrestaurant auf die Liste der denkmalgeschützten Gebäude – auf Betreiben von Bernhard Drendl, der die Cloche, wie er sein Eigentum liebevoll nennt, 1990 übernommen hatte. Besonders schützenswert sind nach Ansicht der Experten die Fassade mit ihrem typisch elsässischen Fachwerk und das mit Biberschwänzen gedeckte Dach. Aber das macht noch lange nicht die Besonderheit der Cloche aus, schließlich finden die Touristen aus Nah und Fern solche Häuser öfters entlang der elsässischen Weinstraße. Das wirklich Einzigartige an der Cloche läßt sich auch erst entdecken, wenn man sich erstens das Gebäude von Nahem anschaut und zweitens hineingeht. Das sind einmal die besonderen Fenster im großen Saal des Restaurants. Deren Ornamente, meist der Weingott Bacchus umgeben von Reben, wurden nicht geschliffen, sondern mit Säure geätzt. Eine heute kaum noch praktizierte Art der Kunstglaserei, den deutschen Fachausdruck dafür konnte mir bislang niemand sagen – leider. Und dann gibt es natürlich noch den kleinen Saal, der die Cloche berühmt gemacht hat. Den Spindlersaal, den der inzwischen für seine Intarsien weltberühmte elsässische Künstler Charles Spindler gestaltet hat. Zu sehen sind in diesem gemütlichen Saal, der meist für Familienfei-

Nur wenige entdecken hinter der pittoresken Kulisse von Obernai auch den Spindlersaal im „Hotel de la Cloche".

Schon als Junge träumte Bernhard Drendl von diesem ganz besonderem Restaurant.

ern wie Kindtaufen oder Geburtstage genutzt wird, zwei großflächige Jugendstil-Wandmalereien, die elsässische Tradition widerspiegeln. Auf der einen Seite sind Tänzer zu sehen, die, in Tracht versteht sich, elsässische Tänze vorführen. Auf der anderen Seite wird gespeist – typisch elsässisch und selbstverständlich auch dies in Tracht, doch ob es sich dabei, wie manche gerne behaupten, tatsächlich um Hans im Schnookeloch handelt, das bezweifelt selbst der stolze Besitzer dieses denkmalgeschützten Gebäudes.

Schon als er ein kleiner Junge war, war La Cloche etwas ganz Besonderes für Bernhard Drendl, ein Traum von einem Haus, das er immer bewunderte beim Sonntagsspaziergang mit den Eltern in die Geburtsstadt der Heiligen Odilie. Doch seine große Stunde kam erst viele Jahre später, als der traditionsreiche Familienbetrieb auseinanderbrach. Der gelernte Immobilienmakler sattelte um zum Hotelier, brachte das Gebäude innen und außen auf Vordermann und stellte einen Antrag auf Aufnahme in die Denkmalschutzliste. Das Restaurant hat er inzwischen verpachtet. Zusammen mit seiner Familie managt er den Hotelbetrieb und die kleine Restauration im Teesalon und auf der dazugehörenden Terrasse – diese grenzt unmittelbar an eine weitere Sehenswürdigkeit Obernais: den aus der Renaissancezeit stammenden „Sechs Eimer-Brunnen".

Ulli Wagner

Kontakt

Hotelrestaurant
„La Cloche"
Bernhard Drendl
90, rue du Général Gouraud
F-67210 Obernai
Tel.: 0 03 33/88 95 52 89

Öffnungszeiten

Täglich durchgehend zu den üblichen Gastronomiezeiten.

Anfahrtsweg

Autobahn Richtung Straßburg. Hinter Wasselone geht es rechts ab nach Molsheim, ab dort ist Obernai ausgeschildert.
Das „La Cloche" liegt mitten im Zentrum, Parkmöglichkeiten am Rathaus oder vor der Peter und Paul-Kirche.

Geschichte – in den Sand geschrieben Homburg	274
Der Park der Schmetterlinge Grevenmacher sur Moselle	278

Natürlich Kultur

Alraunen aus dem Blut der Gehängten Siersburg	282
Steter Tropfen... Niedaltdorf	286
Swimming Pool für Menschenfresser Amnéville	288
Antikes Zentrum für Traumdeutung Grand	290

Geschichte in den Sand geschrieben
Die Homburger Schloßberghöhlen

Einen besonderen Sandkasten können Kinder in Homburg entdecken. Da kann der Nachwuchs einmal einen Sandstrand von unten anschauen, blühende Algensporen erspähen, die rund 250 Millionen Jahre alt sind. Selbst Insekten ohne Augen lassen sich finden. Nun, zugegeben, das ist natürlich nicht ein Sandkasten der normalen Art, sondern vielmehr ein Sandsteinberg mit riesigen Löchern – die Schloßberghöhlen.

Und diese Löcher haben es in sich. Für begeisterte Junghöhlenforscher gibt es spezielle Kinderführungen, die auf Zungenbrecher wie Eisenhydroxyd oder Sediment verzichten.

Überhaupt, ohne neugierige Kinder würden die Homburger heute noch nicht wissen, daß ihr Schloßberg wie ein Schweizer Käse durchlöchert ist. Vor rund siebzig Jahren wollte Paul mit seinen Freunden sehen, wohin seine Katze verschwunden war. Sie verfolgten die Mieze. Plötzlich gab der Boden nach, und Paul hatte unerwartet einen Eingang zu den Buntsandsteinhöhlen gefunden. An diesem Unglück waren indirekt die Franzosen schuld. Zweihundert Jahre früher mußten sie nach zehnjähriger Herrschaft den Schloßberg an die Deutschen zurückgeben. Die Höhlen dienten damals als Keller. Bei ihrem Abzug sprengten die Franzosen die Festung „Hohenburg" in die Luft, die über den Höhlen lag. Die Eingänge wurden verschüttet und im Laufe der Zeit auch vergessen.

Doch Paul konnte sich mit seiner Entdeckung keinen Kindertraum erfüllen. Die dunklen Seiten der Geschichte werden nicht verschwiegen. Der Zweite Weltkrieg kam, es regnete Bomben vom Himmel. Wieder kamen Kinder in die Höhlen. Neugierig waren ihre Blicke nicht. Ein Luftschutzbunker mit fünf- bis sechstausend Leuten ist eben kein Spielplatz. Schilder über kleinen Nischen erinnern heute noch daran. Und der Höhlenführer erzählt, daß viele Familien mit Betten, Stühlen und Schränken in die Höhle einziehen mußten, weil ihre Wohnungen zerstört waren. Die große Vorhalle auf der zehnten Etage richteten die Menschen sogar als Kirche ein, um Gottesdienste zu feiern.

Selbst nach dem Krieg bestimmte Kriegsangst die Zukunft der Höhlen, die auf zwölf verschiedene Stockwerke verteilt sind. Der saarländische Ministerpräsident Johannes Hofmann ließ eine Bunkeranlage bauen. Sechs Millionen Ziegelsteine verschwanden so im Berg. Ein kleiner Teil der Anlage gehört zur Führung, ein kahler Raum mit Gewölbekeller. Nichts erinnert an seinen ursprünglich Zweck. Und immer, wenn die Kinder in diesen Teil der unterirdischen Gänge kommen, dürfen sie den Bunker zweckentfremden und nach Herzenslust die Akustik ausprobieren.

Mit diesem Lärm können die „Ureinwohner" der Höhle wenig anfangen. Rund 35 verschiedene Tierar-

Kontakt:
Kreisstadt Homburg
Kultur- und Verkehrsamt
Am Forum 5
66424 Homburg/Saar
Tel.: 0 68 41/101-168

Bitte beachten Sie die blinde Höhlenfliege!

ten sind im Laufe der Jahrtausende in den Untergrund gegangen. Da gibt es Spinnen, Käfer, Schnecken, eine Art von Tausendfüßlern und Fliegen. Und alle sind ein Opfer der Dunkelheit geworden. Wo es kein Licht gibt, sind Augen eben fehl am Platz. Und natürlich läßt es sich kein Kinderhöhlenführer nehmen, wenigstens eine blinde Fliege vorzuführen. Im zwölften Stockwerk ist dies immer der Höhepunkt. Er sucht die Wände ab, leuchtet ein Tier an: Keine Reaktion. Er wölbt seine Hand über das Insekt. Nichts regt sich. Erst als er die Fliege leicht berührt, kommt Bewegung ins Spiel. Sie flattert auf und davon.

Solche Spielchen können die Algen natürlich nicht aus ihrer Ruhe bringen. Ihre Sporen stammen aus der Zeit, als das Saarland noch Meeresboden war. Selbst nach 250 Millionen Jahren fangen diese Ozeanbewohner an,

sich zu vermehren und einige Höhlendecken grün zu verfärben. In dieser Periode entstand auch der versteinerte Sandstrand, den die kleinen Besucher von unten anschauen können.

Nun stellt sich natürlich die Frage, wie kommen die Löcher in den Schloßberg. Angefangen hat alles im Mittelalter, etwa im elften Jahrhundert. Der Quarzsand eignete sich optimal dazu, Glas herzustellen. Aber auch bei den Hausfrauen war der Sand aus Homburg bekannt. Als Putzmittel mit dem Namen „Silbersand" gab es ihn fast in ganz Deutschland zu kaufen. Man konnte Böden, Tische und Teller damit auf Hochglanz schrubben. Doch damit nicht genug. Im Thronsaal, der höchsten Kuppelhalle im Berg, gibt es den Vorläufer des Löschblattes, den seltenen silberblauen Sandstein. Die schreibende Zunft benutzte ihn, um überflüssige Tinte aufzusaugen. Ein kleines aber feines Produkt, das in viele europäische Länder exportiert wurde.

Und so gibt es noch viele weitere Geschichten, die fast nebenbei auf der einstündigen Führung erzählt werden, von der weißen Dame, von Nebel in den Höhlen oder auch von Erwachsenen, die nur etwas mehr als eineinhalb Meter groß waren. Die Schloßberghöhlen – ein Geschichtsbuch der besonderen Art.

Herbert Mangold

Öffnungszeiten

Täglich von 9 - 12 Uhr und 13 - 17 Uhr
Geschlossen ab der zweiten Dezemberwoche bis einschließlich erste Januarwoche.

Eintrittspreise

Kinder und Jugendliche: DM 3,-
Erwachsene: DM 5,-
Familienticket: DM 12,-
Gruppen ab 10 Personen: DM 1,- Ermäßigung
Gruppenführung mit Höhlengeist zusätzlich DM 2,- pro Person

Anfahrtsweg

A 6 bis Abfahrt Homburg. Dann immer den Hinweisschildern „Schloßberghöhlen" folgen.

Ausflug in die Luxemburger Tropen
Der Park der Schmetterlinge in Grevenmacher

Es ist ein richtiger Schlechtwetterausflug, wenn die Kinder quengeln, der Wald zu naß ist, im Kino nichts läuft, und immer nur Video ist ja auch nicht gerade das Wahre. Also fährt man nach Grevenmacher in den „Jardin des Papillons", der ist wenigstens überdacht. Und wenn es auf der Fahrt vielleicht auch noch geregnet hat, ist die Verblüffung um so größer: eine überwältigende Farbenpracht. 50 Arten tropischer Schmetterlinge, nicht aufgespießt oder verstaubt im Glaskasten, nein, lebendig flattern sie in einem Gewächshaus mit tropischer Bepflanzung umher und scheinen sich bei 26 Grad und 70 – 80%iger Luftfeuchtigkeit „pudelwohl" zu fühlen (wenn dieser Ausdruck bei Schmetterlingen erlaubt ist).

Und wer ein buntes Kleidungsstück trägt, der wird schon mal mit einer Blüte verwechselt und als Landeplatz benutzt. Aber Vorsicht, nicht anfassen, sonst gehen die Flügel kaputt!!

Kurz hinter dem Eingang hängt gewöhnlich an einem Busch ein Atlasfalter, so groß wie ein Singvogel. Er schläft tags und ist nachts aktiv. Seine bunten Flügel haben sogar kleine durchsichtige Fenster, wie man das bei modernen Drachenfliegern ab und zu sieht. Daneben sind in einigen Glaskästen Eier, Raupen und Puppen von Schmetterlingen zu bewundern. Wer vormittags kommt und etwas Glück hat, der kann hier manchmal einen Schmetterling schlüpfen sehen. Denn es werden immer die Puppen ausgestellt, die gerade reif sind. Manche von ihnen sehen aus wie verdorrte Blätter, andere wie kleine, glänzende Steinchen.

Für Gruppen von mehr als 10 Personen empfiehlt sich eine telefonische Anmeldung, denn dann wird man fachkundig durch diese Welt der „Päiperlécken" geführt. Einzelbesucher erhalten die notwendigen Informationen auf einem Faltblatt. Informationen, die stau-

Wenn man Glück hat, setzt sich so ein buntes Prachtstück auch auf das farbige Hemd des Besuchers.

nen lassen. Manch einer weiß ja vielleicht schon, daß verschiedene Raupen ihren Kokon auf ein verdorrtes Blatt spinnen. Aber daß sie auch einige andere Blätter in der Nähe anfressen, damit sie verdorren und so eine natürliche Tarnung bilden, ist schon überraschend. Und gänzlich unheimlich wird diese vorausschauende Familienplanung, wenn man erfährt, daß sie diese verdorrten Blätter auch noch mit Seidenfäden befestigen, damit sie nicht abfallen.

Lydia Reuter, studierte Biologin und Leiterin des Schmetterlingsgartens, führt die bildungshungrigen Touristen in diese Wunderwelt ein und verbindet ihre Erläuterungen mit kleinen Hinweisen, die der ökologischen Erziehung zu Hause dienen sollen, z.B. daß ca. 25 heimische Schmetterlingsarten auf Brennesseln als Futterpflanzen für ihre Raupen angewiesen sind. Nicht zuletzt wegen der ökologischen Bildung hat die Sektkellerei Bernard-Massard dieses Projekt ins Leben gerufen. Mittlerweile kommen im Jahr ca. 55 000 Besucher, genauer gesagt von April bis Oktober, dann wird der Garten in Grevenmacher aus Kostengründen geschlossen. Die Pflanzen halten eine Art Winterruhe, und die Schmetterlinge leben ohnehin nur zwei bis drei Wochen. Der Nachwuchs stammt etwa zur Hälfte aus der eigenen Zucht in Grevenmacher. Die andere Hälfte

Kontakt

Jardin des Papillons
L-Grevenmacher-sur-Moselle
Tel. und Fax: 0 03 52/75 85 39
Tel.: 0 03 52/75 05 45 1

Öffnungszeiten

Täglich vom 1. April bis
15. Oktober: 9.30 - 17 Uhr

Eintrittspreise

Erwachsene: DM 9,- / LUF 180,-
Kinder: DM 4,50 / LUV 90,-
Erwachsene in Gruppen:
DM 7,50 / LUV 150,-
Kinder in Gruppen:
DM 3,- / LUF 60,-

Anfahrt

An der Mosel entlang
Richtung Grevenmacher.
Der Schmetterlingsgarten ist
deutlich ausgeschildert.

kommt aus der Guernsey Butterfly Farm, die alle europäischen Schmetterlingshäuser mit frischen Puppen versorgt.

Außer den Schmetterlingen kann man neben farbenprächtigen exotischen Pflanzen auch ein paar chinesische Zwergwachteln bewundern, die Ameisen und Spinnen fressen, die ärgsten Feinde der Schmetterlinge. Darüber hinaus gibt es noch einige vorzüglich getarnte Heuschrecken, die wie wandelnde Blätter oder Stöckchen in Glasvitrinen leben, so daß auch der ambitionierte Biologielehrer, der seinen Schülern den

Unterschied zwischen Mimese und Mimikry beibringen will, hier ein angemessenes Studienfeld findet.

Draußen gibt's zur Erinnerung Schmetterlingsbriefmarken, Kulis, Schwämme, Porzellandöschen oder Puzzles. Und vor dem Haus schließlich sind Tische und Bänke fürs Picknick vorhanden. Alles in allem ein Ausflug in die „Luxemburger Tropen", der Unterhaltung und Bildung auf ansprechende Art verbindet.

Stefan Miller

Alraunen aus dem Blut der Gehängten
Hexen- und Kräutergarten Siersburg

Der Hexen- und Kräutergarten Siersburg wurde 1987 eröffnet. Der Heimat- und Verkehrsverein wollte ihn zuerst stilecht an der Burg anlegen, sah aber dann doch davon ab, einmal weil man Zerstörungen befürchtete, zum anderen weil einige Pflanzen giftig sind und man sie nicht unbeaufsichtigt lassen wollte. Der letztendlich gewählte Standort ist der fast ebenso passende: die Willibrordskapelle mitten im Ort.
Ziel des Unternehmens Kräuter- und Hexengarten war es, das riesige Wissen der Menschen früherer Zeiten über die Heilkräfte der Natur zu bewahren und an künftige Generationen weiterzugeben.
Im Grunde ist der Siersburger Garten ein mittelalterlicher Kloster- oder Bauerngarten, der nach strengen vorgeschriebenen Bauprinzipien angelegt worden ist. Als Vorbild diente der „Hortulus" des Abtes Walahfried

Schon vor Hildegard von Bingen waren Heilkräuter in Klostergärten eine Selbstverständlichkeit.

Strabo. Das Werk entstand um 840 auf der Insel Reichenau. Der Garten des Walahfried lag innerhalb der Klostermauern. Nach Süden hin wurde er von einer besonders hohen Mauer abgeschlossen, so daß ein Teil immer im Schatten lag, ein anderer Teil wurde überdacht zum Schutz vor Regen. Alles in allem wurde ein harmonisches Miteinander von Blumen, Gewürzen und Heilkräutern sowie Gemüsen angestrebt. In einen mittelalterlichen Garten gehören viele Heil- und Gewürzkräuter. So unter anderem Salbei, Wermut, Minze, Fenchel, Sellerie und Rettich, Lilien und Rosen. Seit einiger Zeit ist auch das weitere Areal hinzugekommen, Wiesenblumen zeigen da ihre ganze Far-

Dill soll gegen Teufel geholfen haben und Pfingstrosen vermutlich auch.

Kontakt
Gemeindeverwaltung
Rehlingen-Siersburg
Herr G. Müller
Bahnhofstr. 23
66780 Rehlingen-Siersburg
Tel.: 0 68 35/508-135
Fax: 0 68 35/508-119

benpracht und Vielfalt. Selbstverständlich sind in einem Hexengarten Pflanzen, die gegen den bösen Blick schützen, die gut sind gegen Schäden an Haus und Hof.
Mittlerweile ist der Garten leicht umgestaltet worden – ohne allerdings etwas an seiner ursprünglichen Ausrichtung zu verändern. Die Wege sind eher im Sinne des „Capitulare de villis" Karls des Großen ausgerichtet, aber dieser Codex beruhte auch auf Strabo. Ein zentrales Rondell wird von kreuzförmig angelegten Wegen eingefasst.
Eine Art Allheilmittel war die Alraune. Um kein anderes Gewächs reihen sich so viele Mythen und Sagen. Sie wurde als Schlaf-, Liebes- und Zaubermittel angesehen. Im 16. und 17. Jahrhundert wurden wahre Schauergeschichten über die Alraune erzählt. Sie wachse nur unter dem Galgen und ihr Samen sei aus dem Blut unschuldig Gehängter hervorgegangen. Aber noch bis in

unser Jahrhundert hinein war der Alraunen-Aberglaube nicht völlig überwunden.

Weitaus harmloser sind die Liebespflanzen, wie Schneeglöckchen, Nelken, Petersilie oder Baldrian.

Zum Erkennen von Hexen diente beispielsweise Liebstöckel, Grundstock der saarländischen Volksdroge Maggi (harmlos). Wer es bei sich trägt, sieht Hexen mit Milchkannen auf dem Kopf herumlaufen, so der Volksglaube. Antidämonische Wirkung wurde Dill, Fenchel und Baldrian zugesprochen, und der Buchsbaum vertreibt den Teufel.

Ebenfalls zum mittelalterlichen Garten zählen zahlreiche Heilkräuter, Bäume, Sträucher und Blumen. Gerade im Sommer ein unvergleichliches Farb- und Riecherlebnis.

Der Hortulus des Abtes Strabo schrieb eine strenge Pflanzordnung vor.

Anfahrt

Über die A 620 Saarbrücken - Luxemburg, Abfahrt Rehlingen-Siersburg, in Siersburg an der Niedtalhalle (Hinweisschilder) zur Willibrordskapelle.

Michael Lentes

Steter Tropfen...
Die Tropfsteinhöhle in Niedaltdorf

In Niedaltdorf kann man die einzige Tropfsteinhöhle des Saarlandes besichtigen. Mit zwei Gängen von 15 und 42 Metern Länge und einer Deckenstärke von 3 Metern kann sie sich allerdings nicht mit den berühmten Grotten von Hams auf Mallorca, den St. Michaels Tropfsteinhöhlen auf Gibraltar oder mit der Attahöhle im Sauerland messen. Es ist eben eine in den Dimensionen typisch saarländische Höhle, bei deren Besichtigung man den Kopf einziehen muß. Und doch hat sie ihre geologische Besonderheit: Sie wurde nicht durch einen unterirdischen Wasserlauf aus dem Gestein gespült, sondern entstand durch offene Risse im Sinter, die dann im Laufe der Zeit oben zuwuchsen.

Ansonsten der übliche Prozeß: Kalkreiches Wasser, das in die lufterfüllten Hohlräume sickert, bildet Tropfsteine. Von der Decke herunter wachsen die Stalagti-

Kontakt
Naturtropfsteinhöhle
Alfred Kiefer
Neunkircher Str. 10
66780 Niedaltdorf
Tel.: 0 68 33/84 00 und 84 10
oder 01 72/6 76 28 40

ten, von unten herauf steigen die Stalagmiten. (Hier eine Faustregel gegen das Verwechseln der beiden Begriffe: Die Buchstaben T und M entsprechen den Anfangsbuchstaben der französischen Wörter „tomber" für „fallen" und „monter" für „steigen".)

Entstanden ist die Niedaltdorfer Höhle vor rund 7 000 Jahren. Daß hier etwas nicht stimmte, müssen die Menschen schon lange geahnt haben; sie gaben der Flur den Namen „Auf dem Dubber", und „dubbern" heißt „dröhnen", „hohl klingen".

Zum ersten Mal entdeckt wurde die Höhle 1880 beim Ausschachten einer Baugrube; damals wurde sie jedoch mit Schutt wieder aufgefüllt. 1927 stieß man dann wieder auf sie.

Als Leute begeistert von der Tropfsteinhöhle von Han in Belgien erzählten, da sagte die Niedaltdorfer Familie Biehl: „Sowat hann mir aach", und schickte Sohn Wille mit der Stallaterne in den Keller. Ende der 20er Jahre hat er die Höhlen dann ganz freigeräumt, mit zwei Verbindungsstollen die beiden Höhlengänge zum kleinen Rundweg verbunden und eine Treppe gebaut. Noch heute befindet sich die unter Naturschutz stehende Höhle im Privatbesitz der Familie Biehl. Sie führt auch das Restaurant über dem Naturdenkmal, das allerdings Jugendlichen, die mit einem Schülerferienticket anreisen, nicht als Ausflugslokal empfohlen werden kann, sondern eine Speisegaststätte für gehobene Ansprüche ist.

Auch, wenn die Höhle klein ist, bietet sie doch einen schönen Formenreichtum von Tropfsteinen und verkalkten Pflanzenresten und vermittelt furchtsameren Gemütern den Schauder eines unterirdischen Aufenthalts.

Rainer Petto

Öffnungszeiten

15. April - 15. Oktober:
10 - 12 Uhr und
14 - 17 Uhr
Sonn- und Feiertage:
bis 18 Uhr
Montags Ruhetag!

Eintrittspreise

Erwachsene: DM 4,-
Kinder: DM 2,50
Gesellschaften: DM 3,-
Schulen: DM 2,-
Gruppenführung außerhalb der Öffnungszeiten nach Voranmeldung!

In 280 000 Litern Meerwasser ist auch für ihn Platz.

Den „Weißen Hai", den Menschenfresser, den gibt es im Aquarium von Amnéville nicht. Dafür aber fünf Verwandte dieser Spezies der Knorpelfische, unter anderem Schwarzflossenhaie, einen Hammerhai und auch einen Sandhai. Der immerhin mißt knapp zwei Meter. Und direkt über ihm schwimmt immer ein an-

Swimming Pool für Menschenfresser
Das Seewasseraquarium in Amnéville

derer kleinerer Fisch. Kein Babyhai, wenn er auch so ähnlich aussieht, sondern es ist ein Parasitenfisch, ein Tier, das den Hai ständig begleitet und sich von kleinen Lebewesen ernährt, die sich an der Haut des Haies festsetzen. Die Haie sind die Attraktion des Aquariums. Neben diesen Stars der Unterwasserwelt gibt es rund 250 weitere Fischarten, insgesamt 600 Exemplare, zu sehen. Darunter auch Muränen, Piranhas, Elefantenfische und Seepferdchen.

Das Seewasseraquarium von Amnéville ist das größte im Osten Frankreichs und ist spezialisiert auf tropische Arten. In 27 kleineren Becken sind die Fische untergebracht. Um ihren Lebensraum fern der Gewässer von Indischem Ozean, Rotem Meer oder Pazifik nachzuahmen, hat man über 280 000 Liter Wasser mit Meersalz aufbereitet. Jede Woche werden zehn Prozent des

Kontakt
Aquarium Impérator
Centre Thermal et Touristique
F-57360 Amnéville-les-Thermes
Tel.: 0 03 33/87 70 36 61

Öffnungszeiten
Täglich von 9 - 18 Uhr

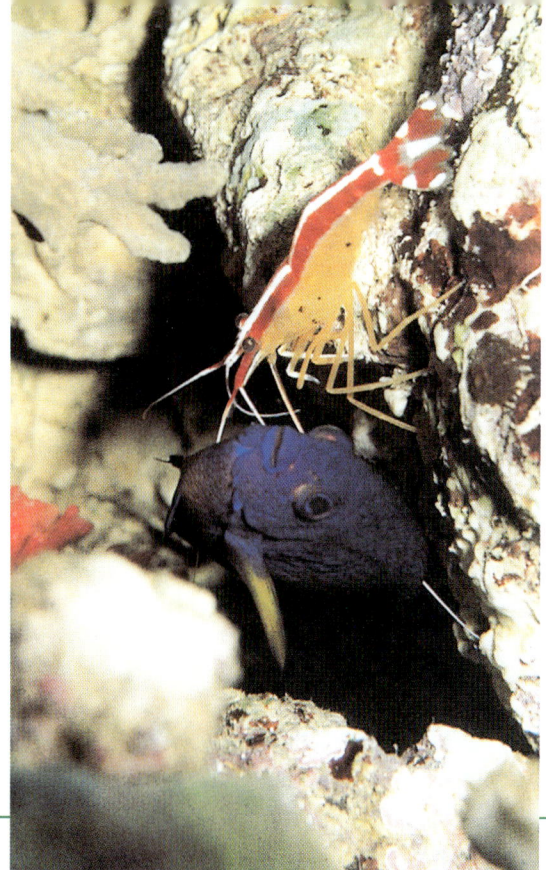

Eintrittspreise

Kinder bis 6 Jahre:
Aquarium: FF 20,-; Zoo: FF 35,-
Aquarium + Zoo: FF 53,-
Kinder von 7 - 14 Jahre:
Aquarium: FF 22,-; Zoo: FF 38,-
Aquarium + Zoo: FF 58,-
Kinder ab 14 Jahre und Erwachsene:
Aquarium: FF 32,-; Zoo: FF 55,-
Aquarium + Zoo: FF 85,-

Anfahrt

A 32 nach Metz, A 4 in Richtung „Walibi Schtroumpf-Park" nach Amnéville. Der Weg zum „Centre Thérmal et Touristique" in Amnéville ist gut ausgeschildert.

Die Haie wohnen ein Aquarium weiter.

Wassers erneuert. Alleine das große Becken für die Haie faßt 210 000 Liter.

Das Aquarium ist ein Besuchermagnet geworden: Mitten im „Centre Thermal et Touristique" gelegen, haben mittlerweile hunderttausende Neugieriger die Unterwasserwelt von Amnéville besucht. Geführte Besichtigungen durch das Aquarium gibt es nicht, aber alles Wissenswerte ist auf Tafeln über den einzelnen Becken erläutert. Hinzu kommt ein ausführlicher Katalog, der das Aquarium sowie den nahegelegenen Zoo in seinen Besonderheiten darstellt.

Wolfgang Schmitt

Antikes Zentrum für Traumdeutung
Römische Ausgrabungen in Grand

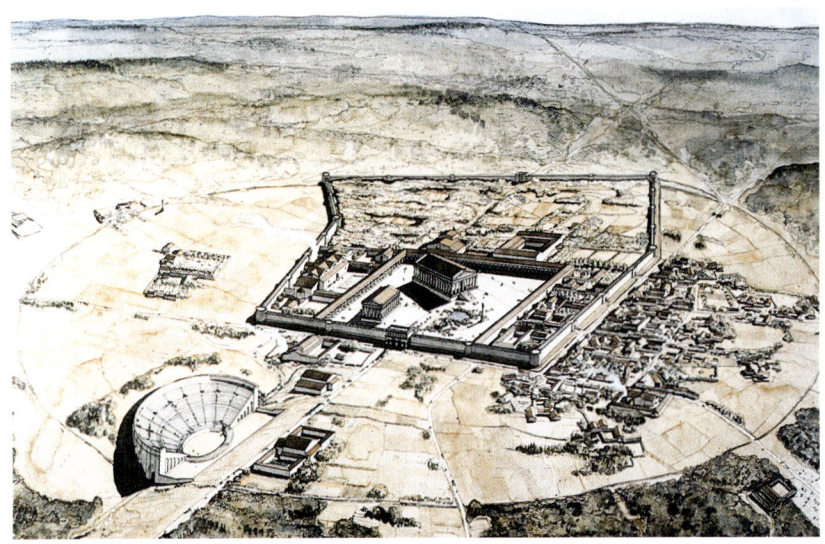

Grand, in malerischer Gegend im südlichen Lothringen gelegen, wenige Kilometer von Neufchâteau und dem Domrémy der Jeanne d'Arc entfernt, bietet mehrere archäologische Attraktionen zugleich.

Das heute nur noch knapp 600 Seelen zählende Dorf war zur Römerzeit ein bedeutender Pilgerort mit einem „international" bekannten Heiligtum, das aus einem Tempel, einer Basilika, Schlafhallen, Thermen und einem Amphitheater bestand.

Von den Römern wurde hier der Heil- und Bädergott Apollon, von den Galliern die Gottheit Grannus verehrt. Man nimmt an, daß die Kultstätte in Grand (von „Grannus" abgeleitet) sowohl medizinisch-therapeutische Funktion hatte als auch ein Zentrum für Traumdeutung war. Die berühmtesten unter den zahlreichen Pilgern, die hier Heilung und Zukunftsdeutungen suchten, waren die römischen Kaiser Caracalla und Constantin.

Rätsel warf Grand auf, da es auf der Hochebene aus Karstgestein keine einzige Quelle gibt, die das Wasserheiligtum hätte versorgen können. Die seit 30 Jahren an Ort und Stelle forschende Archäologen-Familie Bertaux hat das Geheimnis mit Hilfe modernster Technik gelüftet: Unterhalb des kleinen Ortes existiert ein 15 Kilometer langes Netz von Wasserkanälen, womit die Römer Regenwasser auffingen. Sämtliche Kanäle fließen an einem Punkt des Apollo-Heiligtums zusammen. Sieben Kilometer dieser unterirdischen Wasserstraßen sind bislang erschlossen; ein Stück davon ist sogar begehbar – allerdings sollte man sich für die Erkundung mit Gummistiefeln und Regenjacke ausrüsten.

Amüsement bot den Grand-Pilgern seinerzeit das nahegelegene, gut erhaltene Amphitheater, das mit 17 000 Sitzplätzen eines der größten des römischen Reiches war. Überwältigt steht man vor diesem 150 Meter langen Bau mit seinen hohen Rängen, Arkaden und den Resten der in die Spielstätte integrierten ehe-

Auch Caracalla und Constantin pilgerten schon nach Grand.

Mit 17 000 Sitzplätzen war das Amphitheater fast so groß wie ein Bundesligastadion.

maligen Boutiquen. Sehenswert ist in Grand auch ein 14 mal 14 Meter großes Mosaik, in dem 60 verschiedene Arten von Marmor verarbeitet wurden. Das Kunstwerk, das zur Tempelanlage gehörte, zeigt eine Szene aus einer lateinischen Komödie. Weitere Funde wie Schmuck, Gebrauchsgegenstände und Heiligenstatuen sind in einem kleinen Museum ausgestellt.

Einen Besuch wert sind auch die Kirche und die beiden der heiligen Libaire gewidmeten Kapellen von

Grand. Nach der Überlieferung soll die standhafte Heilige zur Zeit der Christenverfolgungen ihren Glauben sogar dem römischen Kaiser gegenüber vertreten haben. Er ließ sie dennoch enthaupten. Doch die unbeugsame Märtyrerin nahm ihr Haupt in die Hände und trug es bis zu dem Platz, wo heute eine der Kapellen steht...

Maria C. Schmitt

Kontakt
Département des Vosges
Direction Vosgienne de
l'Enseignement et de la Vie
associative et culturelle
Mme Bruchon
8, rue de la Préfecture
F-88088 Epinal Cedex 9
Tel. 0 03 33/29 29 88 88
Museum:
Tel. 0 03 33/29 06 77 37 oder
29 06 63 43

Öffnungszeiten
Tägl. 10 - 12 Uhr und
14 - 18 Uhr. Führungen durch
die Kanäle nach Vereinbarung
(auch vor Ort möglich).

Eintrittspreise
Theater: FF 10,-
Museum: FF 10,-

Anfahrt
Autobahn Metz - Nancy - Lyon. Abfahrt Colombey-les-Belles, von dort Richtung Neufchâteau bis Soulosse und weiter über Coussey, Sionne, Midrevaux nach Grand. Das Museum befindet sich unübersehbar am Ortseingang. Museum und Mosaik sind ausgeschildert. Nach den unterirdischen Gängen kann man sich beim Theater oder im Museum erkundigen.

Schlachtfeld der Zinnsoldaten Woerth	296
Drehorgel mit Lochstreifen Conflans	302
Mit dem Salon-Aufzug durch die Stadtgeschichte Luxemburg	304
Warhol im Tunnel Luxemburg	306
Von eines jeden Juden Seel… Habkirchen	308
Von „Saarperle" und „Trumpf As Saarbrücken" Wadgassen	310
Von Grubenpferden, die zählen können Aumetz-Neufchef	314
80 Meter mit der Straßenbahn Luxemburg	318
Die Werkstatt des alten Frantz Püttlingen-Köllerbach	320
Alles im Gleichgewicht Wachenheim	326

Das etwas andere Museum

Jedes Dorf hatte seine eigene Zeit Rockenhausen	330
Bügeleisen wie Bettpfannen und Schraubenzieher Longwy	334
Zum Beispiel Napoleons Suppenschüssel Longwy	340

Schlachtfeld der Zinnsoldaten
Das Diorama in Woerth

Wer sich auf den Weg nach Woerth in den Nordvogesen aufmacht, den wird zuerst das herrliche Hügelland beeindrucken und die friedliche Landschaft. Doch genau hier haben sich vor mehr als 120 Jahren zwei Völker eine blutige Schlacht geliefert – im Krieg 1870/71. Die Deutschen Truppen feierten sie als Sieg, die Franzosen erlitten hier eine empfindliche und kriegsentscheidende Niederlage.

Bei den einen heißt sie die Schlacht von Woerth, bei den anderen Schlacht von Reichshofen, weil das Telegramm, das Paris von der Niederlage unterrichtete, in Reichshofen und nicht in Woerth aufgegeben worden war.

130 000 Mann standen sich bei dieser Schlacht gegenüber, 90 000 Deutsche und 40 000 Franzosen. Etwa 10 000 von jeder Seite mußten bei der großen

Das Kriegsspiel im Sandkasten erinnert an blutige Realität: 20 000 Soldaten mußten ihr Leben lassen.

Schlacht am 6. August zwischen Elsaßhausen und Fröschweiler ihr Leben lassen.

Zum 100. Jahrestag der Schlacht wurde im Städtchen Woerth an der Sauer ein Museum errichtet, das speziell dieser Schlacht vom 6. August 1870 gewidmet ist.

Alles, was dort gezeigt wird, wurde auf dem Schlachtfeld gefunden, von den Waffen über die Uniformen bis hin zum Soldbuch mit der Aufschrift „Mit Gott für König und Vaterland".

Der größte Teil der Ausstellungsstücke stammt aus der Privatsammlung einer Woerther Gastwirtsfamilie, die mit ihrer Schenkung den Grundstock für das Museum bildete.

Aber es gab noch viele andere Privatleute, deren Vorfahren Originale aus der Schlacht aufbewahrt hatten, und noch heute entdeckt manch einer auf seinem Speicher eine Kleinigkeit, die direkt etwas mit der Schlacht zu tun hat – und so kommt es, daß sich das Museum ständig verändert und erweitert.

Woerth in den Nordvogesen, die friedliche Landschaft war 1870/71 Ort einer blutigen Völkerschlacht.

Über den ersten Kürassier-Angriff gegen 12 Uhr an jenem 6. August 1870 legt ein großes Gemälde im Museum Zeugnis ab, der zweite wird sehr anschaulich durch das sicherlich schönste Ausstellungsstück, das große Diorama, präsentiert.

Kontakt

Musée de la Bataille
du 6 Août 1870
Mme N. Aubert
F-67360 Woerth
Tel.: 0 03 33/88 09 30 21

Öffnungszeiten

1.Februar - 31. März und
1. November - 31.Dezember:
Sa und So: 14 - 17 Uhr.

1. April - 31. Mai und
1. September - 31. Oktober:
tägl.: 14 Uhr - 17 Uhr

1.Juni - 31.August:
tägl. außer Sa:
14 - 17 Uhr
Di ist das Museum
geschlossen!

Eintrittspreise

Erwachsene: FF 15,-
Gruppenpreis ab 10 Personen:
FF 10,-
Kinder, Studenten: FF 10,-
Gruppenpreis
ab 10 Personen: FF 8,-

Anfahrt

Über Bitche, dann Richtung
Reichshoffen, Niederbronn.

Mehr als 4 000 Zinnfiguren sind in diesem Diorama zu sehen, gefertigt hat sie ein Hamburger, und da es sich um deutsche Zinnfiguren handelt, die anders als die französischen ganz flach und dadurch sehr beweglich sind, gleicht keine Figur der anderen. Aufgestellt sind sie auf einer Fläche aus 15 Eimern Sand, die hinteren sind kleiner als die in der ersten Reihe. Aber erst wenn Sie ein Fernglas zur Hand nehmen – und das kann selbstverständlich im Museum ausgeliehen werden – entdecken Sie, mit welcher Akribie dieses Diorama hergerichtet wurde. Denn das Schlachtfeld liegt in einer Mulde, die richtige Perspektive entdecken Sie eben erst durch das Glas und auch, daß im schon längst von Deutschen eingenommenen Elsaßhausen noch französische Verwundete liegen, die geopfert wurden. Und mit etwas Phantasie fühlen Sie sich mittendrin in einem der siebzehn Scheinangriffe, die die Franzosen durchführten, um so den Rückzug zu sichern.

Neben dem großen Diorama gibt es im Woerther Museum auch noch ein kleineres, das sich mit den Vorgängen am 25. Juli auf dem Schirlenhof befaßt. Dort gab es nämlich den ersten Zusammenstoß zwischen deutschen und französischen Soldaten. Mit von der Partie damals auch Graf Zeppelin, der spätere Erbauer des gleichnamigen Luftschiffes. Als es die ersten Toten dieses Krieges gab, konnte er als einziger Deutscher

Mehr als malerische Zinnsoldaten: Geschichtsunterricht dreidimensional.

fliehen und in Karlsruhe seine Nachrichten übermitteln. Die mit ihm gereisten badischen Dragoner wurden gefangen genommen und erst nach der Kapitulation von Metz gegen französische Kriegsgefangene ausgetauscht.

Das Museum in Woerth bietet einen eindrucksvollen Einblick in die Ereignisse des Krieges 1870/71, und ein Besuch dort lohnt sich auch für diejenigen, die an Militärischem kein besonders großes Interesse haben, sich aber für Geschichte interessieren.

Ulli Wagner

Die Privatsammlung einer Woerther Wirtsfamilie lieferte den Grundstock für das Museum.

Musikautomaten waren vielleicht primitiver als Synthesizer, aber sie sahen schöner aus.

Das einzige Museum dieser Art in Frankreich zeigt mechanische Musikinstrumente und Musikautomaten von 1680 - 1925. Das beginnt mit den Vorfahren der Drehorgel – Serinette, Merline, Peroquette, die den Gesang von Vögeln imitierten. Im Laufe des 19. Jahrhunderts entwickelten sich daraus Drehorgeln, die

Drehorgel mit Lochstreifen
Das Jahrmarkts- und Musikautomatenmuseum in Conflans

nach dem Prinzip mechanischer Webstühle gebaut wurden. Über die Orgel wurde ein perforierter Kartonstreifen gezogen, wo ein Loch war, ließ er die Luft durch, und es entstand ein Ton. Solche Orgeln zeigt das Museum in allen Varianten. Bunt bemalt in venezianischem Stil etwa, die Puppe eines Drehorgelspielers davor, der sich gleichzeitig als Tierbändiger betätigt. Daneben eine Laterna Magica aus der Bretagne, durch die man Bilder vom Leben Jesus' in der Bretagne sehen kann. Die Schausteller waren mit solchen Geräten auch Pioniere des modernen Kinos. Erste Filmvorführungen fanden im Freien auf Bettlaken statt. Da

Kontakt
Musée de l'Art Forain et de la Musique - Raymon d'Ys
Mlle Hundold
Place Aristide Briand
F-54800 Conflans-en-Jarnisy
Tel.: 0 03 33/82 33 57 30
oder 82 33 37 57

man zunächst Karbidlampen einsetzte, die hoch explosiv waren, brannten die Kinos immer wieder ab. Aber neben den noch erhaltenen alten Vorführapparaten kann man auch eines der ersten elektrischen Wanderkinos, das Pathekok, bewundern.

Durch die Elektrifizierung wurden die meisten der klassischen Drehorgeln ebenso abgelöst, wie die Walzenklaviere und Leierkästen. Nur auf dem Montmartre in Paris gab es noch ein Kabarett, das „Lapin Agile", das aus Tradition einen Drehorgelsänger beschäftigte. Der letzte dieser Sänger hieß Raymond d'Ys. Er sang Lieder der Belle Epoque und ist als Automatenmensch mit gläsernen Augen noch heute in Conflans zu bewundern.

Er ist es auch, der alle Schätze des Museums zusammengetragen hat und sie der Familie Lejeune 1985 für ein Museum überließ. Darunter auch eine sogenannte Limonaire, eine chromatische Orgel, zu der auch noch Edith Piaf gesungen hat.

Aber nicht nur die mechanischen, sondern auch die ersten elektrischen Musikautomaten haben in Conflans-en-Jarnisy ihren Platz. Da steht der berühmte Phonograph des T.A. Edison, oder eine aufgeschnittene Geige mit einem Schalltrichter, die das Aufzeichnen von zarten Violinklängen erleichtern sollte. Diese Pionierstücke der Technikgeschichte werden umrahmt von den abstrusesten Jahrmarktapparaten. Mit ihnen konnte man sich elektrisieren, um seine Kraft zu beweisen, oder gegen 10 Centime ein Horoskop drucken lassen. Da findet sich auch anstatt eines Pferdekarussells eines mit Schweinen, oder schiffschaukelartige Fahrzeuge, die von Dienern geschoben werden.

Schade, daß dieses sehenswerte Panorama der Schaustellerkunst bisher in wenig repräsentativen Räumen untergebracht ist, aber was nicht ist, kann ja noch werden.

Stefan Miller

Eintrittspreise
Erwachsene: FF 15,-
Kinder: FF 10,-
Gruppen (ab 20 Pers.): FF 10,-

Öffnungszeiten
An Sonn-und Feiertagen:
14 - 18 Uhr und nach Vereinbarung für Gruppen
Führungen 1 Std. (nach Vereinbarung auch deutsch)

Anfahrtsweg
Erste Autobahnabfahrt hinter Metz auf der Autobahn Metz - Paris. Von dort Richtung Jarnisy.

Gut Ding will Weile haben. Genau 10 Jahre hat es von der Planung bis zur Eröffnung gedauert. Am 23. Juni 1996, dem Luxemburger Nationalfeiertag, wurde der umfänglich umgebaute Gebäudekomplex des alten Musikkonservatoriums mitten in der Luxemburger Altstadt endlich seiner neuen Bestimmung als „Historisches Museum der Stadt Luxemburg" übergeben. Es beherbergt auf sechs Etagen eine eindrucksvolle, mit modernsten multi-medialen Mitteln unterstützte Dokumentation von 1000 Jahren Luxemburger Stadt- und vor allem Festungsgeschichte, die auch zum Teil von dem Gebäude selbst repräsentiert wird.

Seine Grundmauern sind nämlich in den gleichen Fels gehauen, auf dem der Stadtgründer Graf Siegfried 963 die „Lützelburg" errichtete, Stammhaus der ersten Grafen von Luxemburg und der vier deutschen Kaiser Luxemburger Herkunft, die im Mittelalter an die Macht kamen.

Apropos Mittelalter: Reste der mittelalterlichen Keller wurden ebenso freigelegt wie Mauern und Interieurs aus dem 17. bis 19. Jahrhundert. Dabei hat jede Etage ihren ganz spezifischen Charakter, ihre ganz spezielle Aufgabe: In der „Ebene 0" – mitten im Fels sozusagen –

Mit dem Salon-Aufzug durch die Stadtgeschichte
Streifzug durch das neue Historische Museum der Stadt Luxemburg

wird der „Aufstieg zur Stadt" gezeigt, der von den ersten Spuren menschlicher Besiedlung bis zur Gründung des Herzogtums Luxemburg im 14. Jahrhundert reicht.

In der nächsten Etage „Die eingeschlossene Stadt" – Luxemburgs Schicksal als Festung und Spielball der Großmächte bis zum Ende des 18. Jahrhunderts.

Auf den folgenden Stockwerken „Die Hauptstadt" und „Leistung und Bildung. Grundsätze einer neuen städtischen Gesellschaft", die sich nach der Schleifung der Festung ab Mitte des 19. Jahrhunderts im nunmehr souveränen Großherzogtum entwickeln konnten.

Ganz „oben" schließlich Luxemburgs rasante Entwicklung in die Modernität, die mit der Niederlassung verschiedener Europäischer Institutionen in der Nachkriegszeit begann und mit der Protektion der „High-Tech-Medien" auf Luxemburger Boden schon ins 21. Jahrhundert weist.

All dies in edlem Design und anspruchsvoller museumsdidaktischer Aufmachung – und dennoch „volksnah". Dafür sorgt schon der spektakuläre, 18 Quadratmeter große „Salonaufzug", mit dem man aus dem Felsenkeller durch die Etagen und damit durch die Jahrhunderte „schwebt" und dabei durch die verglasten Wände einen Rundumblick nicht nur ins Museum, sondern durch die alten Fenster des Gebäudes auch in die „Unterstadt" Grund hat.

„Grundgedanke der Museumsgestaltung ist, daß sich der Besucher frei bewegt, nach seiner Neugier, seiner Laune, seiner Entdeckungsbereitschaft." So die „Philosophie" des neuen Hauses, das dem Besucher einfach zu bedienende elektronische Hilfsmittel zur Verfügung stellt, damit sich jeder sein „Menü" aus dem großen Angebot zusammenstellen kann. Das ist auch gut so. Denn 1000 Jahre Geschichte kann man sich unmöglich in einem Tag „reinziehen". Ein Museum also, das einlädt, wiederzukommen. Nicht nur wegen seines inhaltlichen Angebots, auch wegen seiner gelungenen Architektur, die Neues und Altes stilvoll verbindet. Und nicht zuletzt auch wegen des wohl schönsten „Open-Air-Cafés" von Luxemburg im Hofe des Museums, von wo man einen herrlichen Blick ins Tal der Alzette hat.

Wolfgang Felk

Kontakt

Musée d'Histoire de la Ville de Luxemburg
14, rue du Saint Esprit
L-1475 Luxembourg
Tel.: 0 03 52/22 90 50-1,
Fax: 0 03 52/47 17 07

Öffnungszeiten

Di - So: 10 - 18 Uhr
Do: 10 - 20 Uhr

Eintrittspreise

LUF 250,- (ca. DM 12,50)
pro Person

Der Tunnel, der zwei Luxemburger Sparkassen verbinden sollte, schafft die Verbindung zur modernen Kunst.

Place de Metz auf dem Plateau Bourbon (vulgo: Bahnhofsviertel) in der Stadt Luxemburg. Viele Touristen halten den repräsentativen Gebäudekomplex mit dem weithin sichtbaren Rundtürmchen beiderseits der schnurgeraden Avenue de la Liberté für den Palast

Warhol im Tunnel

Die Staatssparkasse Luxemburg hat ihr unterirdisches Herz für die Kunst entdeckt

des Großherzogs. Dabei handelt es sich „nur" um eine Bank: die „Banque et Caisse d'Epargne de l'Etat Luxembourg". Eine Sparkasse, die auch was für die Kunst übrig hat. Achtzehn Meter unter der Erde verläuft ein 350 Meter langer unterirdischer Gang, der die vier weitläufigen Gebäudeteile der Bank miteinander verbindet und zunächst eigentlich nur als Passage für Personal und Kunden gedacht war. Weil sich die aber immer ein bißchen gruselten, wenn sie wie die Maulwürfe von einer Stelle zur anderen wuselten, beschloß die Direktion vor einigen Jahren, den Tunnel etwas wirtlicher zu gestalten und mit moderner Kunst auszustatten.

Den Anfang machte der Luxemburger Guy Hary, der auf einen Teil der Wände im Tunnel einen fast fotorealistischen Blick in beide Richtungen der Avenue de la Liberté malte, die direkt darüber verläuft. Über Lautsprecher zugespielte Verkehrsgeräusche verstärken den Eindruck, daß man 18 Meter unter der Erde mitten im Verkehrsgewühl steht.

Zu diesem Anfangsgag gesellte sich dann nach und nach „seriöse" zeitgenössische Kunst. Denn Zweck der neuen „Galerie am Tunnel" sollte es sein, dem Besucher einen Querschnitt durch die Luxemburger Kunst der Nachkriegszeit mit Schwerpunkt auf den letzten beiden Jahrzehnten zu präsentieren. Also machte sich eine Jury ans Werk, sichtete das Kunstschaffen der Luxemburger Szene und kaufte rund 120 Gemälde und Skulpturen von 100 Künstlern an, die nun die Wände und Gänge des Tunnels zieren. Vertreten ist, was im Großherzogtum Rang und Namen hat: Roger Bertemes, Jeannot Bewing, Robert Brandy, Patricia Lippert, Marie-Paule Schroeder – um nur ein paar auch überregional bekannte Namen zu nennen.

Die „Galerie am Tunnel" ist somit eine der ungewöhnlichsten „Landes-Kunstausstellungen" in Europa.

Doch damit nicht genug. Inzwischen hat die Geld-Manager auch internationaler Kunst-Ehrgeiz gepackt. 1995, als Luxemburg „Kulturstadt Europas" war, organisierten sie zusätzlich Wechselausstellungen, zum Beispiel zwei hochkarätige Foto-Schauen von Edward Steichen und Man Ray. Dieser Ansatz soll weitergeführt werden. Im Frühjahr 1996 gab es schon Chagall zu sehen, und dann folgte Andy Warhol.

Man sieht, ein gelegentlicher Abstecher in die Luxemburger „Unterwelt" des Geldes kann – auch wenn man kein Konto dort hat – durchaus lohnend sein!

Wolfgang Felk

Kontakt

Galerie d'Art Contemporain „Am Tunnel" in „Banque et Caisse d'Epargne de l'Etat"
16, rue Zithe
L-2954 Luxembourg
Tel.: 0 03 52/40 15-24 50
Fax: 0 03 52/40 46 39

Öffnungszeiten

Mo - Fr: 14 - 16 Uhr
Führungen: 14 - 15 Uhr
Führungen für Gruppen (nach Voranmeldung):
17 und 19.30 Uhr.

Eintrittspreis

Der Eintritt ist frei.

Unweit der Grenze inspiziere ich Reste der barbarisch geschleiften Zollgebäude: Schutthaufen rechts und links der Asphaltbahn. Ein paar Anhänger von Lastzügen stehen noch herum wie beschlagnahmt und nicht abgeholt. Auf der sinnlos breiten Straße donnern die LKW's ungebremst durch die erloschene Feuerstelle zur Blies hinunter und wirbeln Staub auf, so daß ich mir die Alfred-Gulden-Gedenkmütze tiefer ins Gesicht ziehe. Gab's keine Verwendung mehr für die erst 1964 errichteten Anlagen? Naja, wer würde an so einem Durchzugsort sich aufhalten wollen oder gar wohnen? Nein, erklärt Manfred Nagel, der Ortsvorsteher von Habkirchen, mit dem Abriß haben wir nichts zu tun, das waren die Franzosen, der Zoll stand doch in Frauenberg!

Und wo steht das Museum? Es belebt das 1936 an ein Wohnhaus angebaute alte Zollamt, einstöckig, mit weit vorragendem Schrägdach. Bis zum Bau der Umgehungsstraße 1964 bewachten die Beamten unter einer mächtigen Trauerweide die alte Bliesbrücke, welche die Dörfer Habkirchen und Frauenberg verbindet. In drei kleinen, doch wohltuend staubfreien Räumen erinnert der Heimatverein Habkirchen-Mandelbach

Von eines jeden Juden Seel...
Das Zollmuseum Habkirchen

seit 1993 an 300 Jahre Zollgeschichte. Eines von nur drei Zollmuseen in Deutschland.

Einst bedeutend als Salzaufschlagstelle, als eines der wenigen Zollämter, über die das kostbare Lothringer Salz eingeführt werden durfte, wechselte Habkirchen oft die Herren, Grenzen, Zollverordnungen und Uniformen. Die Urkundensammlung verrät, daß 1735 Juden für ihre Seele Zoll bezahlen mußten, gleich viel wie für einen Ochsen oder eine Kuh, daß die Blies im letzten Jahrhundert schiffbar war, und natürlich, wie sehr die Zollbestimmungen der EG alle bisherigen an Umfang in den historischen Schatten stellen.

Kontakt
Träger ist der Heimat- und Geschichtsverein Habkirchen-Mandelbach.
Museumsleiter ist der Ortsvorsteher von Habkirchen Manfred Nagel
Mandelbachstr. 10
Tel.: 0 68 04/5 54

Ich lasse mir in Zolldiensten ehrwürdig ergraute Geräte zeigen wie das Mehlsieb, die Ladekiste (sie bewahrte nach dem Deutschen Herbst 1977 die Zollbeamten vor Selbstverstümmelungen mit der Dienstwaffe), den Nämlichkeitssicherungshammer und bestaune die ausgefeilte Meßtechnik: Fadenmesser, Grob- und Feinwaagen, Infrarotgerät, Rauschgifttestkoffer.

Manfred Nagel, ein freundlicher Zollbetriebsinspektor im Ruhestand, berichtet, wieso Firmen an Branntweineinfuhren pleite gingen, wozu Zöllner einen Beißanzug brauchten oder auf welche Weise sie Hippies schon am Personalausweis den Haschischkonsum nachweisen konnten. Aus seinen Erzählungen klingt kaum wahrnehmbar ein Rest Berufsstolz der – niemals sonderlich geliebten – Zöllner auf ihr seit biblischen Zeiten überliefertes Amt. Und er schafft es, mich anzustecken mit Nostalgie, jener seltsamen, die ein Verschwinden betrauert, über das man sich aus allen vernünftigen Gründen eigentlich freuen müßte.

Welchen Grenzbestimmungen in welcher historischen Folge die Mächtigen an der schmalen Bliesbrücke jeweils Geltung verschafften, versuche ich mir nicht ohne Mühe einzuprägen: leyenschen, lothringischen, bayerischen, französischen, reichsdeutschen, saarländischen, bundesdeutschen, europäisch-gemeinschaftlichen. Diese Folge soll nun einfach so abreißen? Der Zollabfertigungsraum, im Stil des Jahres 1964 eingerichtet, wirkt fast dienstbereit.

An der windigen Umgehungsstraße rekapituliere ich die kurzen Zwischenzeiten, zu denen keine Zöllner an der Blies standen (1872-1918, 1919-1935, 1945-1959), und wie oft in Habkirchen abgerissene Zollgebäude wiedererrichtet wurden. Trauerweide? Freundschaftsbrücke?

An den Schutthaufen neben der B 423 wische ich mir den Staub aus den Augen.

Klaus Behringer

In Deutschland gibt es nur drei Zollmuseen: in Habkirchen, Hamburg und Wegscheid (Bayern).

Öffnungszeiten
Jeden 3. So im Monat: 14-17 Uhr u. nach Vereinbarung.

Anfahrtsweg
Mit dem Fahrrad von Saarbrücken saar- (Leinpfad) und bliesaufwärts auf der französischen Seite (steigungsarm, ca. 35 km) oder über Fechingen (ca. 25 km).
Mit dem PKW: aus Richtung Homburg auf der B 423 bis zur Grenze; aus Richtung Saarbrücken über Kleinblittersdorf und Bliesransbach.

Von der „Saarperle" bis zum „Trumpf As Saarbrücken"
Das Motorradmuseum in Wadgassen

Wandel der Geschichte. Zuerst war es eine Prämonstratenserabtei, dann wurde es eine Cristallerie, heute ist es ein Motorradmuseum – in anderen Teilen des Baues findet alljährlich eine Sommerakademie statt. Aber die Mitglieder des „Motorradveteranenclubs Wadgassen-Bous" waren die ersten, die sich in neuerer Zeit für die Industriebrache interessierten. Bereits 1983 hatten sie den Plan, einige ihrer liebevoll restaurierten Zweiräder auszustellen.

Anfangs mit einiger Skepsis stellte ihnen Villeroy & Boch das ehemalige Gemengehaus der Wadgasser Cristallerie zur Verfügung.

Drei Jahre später war der arg heruntergekommene Bau kaum mehr wiederzuerkennen.

Mit einigen wenigen tausend Mark Zuschüssen und bewundernswertem persönlichem Einsatz hatten die Motorradfreunde das Gebäude komplett restauriert, ja sogar die Transformatoren fürs Elektrische von Hand gewickelt. Als das Gemäuer dann frisch geweißt in neuem Glanz erstrahlte, schenkte der Eigentümer auch noch vornehme weiße Fliesen dazu. Auf denen stehen nun zweiundfünfzig Motorräder der Baujahre 1912 bis 1965. Der Senior ist eine grüne Harley Davidson mit den typischen Kennzeichen eines Motorradveteranen: Trittbretter und Gashebel statt Drehgriff. Sie hat mit einer Scheibe verkleidete Speichen (so wie heute manche Rennräder) und vorne eine Carbidlampe. Wenn etwas zuviel Wasser auf das Carbid tröpfelte, leuchtete sie nicht nur, sondern explodierte. Es war schon ein Abenteuer damals, das Motorradfahren. Zum Beispiel mit einem D-Rad der Deutschen Industriewerke Spandau. Es war, wie fast alle seine Zeitgenossen bis zu den 40er Jahren, hinten nicht gefedert. Man kann sich vorstellen, welche Sätze es bei Schlaglöchern gemacht hat. „Spandauer Springbock" wurde es deshalb auch genannt. Für Technikfreaks besonders interessant: eine 600 ccm Viktoria von 1934 mit längs eingebautem Boxermotor oder ein Fahrradtandem mit Hilfsmotor von 1948.

Aber nicht nur die Technikbegeisterten kommen hier auf ihre Kosten. An den Motorrädern kann man auch die regionale Geschichte ablesen. Da gibt es das Nummernschild „Saar" aus der Völkerbundzeit oder etwa die größte Anzahl französischer Zweiradveteranen in einer deutschen Sammlung: Terrot, Alcyon und wie die längst vergessenen alten Namen alle heißen. Im Eingangsbereich, in der Nähe der Theke, steht gleich zweimal die „Saarperle", ein Motorrad, das hier in den 50er Jahren gebaut wurde. Daneben kann man sich zum Vergleich das „Saarperle-Fahrrad" ansehen. Und dann

In der Wadgasser Cristallerie: Nostalgie auf zwei Rädern.

ist da noch die „Trumpf-As Saarbrücken", eine Maschine, die aus Einzelteilen verschiedener französischer Firmen in einer kleinen Werkstatt zusammengesetzt wurde, wie das in den 30er Jahren so üblich war. Ein Motorrad der Bastertwerke Bielefeld trägt noch den Zulassungsstempel des „Landgrafen von Homburg" aus der Nazizeit. Die Maschine hatte sich ein junger Mann gekauft, kurz bevor er an die Front eingezogen wurde. Er ist nie zurückgekommen. Seine Mutter hob das Motorrad für ihn auf und hat es nie mehr abgemeldet.

Diese und andere Geschichten kann man sich in Wadgassen erzählen lassen. Jeden Sonntag von April bis Oktober. Geschichten aus der Zeit vor dem Verkehrsinfarkt.

Stefan Miller

Kontakt

Motorradveteranenverein
Wadgassen-Bous e.V.
Tel.: 0 68 34/4 91 35
(Cristallerie) oder
Tel.:0 68 34/16 82 (Vereins-
vorsitzender Herbert Neis)
Fax: 0 68 34/7 06 12

Eintrittspreise

Erwachsene: DM 4,-
Gruppen: DM 2,- pro Person
Kinder, Jugendliche unter
12 Jahren: frei

Öffnungszeiten

1. April - 31. Oktober,
So: 10 - 17 Uhr.
Für Gruppen nach besonderer
Vereinbarung zu allen anderen
Zeiten.

Anfahrt

A 620 Ausfahrt Wadgassen,
in Wadgassen am Kreisel
Richtung Bous,
nach ca. 500 m liegen
Cristallerie und Museum
rechts.

Früher durfte man auf
**Motorrädern noch aufrecht
sitzen, die Chauffeure
hatten Zeit.**

„Klong - eins, Klong - zwei, Klong - drei, Klong - vier," ab geht die Post. Ein Grubenpferd, das auf sich hielt, mußte zählen können. Denn wenn der Bergmann nach der vierten mit Eisenerz gefüllten Lore noch eine fünfte anhängen wollte, wurde der Zug zu schwer, dann tat das Pferd keinen Schritt. Ohnehin war das ein „Hundeleben" da unter Tage. Unter der Woche sah so ein Arbeitsgaul keinen Sonnenstrahl. Nur sonntags durfte er auf die Wiese, sonst standen die Tiere in Boxen im Stollen, oder sie liefen im Kreis, um eine Wasserpumpe anzutreiben, wenn sie nicht gerade Loren zogen. Und in Aumetz – heute der andere Teil des Lothringer Minenmuseums – wo man nicht ebenerdig zu den Stollen gelangte, wurden die Tiere erst nach fünf bis sechs Jahren wieder ans Licht gelassen. Dann freilich waren sie abgearbeitet und von der Dunkelheit blind, reif für den Abdecker.

Szenen aus dem vergangenen Jahrhundert werden hier in Neufchef anschaulich. Marcel Tettamanti, der hier 32 Jahre unter Tage gearbeitet hat, weiß davon zu erzählen. Schließlich war schon sein Großvater väterlicherseits Bergmann, man hatte ihn eigens aus Italien angeworben, und seine Vorfahren mütterlicherseits ka-

Von Grubenpferden, die zählen können
Das Musée des Mines de Fer de Lorraine Aumetz-Neufchef

Grubenpferde, die hier arbeiteten, waren nach einigen Jahren blind. Bergarbeiter, die wie Pferde schufteten, mußten länger aushalten.

Kontakt

Musée des Mines de Fer
de Lorraine
Ass. Amomferlor Vallée
de Sainte-Neige
F-57000 Neufchef
Tel.: 0 03 33/82 85 76 55

Öffnungszeiten

Musée d'Aumetz:
1. Mai - 30. September,
außer Mo: 14 - 18 Uhr
Musée Neufchef:
1. Januar - 31. Dezember,
außer Mo: 14 - 18 Uhr

Zeitzeichen: Fördertürme
als Museumsstücke.

men von der Saar – auch sie waren vom Fach. Unter Tage trafen so die Nationen zusammen. Noch heute liest man die Beschriftungen der Stollen aus der Bismarckzeit in vier Sprachen: französisch, deutsch, polnisch und italienisch. Marcel Tettamanti, der deutsch-französisch sprechende Sproß einer italienischen Familie, ist also ein authentischer Zeuge der lothringer Bergbaugeschichte. Die ist hier eindrucksvoll mit einem großen Maschinenpark dokumentiert, von korkenzieherförmigen, meterlangen Handbohrern bis zur modernen pressluft- oder dieselgetriebenen

Als diese Grubenbahn fuhr, bog man Schienen schon nicht mehr von Hand.

Eintrittspreise

Musée d'Aumetz:
Erwachsene: FF 20,-
Kinder von 6 - 12 J.: FF 14,-
Kinder ab 12 Jahren: FF 16,-
Schülergruppen:
FF 12,- - FF 14,- pro Person
Erwachsenen-Gruppen ab 15 Personen: FF 18,- pro Person

Musée de Neufchef:
Erwachsene: FF 30,-
Kinder von 6 - 12 J.: FF 14,-
Kinder ab 12 Jahren: FF 16,-
Schülergruppen:
FF 12,- - FF 14,-- pro Person
Erwachsenen-Gruppen ab 15 Personen: FF 28,- pro Person

Fräse. Da stehen Bulldozer, die mit einer Schaufel soviel Erz abräumen wie 100 Jahre zuvor zwei Bergleute in 12 Stunden Handarbeit. Wenn Marcel diese Maschinen erklärt, meint man sie laufen zu hören, den Staub nach der Sprengung auf der Zunge zu schmecken, den Geruch von Schweiß, Pulver, Öl und Holz zu riechen. „Natürlich gab es nur Stempel aus Fichtenholz, um die Abraumstrecke zu sichern, weil die 'singen' und krachen, bevor sie unter rutschendem Gestein zusammenbrechen", erläutert uns der weißhaarige Hüne. „Ja, wenn man die schwere Metallstange über der Schulter trug, mit der man lockeres Gestein von der Stollendecke schlug, und dann an der 500 Volt Gleichstromleitung der Grubenbahn hängen blieb, dann hat man seinem Kumpel nicht weiter vom Fußballspiel am Wochenende erzählt, sondern sich wieder voll auf die Arbeit konzentriert." Nein, hier in Neufchef geht es nicht um Maschinen, sondern um lebendige Geschichte von Menschen. Dieses Museum wurde von denen aufgebaut, die man hier nicht mehr brauchte, nachdem sie Jahrzehnte wie die Pferde geschuftet hatten. Sie gründeten einen Verein, restaurier-

ten Maschinen und gestalteten die Stollen touristengerecht. Über Tage sieht man heute eine repräsentative Eingangshalle, die anschaulich die Weiterverarbeitung des Erzes darstellt. Ein weiterer Teil dieses ungewöhnlichen Museums erzählt die Sozialgeschichte des Bergbaus. Und wenn man sich nach der Führung im Dämmerlicht der Abraumstrecken mit blinzelnden Augen wieder an die Helligkeit gewöhnt hat und seine Tour fortsetzt in Richtung Hayange, dann erzählt sich diese Geschichte bis in die Gegenwart fort. Da fährt man durch Arbeitersiedlungen, da klingt die Stimme von Patricia Kaas, die den Blues singt, aus dem Radio in der Kneipe des Italieners, und da sieht man in Longwy immer noch Graffitis und andere Spuren aus einer Zeit, als die Kumpels vor die Präfektur zogen, um gegen Stillegungen von Gruben zu demonstrieren.

Stefan Miller

Erst kam der technische Fortschritt, dann die Grubenschließung. In Neufchef erzählen Maschinen Sozialgeschichte.

Anfahrtsweg

Über die A 4 in Richtung Metz/Thionville, dann über die A 30 in Richtung Longwy bis zur Abfahrt Hayange. Von dort ist das Museum ausgeschildert.
Das Lothringer Minenmuseum besteht aus dem hier beschriebenen Besucherbergwerk Neufchef und einem Teil in Aumetz, der eher auf die überirdischen Anlagen spezialisiert ist.

Straßenbahn mit 2 PS.

In der Stadt Luxemburg fuhr 1875 die erste Pferdetrambahn, 1908 die erste Elektrische, 1926 der erste Autobus. Die Exemplare von damals sind längst außer Betrieb, fast alle verschrottet. Einige von ihnen haben die Zeit jedoch überdauert, und sie haben einen Platz gefunden im Bus- und Straßenbahnmuseum der Stadt Luxemburg.

80 Meter mit der Straßenbahn
Das „Tramsusée" der Stadt Luxemburg

Das neu erbaute, auf dem Gelände der städtischen Verkehrsbetriebe gelegene Museum zeigt eine Pferdetram, sechs historische Autobusse und Straßenbahnen sowie ein Fahrzeug aus dem Jahr 1948, mit dessen Hilfe Reparaturen an den Oberleitungen durchgeführt wurden. Neben diesen Oldtimern präsentiert das „Tramsusée" zahlreiche, mit viel Liebe angefertigte Bus- und Straßenbahnmodelle im Maßstab 1:8, deren Detailgenauigkeit immer wieder verblüfft. Fahrkarten, Uniformen und allerlei sonstige Accessoires, die zum Betrieb eines Verkehrsnetzes gehören, ergänzen die Ausstellung.

Kontakt
Tramsusée
Herr Balthasar, Herr Joseph, Herr Kerk
63, rue de Bouillon
L-1248 Luxemburg
Tel.: 0 03 52/47 96-2385

Illustriert wird die Geschichte des öffentlichen Personennahverkehrs mit zahlreichen Photos. Die Busse und Straßenbahnen, die Schaffner und Fahrgäste, die Straßen, in denen sie unterwegs waren, sie alle sind auf Hunderten von Aufnahmen zu sehen. So ist das Museum auch eine hervorragende Gelegenheit, die Entwicklung der Stadt Luxemburg zu verfolgen – einer Stadt, deren Bild sich seit Beginn des öffentlichen Personennahverkehrs ebenso stark verändert hat, wie die Fahrzeuge, die in ihr unterwegs sind.

Die Ausstellung reicht bis in die heutigen Tage hinein, und so gibt es neben dem rein historischen Teil auch einen aktuellen, der den Stand und die Probleme des öffentlichen Nahverkehrs der Stadt Luxemburg dokumentiert. Ein Konzept, das offenbar angenommen wird.

Eine besondere Attraktion, insbesondere für Kinder, ist die Fahrt mit einer der historischen Straßenbahnen. Pfeifend und scheppernd geht es nach draußen, eine wahrlich abenteuerliche Fahrt, auch wenn sie schon nach 80 Metern zu Ende ist. Denn nur so weit reichen die Gleise, die vom Museum ins Freie führen. Zwar ist geplant, die Strecke um das Gelände der Verkehrsbetriebe herum zu verlängern, um damit tatsächlich eine kleine Reise anbieten zu können, doch bis es soweit ist, müssen sich die Besucher mit der Kurzfassung begnügen. Aber auch so hat das Tramsmusée genug zu bieten, um groß und klein einen unterhaltsamen und informativen Nachmittag zu garantieren.

Und wer für einen längeren Besuch keine Zeit hat, findet vieles von dem, was das Tramsmusée zeigt, in einem ebenfalls äußerst interessanten und reich bebilderten Buch wieder. Titel: De Stater Tram 1875 - 1993, erschienen 1993 bei der Stadt Luxemburg.

Erhard Schmied

Öffnungszeiten

Do, Sa, So u. an gesetzlichen Feiertagen: 13.30 - 17.30 Uhr. Gruppen auch an anderen Tagen (Anmeldung erforderlich). Führungen nach Vereinbarung. Gruppen, die mit dem Zug anreisen, werden auf Wunsch mit dem Bus am Bahnhof abgeholt.

Eintrittspreise

Der Eintritt ist gratis.

Anfahrt

Das Museum liegt auf dem Gelände der städtischen Verkehrsbetriebe (Service des Transports en Commun). Ein riesiger Gasometer kann als Anhaltspunkt genommen werden. Parkplatz vor dem Tor. Am einfachsten fährt man es von der Autobahn aus Esch an, Abfahrt Luxemburg-Hollerich. Das Museum liegt dann rechter Hand, nur wenige hundert Meter nach dem Ende der Autobahn.

Literatur

„De Stater Tram 1875 - 1993", erschienen 1993 bei der Stadt Luxemburg.

Die Werkstatt des alten Frantz
Uhrmachers Haus in Püttlingen

Uhren sind heute reine Gebrauchsgegenstände, ja in vielen Fällen schon Wegwerfware, wenn die Batterie leer ist, lohnt es sich oft fast nicht mehr eine neue einzusetzen. Noch vor gar nicht allzulanger Zeit war das anders, war die Uhr ein Luxusgegenstand, den es nur in hochherrschaftlichen Häusern oder zumindest beim reichen Bürgertum gab. Den Armen stand allenfalls die Kirchturmuhr zur Verfügung. Das änderte sich mit der Industrialisierung. Die Uhr bekam eine wichtige Funktion, bestimmte nun zunehmend den Arbeits- und Lebensrhythmus der Menschen.

Nicht zuletzt diesen kulturellen Wandel möchte das saarländische Uhrenmuseum in Uhrmachers Haus in Püttlingen - Köllerbach dokumentieren.

Träger ist zusammen mit der Stadt Püttlingen der „Freundeskreis alter Uhrmacherkunst". Denn die Kunst beim Herstellen von Uhren, auch sie gerät immer mehr in Vergessenheit. Quartzuhren sind eben keine Uhrmacherkunst mehr, keine Unruhe mehr, keine Pendel mehr, keine Schlagwerke aus Messing oder Eisen.

Sammeln und Präsentieren, das sind die Hauptaufgaben des saarländischen Uhrenmuseums. Letzteres geschieht meist in wechselnden Ausstellungen. Aber auch die Dauerleihgaben, zum Beispiel aus der Sammlung Josef Steil, erfreuen den Freund und Kenner alter Uhren immer wieder.

Vorzeigestück bleibt allerdings die einzige bisher bekannte und funktionsfähige Uhr aus der Werkstatt des

Kontakt
Stadt Püttlingen, Kulturamt
Michael Müller
Postfach 10 12 40
66338 Püttlingen,
Tel.: 0 68 98/691-0
Fax: 0 68 98/691-176

Öffnungszeiten
Mi und So: 15 - 18 Uhr

200 Jahre alt und voll funktionstüchtig: Wanduhr made in Püttlingen.

Peter Frantz, die dieser vor rund 200 Jahren in eben dem Haus geschaffen hat, in dem nun das Museum untergebracht ist.

Über mehrere Generationen übten hier die Männer der Familie Frantz das Uhrmacherhandwerk aus. Der erste war der herrschaftliche Meier, Schmied und Uhrmacher Johann Peter Frantz, der 1715 in der Pfarrkirche von Kölln getauft wurde.

Da stand, anstelle des Frantzschen Hauses, noch die Schäferei der Burg Bucherbach. Die Schäferei wurde wohl 1793 zerstört und ein Nachfahre von Johann Peter errichtete schließlich dort sein Haus, das heutige Uhrmachers Haus. Dies geschah 1815, wie über dem Eingang eingemeißelt wurde.

Die alte Frantz-Uhr besteht aus einem Eisenanker mit Eisenschloßscheibe auf der hinteren Platine. Das Werk ist ein Eisenkäfig mit vier quadratischen Eisenstäben. Die Messingräder werden in je zwei Eisenstäben geführt, der Antrieb besteht aus zwei Messingketten mit zwei Bleigewichten. Alle Stunde schlägt die Gußglocke. Das Zifferblatt ist aus Fayence mit römischen Zahlen für die Stunden und arabischen für die Minuten. Der Zeiger ist nach dem Stil Louis XIV gehalten, also barock.

Uhrmachers Haus ist aber auch ein gelungenes Beispiel für die Renovierung eines historischen Baubestandes. Noch relativ einfach war die Sanierung der Außenfassade, die, wenn auch etwas ramponiert, noch im Originalzustand erhalten war. Sie wurde in Traß-Kalk-Putz gestaltet.

Umfangreich dagegen die statischen Sicherungsmaßnahmen und die Trockenlegung des Hauses in Handarbeit. Bruchsteinmauerwerk mit Lehm, das hält nicht für die Ewigkeit.

Im Bereich des Heubodens, heute ein Veranstaltungsraum, waren die notwendigen Stützen verschwunden. Sie und die Dachkonstruktion wurden komplett neu gefertigt, aus Eichen, die im Püttlinger Stadtwald geschlagen wurden. Das Dach wurde ebenfalls erneuert,

Manche Uhren arbeiten mit Gewichten, andere mit Pendeln oder Luftdruckunterschieden, die Auswahl scheint unbegrenzt.

nach historischem Vorbild mit Biberschwänzen gedeckt.

So konnte nach dreijähriger Bauzeit, im Erdgeschoß ein Foyer mit dahinterliegenden Ausstellungsräumen für die Uhren geschaffen werden. Dazu blieb noch Raum für die vollständig erhaltene Uhrmacherwerkstatt des letzten Frantz, der dieses Handwerk noch betrieben hat.

Im Obergeschoß finden sich heute eine Garderobe, die Toiletten, eine Teeküche und der große Saal.

Geheizt wird mit Fußbodenheizung, um das historische Ambiente nicht zu stören. Da, wo technische Einrichtungen sichtbar bleiben mußten, wurden sie weiß ausgeführt, um den Kontrast zur überkommenen Bausubstanz deutlich zu machen.

Auch im Außenbereich hat man größten Wert auf Werktreue gelegt. Der Hofbereich wurde mit Kopfstein gepflastert, die Dunggrube wieder aufgemauert.

Sehenswert auch der Garten, der wieder mit dem ursprünglichen Staketenzaun umgeben wurde. Ein alter Bauerngarten mit einer Anlage, wie sie schon im capi-

Auch für diese barocke Uhr ist die Zeit endgültig vorbei.

tulare de villis Karls des Großen so ähnlich beschrieben wurde und auch für mittelalterliche Klostergärten charakteristisch ist. Da finden sich dann lokaltypische Gewürze und Kräuter wie Eberraute, Liebstöckel, Salbei und Kümmel und natürlich auch Blumen: Rittersporn, Schlaf-Mohn, Kornblume, Krokus und Christrose.

Michael Lentes

Rund 400 Waagen und etwa 1000 Gewichte von der Antike bis zur Gegenwart und aus aller Herren Länder hat das private Waagenmuseum in Wachenheim zu bieten. Als es im Juli 1987 gegründet wurde, war es das erste seiner Art in der Bundesrepublik. Doch sein Initiator Helmut Hofmann, der seit dem Ende der 60er Jahre Waagen und Gewichte aller Art sammelt,

Alles im Gleichgewicht
Das Waagenmuseum in Wachenheim

spornte auch andere mit seinem Eifer an und gründete schließlich vor einigen Jahren die Vereinigung der Waagen- und Gewichtesammler, ein Spezialistengremium, nicht nur zum Erfahrungs-, sondern vor allem auch zum Objektetausch.

Als ich nach Wachenheim fahre, denke ich – naja Waagen, was wird mich da schon erwarten: ein paar Personen-, Küchen-, Brief- und Industriewaagen und einige Gewichte. Doch weit gefehlt. Schon der Innenhof des schmucken Wohnhauses, dessen Großteil zum Museum umfunktioniert ist, präsentiert seltene Waagentypen. Und dann komme ich aus dem Staunen nicht

mehr raus, oder wußten Sie, daß es allein sechs verschiedene Grundtypen von Waagen gibt?
Angefangen hat alles mit der gleicharmigen Balkenwaage. Das Prinzip ist einfach, entstanden aus dem Bemühen, Lasten gleichmäßig zu verteilen. Dann gibt es die Hebel- oder Tafelwaage, vor gar nicht allzu langer Zeit standen sie noch in unseren Küchen. Etwas

verfeinert ist die Technik dann bei der Neigungswaage, bei der das Gewicht unveränderlich ist und die Schwere der Last durch den Ausschlag angezeigt wird. Bei der Laufgewichtswaage ist das (Lauf-) Gewicht verschiebbar. Und dann gibt es da auch noch die Federwaage, bei der die Gewichtsbestimmung durch die Dehnung einer Spiralfeder erfolgt, und natürlich die Dezimalwaage, bestimmt für größere Lasten. Aber das sind nur die Grundtypen.

Kontakt
Helmut Hofmann
Waldstraße 34
67157 Wachenheim
Tel.: 0 63 22/6 36 75

Öffnungszeiten
In der Regel
So von 10 - 18 Uhr
oder nach Vereinbarung

Eintrittspreis
Frei - Spenden werden aber nicht zurückgewiesen

Anfahrtsweg
Zwei Möglichkeiten:
Die A 6 Richtung Mannheim, Abfahrt Grünstadt, über Bad Dürkheim die B 271 in Richtung Neudstadt, in Wachenheim an der ersten Ampel rechts in die Waldstraße oder über die Landstraße B 40 bis Kaiserslautern, dann die B 37 bis Bad Dürkheim, weiter auf der B 271.

Würden Sie lieber Opium wiegen oder Vieh oder Jockeys?
In Wachenheim findet man eine Waage für Sie.

In Glasvitrinen stehen die schönsten und wertvollsten Stücke der Liebhabersammlung, zu jedem Exemplar gibt es eine Infokarte, auf der die genaue Waagenbezeichnung, Herstellungsland und -datum stehen. Da gibt es zum Beispiel wunderschöne Jugendstilwaagen verschiedenster Typen, es gibt Apotheker- und Handelswaagen, feinste Eier- und Butterwaagen. Aber auch Teures wie Edelmetalle oder Betäubungsmittel wie Opium wollen vom Gewicht her bestimmt sein. Von ausgeklügelter Technik sind auch die Analysewaagen,

mit denen Chemiker noch in diesem Jahrhundert Stoffe erforscht und ihre Bestandteile bestimmt haben. Interessant sind auch die Personenwaagen, die vor hundert Jahren längst nicht so langweilig aussahen wie heute – da gibt es zum Beispiel eine raffinierte Ausführung einer Fußwaage, bei der das Gewicht auf einem Spiegel abzulesen ist – das erspart Dickleibigen so manche Verrenkung. Natürlich hat der Sammler Helmut Hofmann auch seine Lieblingsstücke, und die sind nicht immer mit den prunkvollsten identisch. Bei einem Exemplar ist das allerdings so – bei der Jockeywaage aus England.

Natürlich gibt es im Waagenmuseum auch Schrifttafeln, Graphiken und Photos zur Kulturgeschichte der Wiegetechnik.

Und dann präsentiert Helmut Hofmann auch noch sozusagen das „Abfallprodukt" seiner Sammelleidenschaft – die unterschiedlichsten Gewichte aus allen Erdteilen und etlichen Jahrhunderten. Und da gibt es so schöne Glasgewichte oder reich verzierte Messinggewichte, daß die bei uns üblichen Metallgewichte regelrecht vor Neid erblassen müßten.

Ulli Wagner

Außer Waagen sammelt Helmut Hofmann auch Gewichte aller Art.

Allein schon das phantastisch restaurierte Fachwerkhaus in der Schloßstraße wäre einen Ausflug nach Rockenhausen wert. Aber noch weitaus sehenswerter ist das im alten Bauernhaus untergebrachte Pfälzische Turmuhrenmuseum, das weit und breit seinesgleichen suchen dürfte.

Über 30 ausgewählte Großuhren zeigen die technische und geschichtliche Entwicklung der Turmuhr ab dem beginnenden 15. Jahrhundert. Und da gibt es außerdem noch andere Uhrenspezialitäten und Kuriositäten ab einer gewissen Größe. Der ehrenamtliche Leiter des Museums, Knut Deutschle, hat zusammen mit seinem uhrenbegeisterten Freundeskreis jedoch in erster Linie kein technisches Museum aufbauen wollen, wenngleich die Sammlung eindrucksvoll verdeutlicht, daß unsere Vorfahren die ganze Technik ihrer Zeit in die Zeitmesser eingebracht und damit die Vorläufer des Motors bzw. der modernen Maschinen geschaffen haben.

Das Museum will vor allem ein Museum für die Zeit sein, soll die Menschen für die Zeit sensibilisieren. Deshalb der Schwerpunkt bei der Auswahl der Stücke. Die Turmuhr war einst gleichbedeutend mit dem Pulsschlag jeder Gemeinde und jeder Stadt.

Jedes Dorf hatte seine eigene Zeit
Das Turmuhrenmuseum Rockenhausen

Mit eine der ältesten Uhren des Museums steht in dem ersten Raum. Es ist eine Turmuhr aus dem Jahr 1555, eine Schlaguhr ohne Zifferblatt. Damals und auch noch später war die Uhrzeit nur durch den Schlag hörbar. Dann gab es erst bloß das Stundenzifferblatt, das wiederum später durch ein separates Viertelstundenzifferblatt ergänzt wurde.

Dazu gehörte im übrigen auch eine Sonnenuhr am Kirchturm, denn die mechanischen Zeitmesser wurden nach der Sonne eingestellt und gaben damit jeweils eine lokale Zeit an. Wenn es in Worms beispielsweise gerade 14.00 Uhr war, dann war es vielleicht für die

Bürger von Kaiserslautern gerade 14.10 Uhr. Erst mit dem Siegeszug der Eisenbahn und dem Erstellen von Fahrplänen mußte man sich mit einheitlichen Uhrzeiten arrangieren.

In der Scheune des Uhrenmuseums von Rockenhausen stehen die dicksten Brocken, die gebaut wurden, bevor die elektrischen und funkgesteuerten Turmuhren kamen. Knut Deutschle muß sich beispielsweise bei der restaurierten ehemaligen Uhr des Speyerer Georgsturms ganz schön ins Zeug legen, wenn er das Schlagwerk mit einer großen Kurbel aufzieht. Das Ungetüm ist über dreieinhalb Meter lang und mißt in der Höhe

Vor den Turmuhren hatte man vor allem abbrennende Kerzen, um die Zeit zu messen – ein bißchen ungenau.

Diese Mechanik war so faszinierend, daß manche glaubten, die Welt sei ein Uhrwerk.

Kontakt

Verbandsgemeinde
Rockenhausen
Kultur- und Touristinformation
Peter Mittrücker
Tel.: 0 63 61/451-214
Fax: 0 63 61/451-260.
Während der Öffnungszeiten,
Tel.: 0 63 61/451-255

Öffnungszeiten

Do und jeden 1. Sa im Monat:
15 - 17 Uhr
Führungen für Gruppen
können vereinbart werden.
Von Januar bis Ostern ist das
Uhrenmuseum geschlossen.

mehr als 2 Meter. Dementsprechend überdimensional fallen seine beweglichen Teile aus.

In der Scheune untergebracht ist auch der Mercedes unter den Turmuhren, ein Uhrwerk das im 19. Jahrhundert von Mannhard gebaut und dann von Seibold aus Landau mit einem zusätzlichen Präzisionsuhrwerk versehen wurde, das die Hauptuhr steuert.

Es ist schon erstaunlich, was da alles behäbig vor sich hintickt in diesem Museum, was da so rasselt, schlägt und schnarrt, wenn es erst einmal in Gang gesetzt worden ist mit all' den vielen Rädern und Trieben. Aber es sind nicht nur die Großuhren, die den Besucher in ihren Bann ziehen. In der französischen Uhrenecke sind etwa kleinere und feinere Stücke zu sehen, manche auch mit mehreren Uhrwerken. Die Comtoise etwa als Weiterentwicklung der Turmuhr.

Die Turmuhr war der Urahn aller mechanischen Uhren und lange Zeit für die Menschen tatsächlich der einzige Pulsgeber. In den Haushalten, so erfährt man von Deutschle, gab es im 17. oder 18. Jahrhundert in den seltensten Fällen Uhren. Selbst zur Hinterlassenschaft des 1650 verstorbenen Bischofs von Speyer gehörte kein einziger Zeitmesser. Dafür hinterließ der fromme Mann aber gleich zwei Bratenwender. Diese Apparate gab es in vielen Haushalten. Sie wurden von

den Schlossern gebaut, die sich mit den langlebigen Turmuhren allein nicht ihren Lebensunterhalt hätten verdienen können. Bei den Bratenwendern sorgten Gewichte oder Federn dafür, daß sich der Spieß mit dem Braten über dem Feuer drehte. Heute würde man so etwas Grillgerät nennen.

Zu bieten hat das Museum selbstredend auch Sonnenuhren, die – wie schon erwähnt – auch in der Ära der mechanischen Turmuhren unentbehrlich blieben.

Und da ist auch eine Wasseruhr aufgestellt, ausnahmsweise kein Original, sondern ein Nachbau. Das Wasser tropft in einen Behälter, der steigende Wasserspiegel hebt einen Schwimmer, der den Zeiger bewegt. Gebaut wurden Wasseruhren noch bis ins 18. Jahrhundert. Ihr Nachteil: Sie waren ungenau und froren im Winter ein. Rathaus- und Bürouhren gibt es auch im Uhrenmuseum von Rockenhausen, zu dem auch eine Original-Uhrenwerkstatt der Jahrhundertwende gehört. Alle Uhren des Museums wurden von Kurt Deutschle und seinen Freunden eigenhändig restauriert. Denn in der Regel waren sie zuvor in einem schrottreifen Zustand.

Gabor Filipp

Alle Uhren des Museums sind von Kurt Deutschle und seinen Freunden eigenhändig restauriert.

Eintrittspreise

Der Eintritt ist frei, aber freiwillige Spenden für die nichtsubventionierte Einrichtung sind willkommen.

Anfahrtsweg

Autobahn A 6, Ausfahrt Kaiserslautern-Ost und auf der B 40 über Sembach bis hinter Lohnsfeld, Hinweisschild auf Winnweiler. Über Winnweiler auf die B 48 wechseln in Richtung Bad Kreuznach die dann direkt nach Rockenhausen führt.

Bügeleisen wie Bettpfannen und Schraubenzieher
Das Musée Municipal in Longwy

Wenn man vom Bügeln spricht, dann scheiden sich die Geister. Für die meisten ist es verhaßt, völlig überflüssig und obendrein frustrierend, hält der gewünschte Effekt doch nicht lange an. Andere lieben es, kann man doch bei monotoner Arbeit so schön entspannen. Dann gibt es noch die leidenschaftlichen Sammler, zugegeben, eine etwas rare Spezies, aber immerhin doch so viele, daß es zur Gründung eines Clubs reichte. Die „Longifer 2000" kaufen alles, was gut erhalten ist, reinigen, wachsen, katalogisieren und tauschen. Und dann sind da einige sehr wenige, die stellen ihre guten Stücke aus. Einer der leidenschaftlichsten

Sammler muß Monsieur Jean-Pierre Zuccali sein, der in der Nähe von Longwy wohnt, und das ist auch der Grund, weshalb seine Sammlung ausgerechnet dort im Musée Municipal zu bestaunen ist. Es liegt gleich an der Stadtmauer, und hier befindet sich neben einer Ausstellung aus Fayencen und Emaille (vgl. z.B. Napoleons Suppenschüssel) aus der Region der Inhalt aus Monsieur Zuccalis Schatztruhe.
3.300 Nicht-Nur-Bügel-Eisen hat er dem Museum zur Verfügung gestellt, und täglich werden es mehr. Allein der Raum ist eine Reise wert. Denn die Eisen sind im alten Kellergewölbe ausgestellt, in dem früher einmal

Das Bügeleisenmuseum in Longwy läßt Hausfrauen- (-männer-)-herzen höher schlagen.

die Bäckerei der Armee war. Jede Wand ist voll, jeder Pfeiler mit Regalen bestückt, fast zu viel für einen einzigen Saal. Das Ganze wirkt auf den ersten Blick, als ob jemand den Inhalt einer Werkzeugkiste aufgehängt hätte. Scheren, Schraubenzieher, Sägen, dampfschiffartige Geräte, Öfen, sogar Bettpfannen, glaubt man zu erkennen. Nichts da, alles Bügeleisen. Weil nur wenig zur schriftlichen Erklärung der Stücke getan wird, empfiehlt sich eine Führung mit Madame Henry vom Musée Municipal. Vorausgesetzt, man versteht zumindest ein wenig Französisch und verliert nicht gleich bei jeder unbekannten Vokabel den Faden. Auch das Wörterbuch hilft nicht unbedingt weiter. Denn, Hand auf's Herz, wer weiß schon, daß eine Tollfalte eine Falte in einer opulenten höfischen Halskrause ist. Und genau die wird als deutsche Übersetzung von „tuyautage" geliefert, häufig zitiert von Madame Henry. Die entsprechenden Eisen ähneln Scheren und konnten genauso gut als Lockenstäbe benutzt werden. Mit etwas Fantasie erklärt sich manches von selbst – etwa die „fers de chaussures", die Schuhbügeleisen, die dazu dienten,

Wenn einem so etwas auf den Fuß fiel, hatte man genug gebügelt.

vom Regen verformte hochhackige Stiefeletten der eitlen Herren und Damen einer fernen Zeit wieder zu glätten, oder die Hutbügeleisen, die verknautschten Kopfbedeckungen wieder die richtige Rundung verpaßten.

Die Stücke erzählen die Geschichte des Bügelns – oder vielmehr des Wäsche-Formens – von den vorchristlichen Anfängen bis heute. Stolz erzählt Madame Henry, daß sie alle noch funktionstüchtig seien – vorausgesetzt, man beherrscht die Kunst des Heizens, und hier gibt es doch erhebliche Unterschiede. Die „casselettes" beispielsweise, die ersten Eisen, die aussahen wie Bettpfannen, wurden mit heißem Sand oder glühender Kohle gefüllt und über die Wäsche geschoben. Geradezu primitiv wirken die Steine und mörserähnlichen Glaskolben, mit denen kalt geplättet wurde. Raffinierter sind Holzkohle-Eisen, in die ein Stück rotglühen-

der Kohle geschoben wird: Tür zu, und los geht's. In den Städten wurden später die Gasleitungen angezapft – nicht ganz ungefährlich für die Bügler, meint Madame Henry.
Wer kein Gas hatte, etwa auf dem Land, der griff auch schon mal zu Alkohol oder Benzin – das war wesentlich sicherer, denn die Heizsysteme waren so ausgeklügelt, daß die Flamme nicht aus dem Eisen austreten konnte. Geradezu amüsant stellt man sich das Bügeln mit den „Schornsteinbügeleisen" vor. Die rußigen Verbren-

Ob man diese Eisen wohl mit Holzkohle oder mit Kohle geheizt hat?

nungsgase der Kohle wurden aus einem kleinen Schornstein seitlich um den Bügler herum abgeleitet, damit der nicht schwarz wurde.

Die Heiztechnik war das eine, der Zweck des Eisens das andere. Nicht nur die kunstvollen Falten von Halskrausen und Manschetten wurden mit heißen Eisen gelegt, auch Stoffblüten und gar Krawatten erhielten ihre Form erst durch Hitze. Und mancher Ofen lieferte nicht nur die Energie für das Bügeleisen, sondern heizte gleich noch Wasser oder gar das ganze Treppenhaus mit.

All das und noch viel mehr muß man sich erzählen lassen: Glücklicherweise hat Madame Henry die Geduld, ihre Beschreibungen von Kragen, Falten und Stoffblüten so lange zu wiederholen, bis die Fantasie die fremdsprachlichen Wortlücken schließt.

Wer die weite Fahrt nach so viel Wäsche-Geschichte mit einem guten Essen abschließen will, sollte Longwy-Haut allerdings bald den Rücken kehren. Im „Chaplin" gleich um die Ecke kann man zwar die Bevölkerungsstruktur der alten Festungsstadt studieren, zu mehr kulinarischem Genuß als einem Aperitif reicht es aber nicht.

Sabine Janowitz

Kontakt
Musée Municipal
Mme Annie Henry
Porte de France
F-54400 Longwy
Tel.: 0 03 33/82 23 85 19

Öffnungszeiten
Tägl. außer Mo:
10 - 12 Uhr
und 14 - 18 Uhr

Eintritt
Erwachsene: FF 13,-
Gruppen ab 10: FF 10,-
Kinder bis 18 Jahre: FF 5,-
Gruppen: FF 2,-

Anfahrtsweg
Beschilderung nach Longwy-Haut folgen.
Parken: Place d'Armes, dann zu Fuß zur Porte de France.

Die Farbenpracht in der schmutzigen Industrielandschaft von Longwy ist natürlich industriell gefertigt.

Zunächst machte sich Longwy, gegründet im späten 7. Jahrhundert, einen Namen als Festungsstadt. Das war zu Beginn des 13. Jahrhunderts. Das Plateau hoch über dem Tal des Flusses Chiers im Dreiländereck Frankreich, Belgien und Luxemburg wurde für Jahrhunderte ein immer wieder umkämpfter Ort. Auch Ludwig XIV. maß ihm eine große strategische Bedeutung bei und ließ deshalb seinen Festungsbaumeister

Zum Beispiel Napoleons Suppenschüssel
Email aus Longwy

Vauban mächtige Bastionen errichten. Zuletzt wurden diese im 1. Weltkrieg von der deutschen Armee belagert, schließlich weitgehend zerstört und eingenommen.

Im 19. Jahrhundert wurde Longwy bekannt als Industriestadt. Unten im Tal, in Longwy-Bas, machte sich die Schwerindustrie breit, überwucherte alles mit ihren Stahlkochereien, Hüttensiedlungen und Schlackenhalden. Ein schwefelbrauner Qualm legte sich über die Stadt und ihre Umgebung, über eine faszinierende und zugleich abschreckende Industrielandschaft. Inzwischen ist es auch damit vorbei.

Geblieben sind hingegen die Fayencerien und Emailmanufakturen. Die erste von ihnen war 1798 in einem ehemaligen Kloster gegründet worden, hatte sich erst einmal auf die Herstellung vor allem von Tafelgeschirr beschränkt. Schon in dieser Gründerzeit erwarben sich die Töpferwaren mit Glasurüberzug einen weit über die Region hinausreichenden Ruf. 1804 beispielsweise bestellte Napoleon I. höchstselbst eine Soupière in Longwy, und die Manufaktur setzte ihren Aufschwung auch fort, nachdem 1815 Jean Antoine de Nothumb und seine Gemahlin, eine gewisse Marie-Christine Boch, sie übernommen hatten.

Der eigentliche Durchbruch aber erfolgte unter dem Baron Henri-Joseph d'Huart, der neue fortschrittliche Techniken einführte. Und die Söhne des Barons verhalfen gar den Fayencen von Longwy zum Weltruf.

Sie diversifizierten die Produktion und verlagerten den Schwerpunkt hin zu dekorativen Fayencen. Mit ihnen begann in den 70er Jahren des vorigen Jahrhunderts die zweite Epoche, jene von internationalem Rang. Wertvolle, vollständig in Handarbeit gefertigte Einzelstücke und auch in Serien gefertigte Kunstgegenstände verließen die Werkstätten und gingen hinaus in die weite Welt, daneben auch Andenken, Nippfiguren, Schmuckstücke, Wandfliesen und weiterhin Tafelservice. Renommierte Künstler gestalteten die Decors. Die Weltausstellung von 1878 in Paris legte Zeugnis von dem großen Erfolg ab.

Wer heute nach Longwy kommt, sollte nicht versäumen, die in den Museen verbliebenen Stücke dieser glorreichen Epoche in Augenschein zu nehmen und zugleich die Fayencerien besuchen, die immer noch die alte Tradition pflegen.

Im Musée Municipal, in der Oberstadt, direkt an der Porte de France der Vauban-Festung, sind beispielsweise 300 erlesene Exponate zu bewundern, unter ihnen Napoleons Soupière, der für die Pariser Weltausstellung geschaffene Wasserspender oder jene dunkel-

Kontakt
Musée municipal
Mme Annie Henry
Porte de France
F-54400 Longwy
Tel.: 0 03 33/82 23 .85 19

Öffnungszeiten
Täglich außer Mo:
10 -12 Uhr und 14 -18 Uhr

Eintrittspreis
FF 13,-

Anfahrtsweg
Über Thionville die N 52 (teilweise Autobahn) nach Longwy. Vor Ort der Beschilderung nach Longwy-Haut folgen. Am besten oben auf dem Place Dort parken und zu Fuß zur Porte de France.

Emaillierte Wasserspender aller Art…

blaue Vase mit der elfenbeinfarbenen nackten Schönen als Skulptur daran, betitelt „La peureuse".

In Longwy-Bas wiederum zeigt das private Musée Saint Jean l'Aigle eine ebenfalls einzigartige Sammlung im Chateau de la Chiers. Darunter sind auch Raritäten, geschaffen u.a. von Carpeaux, Gallé und Picasso. Ins-

… gingen sogar auf die
Weltausstellung nach Paris.

gesamt handelt es sich um Fayencen, die im Dekor vielfältigen Einflüssen unterlagen – europäischen ebenso wie japanischen, chinesischen und arabischen. Die besonderen Markenzeichen der Fayencen: das zwischen Türkis und Lapislazuli liegende Blau von Longwy, herrührend von der Reinheit der Ausgangsmaterialien, der rissige Hintergrund der Verzierungen und die schwarzen Umgrenzungen des Emails, die diesem eine Reliefstruktur verleihen.

Insgesamt vier Fertigungsstätten widmen sich noch dieser Fayencekunst in Longwy. Drei von ihnen stehen dem interessierten Besucher auch in der Produktion zu festen Zeiten oder nach vorheriger Anmeldung offen.

Gabor Filipp

Ehrenrunde im Krummen Elsaß Elsaß	346
Unterwegs mit der Draisine Magnieres - Gerbéviller	352
Flugzeuge, Rotwild und Steinofenbrot Hermeskeil - Dhrontal	356
Nicht für Autofahrer Luxemburger Sauer	360
Geburtsort der Gregorianik Gorze	366
Fahrradfahren wie eine Lokomotive Kusel	370
Glasmacher reden nicht viel Lothringen	372
Nicht nur für Don Quixote Hunsrück	378
Wallfahrtsstätten der Nation Gravelotte und Mars-la-Tour	382
Schiff auf der Brücke über den Fluß Saar-Kohle-Kanal	386
Im Reich des Stahlbarons Neunkircher Hüttenweg	390
Mam Velo ronderem d'Stad Luxemburg	394

En Route

1000 Jahre in 100 Minuten Luxemburger Wenzelsweg	398
Wo Hans Trapp Weißenburg überschwemmte Wieslauter	400

Harskirchen:
Um des lieben Religionsfriedens willen…

Aus dem Jahr 1705 wird folgendes berichtet: In der Kirche zu Harskirchen haben die Katholiken an die drei Mal den evangelischen Altar umgeschmissen. Dazu trieb sie wohl der Unmut darüber, daß man sich in diesem Städtchen unter katholischen und evangelischen Einwohnern in dieser Zeit eine Kirche zum Gottesdienst teilen mußte. Diese gemeinsame Nutzung nannte man „Simultaneum", ein eingeführtes Recht, zu dem eine ganz besondere und leidlich komplizierte Geschichte geführt hatte. Dieser Verordnung und den darüber entstandenen Unruhen zwischen den

Ehrenrunde im Krummen Elsaß
Circuit Stengel

Angehörigen der verschiedenen Kirchen verdankt das heutige Krumme Elsaß einen Kunstschatz ganz besonderer Art. Hier stehen in einem Umkreis von rund 30 Kilometern zehn Kirchen aus dem Planungsbüro des Barockbaumeisters Friedrich Joachim Stengel, erfolgreicher und bis heute geschätzter Hofbaumeister des Fürsten Wilhelm Heinrich von Nassau-Saarbrücken. Das Zusammentreffen von baufreudigem Landesherrn und genialem Architekten hat nicht nur im Raum Saarbrücken seine Früchte getragen, sondern auch in der ehemaligen Grafschaft Saarwerden, jener Region um Harskirchen und Sarre-Union, die wir das Krumme Elsaß nennen. Hier finden wir jetzt den „Stengel" regelrecht von der „Stange".

Die Grafschaft Saarwerden war das Gebiet eines eigenen Grafenhauses. Als dies 1527 ausgestorben war, kam die Grafschaft durch Heirat an die Herren von Nassau-Saarbrücken. Der Bischof von Metz erkannte aber diese „weibliche Nachfolge" im Lehen nicht an und belehnte das Land trotzig seinem Bruder, dem Herzog von Lothringen. Der Streit der Herren kam vor das Reichskammergericht, welches sich 102 Jahre mit der Urteilsfindung Zeit ließ. In all diesen Jahren aber

… baute Friedrich Joachim Stengel im Krummen Elsaß…

Kontakt

Hauptinformation: Association Sauvegarde Temple Rétorné
Monsieur Martin
rue des Eglises
67260 Sarre-Union
Tel.: 0 03 33/88 00 14 72
oder 36 15
Kirchen Berg und Harskirchen:
Bürgermeister von Berg:
Germaine Jacquillard
Tel.: 0 03 33/88 01 70 68
Pfarrer von Berg:
Monsieur Männlein
Tel.: 0 03 33/88 01 70 46
Pfarrer von Harskirchen:
Monsieur Fichter
Tel.: 0 03 33/88 00 91 05
Übernachtungen:
Syndicat d'initiative-
plan d'eau d'Harskirchen
Tel: 0 03 33/88 00 93 65
oder 88 00 90 83
S.I.V.O.M. de l'Alsace Bossue
34, grande-rue
67430 Diemeringen
Tel.: 0 03 33/88 00 07 87
Fax: 0 03 33/88 00 41 88

zog die Geschichte weiter über diesen Landstrich hinweg und hinterließ ihre Wirren. So verbreiteten zum Beispiel die Nassauer Herren den Protestantismus in diesem Landstrich. Sie ließen auch den aus dem katholischen Frankreich vertriebenen Hugenotten und den ebenfalls reformatorischen Schweizern Raum zu neuer Ansiedlung in ihren Ortschaften. Für diese Glaubensgruppen entstand im heutigen Sarre-Union im Stadtteil Alt-Saarwerden eine Breitsaalkirche, wie sie der Baumeister Sturm für diesen neuen Zweig des Christentums entwickelt hatte, eine helle einfache Kirche, in der sich die Gemeinde offen um den zentralen Altar sammeln kann. Man findet das Gebäude frisch renoviert in der Rue des Eglises in Sarre-Union und darin die „Association pour la Sauvegarde et l'Utilisation du Temple Reforme de Sarre-Union", vertreten durch Monsieur Martin, der gern die komplizierte Geschichte des „Circiut Stengel", der Stengelkirchenflut in diesem Landstrich erzählt. Von ihm kann man dann weiter erfahren, daß in den rund hundert Jahren bis zur Gerichtsentscheidung des besagten Erbstreits auch die katholischen Lothringer immer mal wieder die Oberhand in der Region bekamen, und ihrerseits katholische Bürger ansiedelten und deren Glaubensgemeinschaften festigten. Nachdem auf diese Weise in vielen Ortschaften der Grafschaft Saarwerden sowohl die eine wie auch die andere Kirchenrichtung vertreten war, wurde jenes schon erwähnte Simultaneum eingeführt, das heißt, die Benutzung der jeweiligen Dorfkirchen durch beide Konfessionen. Das gab nun Krach in den Gotteshäusern und sicher nicht nur dort. Letztlich regelten Fürst Wilhelm Heinrich von Nassau-Saarbrücken und König Ludwig XV. im Jahre 1766 das Übel durch einen Vertrag, demzufolge in den betroffenen Ortschaften jeweils eine zweite Kirche zu geteilten Kosten errichtet wurde. Dabei durfte sich die zahlenstärkere Gemeinde aussuchen, ob sie in der alten Kirche verbleiben oder einen neuen Raum erhalten wollte. Die Ausführung der Bauten übernahm das Nassau-

Kirchen von der Stange: auch in Berg.

ische Bauamt, welches zu dieser Zeit eben von jenem Friedrich Joachim Stengel geführt wurde.

So kommt es, daß mehr als 300 Jahre nach Stengels Geburtstag, fünf evangelische Kirchen und eine katholische aus seinem Bauamt sowie vier weitere Kirchen nach Entwürfen seiner Architekten zu besichtigen sind. In die wohl noch am echtesten erhaltene Kirche in Harskirchen zum Beispiel kommt man über den Pfarrer Fichter. Er wohnt direkt in der nächsten Seitenstraße und kommt gern zu einer Führung. Er ist ein wahrer Kenner der Stengelgeschichte, pflegt engen Kontakt mit den Saarbrücker Stengelkundigen und erzählt Ihnen darüberhinaus auch gern, warum evangelische Kirchen immer geschlossen sind.

Außer in Harskirchen findet man Stengelkirchen in den Ortschaften Oermingen, Lorentzen, Berg, Drulingen, Weyer, Hirschland, Eschweiler, Wolfskirchen und wie schon erwähnt den Temple Reforme in Sarre-Union.

Die meisten dieser Gotteshäuser haben einen rechteckigen Grundriß mit geradem oder poligonalem Abschluß. Sie sind in Längsrichtung orientiert. Das Gestühl und die hölzernen Emporen gruppieren sich um den Kanzelaltar an der hinteren schmalen Wand. Mit diesen zentralen Kanzel-Altaranordnungen wollte Stengel auf das Zentrum des christlichen Glaubens

Öffnungszeiten
Nach Absprache

Anfahrtsweg
Über die N 61 nach Sarre-Union als Ausgangspunkt, dann Oermingen an der D 919, Lorentzen D 919, Berg D 179, Drulingen D 182, Weyer D 40, Hirschland D 40, Eschviller D 655, Wolfskirchen D 55, nach Harskirchen über Diedendorf.

Literatur
Saarheimat 7-8/Jahrgang '87

Oermingen und...

hinweisen, das gesprochene, gepredigte Wort.

Einzige Breitsaalkirche neben dem Temple in Sarre-Union ist die evangelische Kirche in Berg. Bürgermeister Jacquillard macht hier meisterliche Führungen durch den Ort und die Kirche. Er betreibt so ziemlich als einziger Bürgermeister in der Region rege Fremdenverkehrswerbung auch mit dem Stengelerbe.

Starten sollte man die Rundfahrt in Sarre-Union, im Temple Reforme, bei Monsieur Martin. Um alle Kirchen zu besuchen, müßte man sich schon ein Wochenende Zeit nehmen. Übernachtungsmöglichkeiten vermittelt das „Syndicat d'Initiative-plan d'eau d'Harskirchen" oder das „S.I.V.O.M. de l'Alsace Bossue" in Diemeringen. Hotels gibt es etwa in Sarre-Union oder in Berg.

Bei einer Eintagestour sollten man in jedem Fall früh aufstehen, sich vormittags mit Monsieur Martin in Sarre-Union im Temple Reforme treffen, die Kirchen von Oermingen und Lorentzen im Vorbeifahren betrachten und sich später am Vormittag in Berg ankün-

...Weyer weisen deutlich denselben Bauplan auf.

digen. Entweder läßt man sich dort von Bürgermeister Jacquillard ein Mittagessen empfehlen, oder man schafft es noch nach Weyer zu fahren, ißt dort im Gasthaus neben der Kirche, klingelt anschließend bei Frau Freund, fährt dann eilends an Hirschland, Eschviller und Wolfskirchen vorbei und trifft dann, vielleicht, noch den Pfarrer in Harskirchen. Das wäre dann aber ein rechter Kulturmarathon, bei dem man die Landschaft nicht ganz würdigen könnte. Da lohnt es sich schon eher Schwerpunkte zu setzen.

Stengel wollte mit den großen, hellen, einfach klar verglasten Fenstern in seinen Kirchen den Geist Gottes in die Häuser hereinholen und den Glauben der Menschen weit hinaus in die Welt dringen lassen. Auch wenn die einen oder anderen Fenster seiner Kirchen jetzt bunt sind, fahren Sie ins alte Saarwerdener Land und lassen Sie sich vom Geist der Stengelarchitektur und dem des freundlichen Landes umwehen.

Helga Knich-Walter

Puh, war das kalt, als wir an einem Aprilwochenende zu unserer Tour auf der Draisine unterwegs waren. Aber der Termin war extra vereinbart, der „Bahnhofsvorsteher" von Magnières wartete – das gab's kein „mir ist zu kalt"! Also, ab ins Auto und los. Nach etwa eineinhalb Stunden ab Saarbrücken waren wir im Freizeitgelände von Magnières, wo um diese Jahreszeit

Unterwegs mit der Draisine
Von Magnières nach Gerbéviller

eigentlich noch nichts los ist, auch wenn Monsieur Jenny erklärt, die Saison dauere das ganze Jahr. Wer will schon bei Temperaturen um die Null Grad zelten oder angeln gehen? Darunter leidet natürlich auch der Draisinen-Betrieb.
Doch in der Hochsaison sieht das wieder anders aus. Dann sind die 19 Schienenfahrzeuge dauernd im Einsatz.

So eine Tour auf der Draisine über den stillgelegten Schienenstrang zwischen Deinviller und Gerbéviller ist ganz schön anstrengend. Schließlich muß man das Gefährt mit Muskelkraft vorwärts bewegen. Nicht umsonst heißt es in Magnières auch: „pédalo à rail"!
Die Anstrengung wird unterwegs mit dem ein oder anderen Besichtigungs-Stop belohnt – das dient dann auch wieder der Erholung der müden Glieder.
Auf der Strecke von Magnières nach Deinviller – das ist die kleine Tour – kommt man zum Beispiel vorbei an einer Quelle, aus der Heilwasser strömt, das die Touristen gerne mit nach Hause nehmen. Man kann es an der Quelle abfüllen und braucht noch nicht einmal etwas dafür zu bezahlen.
In der anderen Richtung, also in Richtung Gerbéviller sind die Sehenswürdigkeiten zahlreicher. Die Strecke ist ja auch 10 km lang, während man von Magnières nach Deinviller nur 3 km zurückzulegen braucht. Schon in Magnières, unserem Ausgangspunkt, kann man die Kultur mit der Natur verbinden, wenn man zum Beispiel die romanische Villa von Lana, den Herrschaftssitz der Vallois besuchen möchte. Der Zugang ist übrigens nur mit der Draisine möglich, für Autos ist er gesperrt.
Außerdem gibt es in Magnières eine Orgel von Wild aus dem 20. Jahrhundert zu sehen, hin und wieder finden auch Konzerte statt, aber es gibt kein festes Programm.

Von Magnières aus geht es dann weiter nach Moyen, wo das aus dem 15. Jahrhundert stammende Schloß „Qui Qu'en Grogne" einen Besuch lohnt. Dort kann man auch ein noch original eingerichtetes Klassenzimmer besichtigen, das allerdings aus dem 19. Jahrhundert stammt.
Führungen durch das Schloß finden von Ende April bis zum 1. November jeweils sonn- und feiertags von 14.30 Uhr bis 18.30 Uhr statt. Bei entsprechender Voranmeldung kann man sogar außerhalb der norma-

Kontakt

Association Val de Montagne
Mairie, F-54129 Magnières
Tel.: 0 03 33/83 72 34 73
Fax: 0 03 33/83 72 33 11

Eintrittspreise

Draisine für 4 Personen:
FF 55,- pro Stunde,
FF 220,- pro Tag.

Anfahrtsweg

Autobahn A 4 über Nancy nach Lunéville, dann in Richtung Ramberviller bis nach Magnières. Dort in Richtung Bayon. Dank der Beschilderung „Camping/Draisine" ist das Freizeitgelände nicht zu verfehlen.

len Öffnungszeiten dem Herrschaftssitz einen Besuch abstatten.

Am Ende der Strecke, in Gerbéviller liegt ein herrlicher Schloßpark mit recht außergewöhnlichen Pflanzen, daher auch der „außergewöhnliche" Garten genannt. Dort kann man zum Beispiel Gurkengewächse bewundern. Im Park gibt es außerdem eine Nymphengrotte aus dem 17. Jahrhundert, ein Pavillon von Ludwig XIII., sowie eine Kapelle aus dem 19. Jahrhundert.

Dem Wunsch, die Kultur mit der Natur zu verbinden, steht also während einer Fahrt mit der Draisine nichts entgegen. Das Schienenfahrrad wird übrigens entweder stundenweise – für 55 Francs – oder halbtags für 220 Francs vermietet. Ein Fahrzeug ist ausreichend für vier Personen, zwei müssen radfahren, die beiden anderen dürfen gemütlich im Sitzen mitfahren. Wenn viel Betrieb ist, gibt es eine Fahrtrichtung, die Vorrang hat, das ist die nach Gerbéviller. Warum das so sein muß? Ganz einfach: der Schienenstrang ist eben nur eingleisig, bei Gegenverkehr muß man aussteigen und die Wagen aneinandervorbeiheben. Dann kann's wieder weitergehen. Genauso verfährt man an der Endstation: aussteigen, Draisine umdrehen und wieder zurück radeln. Man sollte übrigens nicht glauben, daß das nicht anstrengend wäre, – man kommt ganz schön ins Schwitzen. Vor allem die Kinder haben etwas Probleme, mit noch kurzen Beinen die Pedale im Sitzen zu erreichen. Aber das hat der Stimmung bei unserer Tour keinen Abbruch getan! Am liebsten hätten sie auf den Gleisen ein Wettrennen veranstaltet, aber wenn es einspurig geht, ist das nicht so einfach.

Zur Zeit wird die Strecke über Gerbéviller hinaus verlängert bis Mont-sur-Meurthe, das sind dann noch einmal 10 km mit einer Reihe von Sehenswürdigkeiten. Anhalten kann man übrigens, wo es einem gefällt, die Route ist also nicht vorgeschrieben. Wenn man eine Draisine gemietet hat, ist man völlig frei in der Gestaltung seiner persönlichen Tour. Voranmeldung ist in der Regel nicht nötig, am Bahnhof von Magnières ist ständig Ankunft und Abfahrt – ganz nach Bedarf . In der Umgebung finden vom Frühjahr bis zum Spätherbst Feste und Feiern statt, z.B. das Fest der Schnecken, das Mitte April den Auftakt der Saison bildet.

Die Mirabellen, die in der Region um Bayon wachsen, sind berühmt – nicht nur frisch gepflückt schmecken sie traumhaft gut, auch als Marmelade, als Torte oder

als Likör oder Schnaps. Ein Ausflug ins Département Meurthe-et-Moselle lohnt also unbedingt. Man sollte aber ausreichend Zeit einplanen, damit man auch die Umgebung noch genießen kann. Zum Beispiel mit einem Besuch des Schlosses in Lunéville, an dem man auf dem Weg von Saarbrücken nach Magnières vorbeikommt oder in der Glasbläserei in Baccarat.

Sabine Ertz

Macht ja Spaß, zur Kultur auf Schienen zu strampeln, wenn nicht das Überholen wäre.

Ausgangs- und Endpunkt der Tour ist Hermeskeil mit seiner sehenswerten Flugzeugausstellung.

Start und Ziel dieser Radtour ist in Hermeskeil, die Rundstrecke ist etwa 36 km lang, führt durch eine schöne Landschaft vorbei an etlichen Sehenswürdigkeiten und hat mittlere bis starke Steigungen.

Startpunkt ist in Hermeskeil auf der B 327 in Richtung Koblenz. Leider gibt es entlang dieser Straße, besser bekannt als Hunsrückhöhenstraße, keinen Radweg.

Erste Attraktion ist die große Flugausstellung am Rande von Hermeskeil direkt an der B 327 gelegen. Die Route führt von dort auf der Hunsrückhöhen-

Flugzeuge, Rotwild und Steinofenbrot
Die Hermeskeil-Dhrontal-Tour

straße weiter, an Marlborn, einem kleinen Dörfchen, vorbei, bis zum nächsten Abzweig links. Dort geht es nach Dhronecken, wo Sie die gleichnamige Burgruine besichtigen können oder aber auch den alten, inzwischen stillgelegten und umgebauten Bahnhof. Und hier wird die Route dann auch schon angenehmer. Auf einer Landstraße radeln Sie weiter die kleine Dhron entlang in Richtung Beuren. An der Abzweigung Ra-

scheid beginnen rechterhand zwei Feldwege. Und hier heißt es aufpassen, damit Sie den richtigen Weg nicht verpassen: Sie nehmen den rechten Weg, der andere führt Sie nämlich steil bergauf nach Beuren. Sie also halten sich ganz rechts, bis zur Schutzhütte, zweigen dort nach links ab und kommen so nach Prosterath, das wegen seiner riesigen Quarzitbrocken bekannt ist. Vom Parkplatz Prosterather Wacken geht es weiter über den Rundwanderweg P2 und den Wanderweg RBr links, entlang der Kleinen Dhron. Das nächste Ziel ist die Bescheider Mühle, in der noch heute, wie in alten

Außer Rotwild gibt es bei der Bescheider Mühle Brot vom Steinofen und frische Forellen.

Zeiten, Brot im Steinbackofen gebacken wird und der Forellenhof, der sich in den letzten Jahren von einer kleinen Gastronomie zu einem beliebten Ausflugsziel gemausert hat. Hier gibt es ein etwa 2 Hektar großes Wildfreigehege mit Dam- und Rotwild, es gibt, wie der Name schon sagt, etliche Forellenteiche und seit neuestem auch eine Landmaschinenausstellung. In der Bauernscheune des Forellenhofs wird gezeigt, wie die Leute vor 100 oder 50 Jahren in der Landwirtschaft gearbeitet haben, unter dem Motto „Vom Dreschflegel zum

Ab 1938 waren in Hinzert Westwall-Arbeiter untergebracht. Ab 1940 diente es der SS als Sonder- und Durchgangslager.

Mähdrescher" bekommen Sie hier einen Eindruck davon, wie schwer es früher war, vom Korn zum Brot zu kommen. Die Ausstellungsstücke, sowie die im Urzustand hergerichtete Küche, der Schlaf- und der Wohnraum auf der Tenne der Bauern-Scheune, sind während der Sommermonate immer an den Wochenenden zu besichtigen. Der Eintritt ist frei.

Wenn Sie nach einer Pause wieder auf Ihren Drahtesel steigen, führt Ihr Weg erst wieder ein Stück zurück, bis zum Wassertretbecken. Von dort führt Sie der Wanderweg RBr rechts entlang des Krennerichbaches bis zur Fischerhütte, dem einzigen ausgeschilderten Orientierungspunkt. Die Strecke ist sehr steil und steinig, für Sporträder mit dünnen Reifen nicht zu empfehlen. Aber sie ist landschaftlich wirklich schön, obwohl sie als Wanderweg eher geeignet scheint. Der Weg führt zur L 148 auf der Sie Richtung Hermeskeil radeln, bis zum Holzhackerkreuz. Am Kreuz halten Sie sich rechts, Ihre Route führt entlang der Weinstraße bis zur Gedenkstätte Hinzert. Hier waren 1938 bereits West-Wall-Arbeiter untergebracht, 1940 wurde dieses Lager unter dem Kommando der SS Sonder- und Durchgangslager. 1986 wurde auf dem Gelände ein Mahnmal des luxemburgischen Künstlers Wercollier enthüllt, mit der Inschrift: „Durchdrungen von Menschlichkeit, Frieden und Gerechtigkeit."

Von der Gedenkstätte führt Sie der Weg weiter nach Pölert, im Ort halten Sie sich rechts, fahren der Landstraße entlang bis zum Pölerter Bahnhof. Nach der Eisenbahnüberquerung halten Sie sich rechts, fahren am Forsthaus Königsfeld vorbei, landen wieder auf der B 327, der Hunsrückhöhenstraße und radeln auf einem Radweg links der Straße nach Hermeskeil zurück. Wem das Radeln auf Hauptverkehrsstraßen nicht gefällt, dem sei empfohlen, die Route abzukürzen und leicht zu verändern. Möglicher Start- und Zielpunkt dabei wäre Beuren. Von dort führt ein Radweg nach Prosterath, wo Sie die beschriebene Route aufnehmen können. Und von der Fischerhütte gibt es einen ausgeschilderten Weg zurück nach Beuren. Dann kommen Sie zwar nicht an der Burgruine Dhronecken oder der Gedenkstätte Hinzert vorbei, aber Sie sparen sich das Strampeln im Autoverkehr.

Ulli Wagner

Kontakt

Einzelheiten zu dieser Tour finden Sie in der Rad- und Wanderkarte „Hermeskeil-Thalfang" 1:25000, gegen 11,- DM Gebühr zu beziehen bei der Tourist-Information Hermeskeil
Tel.: 0 65 03/80 92-907
Fax: 0 65 03/80 92-00

Nicht für Autofahrer

Die Viez- und Schnapstour entlang der luxemburgischen Sauer

Im Tal der Sauer.

Ausgangspunkt dieser Radtour ist das luxemburgische Städtchen Echternach. Die Route führt von dort entlang der Sauer flußabwärts bis nach Moersdorf. Dann wechselt sie auf die deutsche Uferseite nach Metzdorf und weiter die Sauer aufwärts zurück nach Echternach.

Man muß schon einen ganzen Tag einplanen für diese Tour. Sie ist mit 36 Kilometern – meist flacher Strecke –

zwar nicht sehr lang, aber ein bißchen Zeit braucht man auch für die zahlreichen Sehenswürdigkeiten und kulinarischen Genüsse unterwegs.

Echternach, unser Start- und Zielort zum Beispiel, ist berühmt für die Basilika mit dem Grab des heiligen Willibrord. Zu den kulturhistorischen Sehenswürdigkeiten der Stadt gehören auch die Abtei, die Pfarrkirche St. Peter und Paul und der historische Marktplatz. Im Sommer gibt es hier jeden Abend ein Konzert. Die ideale Entspannung nach einer anstrengenden Radtour, denn unsere Strecke endet ja auch wieder in Echternach.

Aber noch sind wir nicht am Ziel. Die Tour startet an der Uferpromenade von Echternach. Der Radweg führt zunächst nach Steinheim. Erst verläuft er parallel zur Sauer, kreuzt – nach etwa 2 Kilometern – die Straße, verläuft dann rechts der Straße weiter am Wald entlang. Solche Kreuzungen gibt es häufiger. Sie sind auf der Straße deutlich gekennzeichnet durch ein weißes Fahrrad, das auf den Asphalt gemalt ist. Die Radwege sind außerdem durch gelbe Schilder kenntlich gemacht. Am Ortseingang von Steinheim kreuzt der Radweg erneut die Straße, verläuft dann oberhalb der Bebauungsgrenze am Ortsrand. Rechts und links der Strecke immer wieder Viehweiden und Streuobstwiesen. Im Herbst sieht man überall kleine Apfel- und Birnbäume. Aus den Früchten wird der typische Viez gemacht, vergorener Apfelsaft. Kaum ein Bauer, der keinen selbstgemachten Viez im Faß hat. Aber auch in den Gaststätten rundum gehört er unbedingt dazu. Das nächste Dorf ist Rosport. Der kleine Fremdenverkehrsort ist vor allem berühmt für sein Mineralwasser. Von Rosport aus gibt es zwei Möglichkeiten, diese Radtour fortzusetzen. Man kann weiter entlang der Sauer fahren bis Moersdorf, oder aber man wählt den kleinen Umweg über die Girster-Klause. Dieser zweite Weg ist zwar etwas beschwerlicher, denn es geht ca. 2 Kilometer bergauf, aber es lohnt sich. Von der Haupt-

Kontakt

Fremdenverkehrsbüro
Echternach, B.P. 30
L-6401 Echternach
Tel.: 0 03 52/7 22 30

Anfahrtsweg

Moselaufwärts bis Wasserbillig. Von dort an der Sauer bis Echternach.

Macht echt Druck: Jean Schtronck an der Kelter.

straße in Rosport geht's also rechts ab Richtung Kirche. Unterhalb der Kirche liegt das historische Schlößchen Irminenhof, oberhalb das neue Schloß mit seinem Park. Eine gute Gelegenheit zur Rast vor dem steilen Anstieg. Von Schloß und Kirche geht es weiter Richtung Dickweiler. Nach etwa 2 Kilometern zweigt links der Weg ab Richtung Michelsberg. Nach ein paar Kilometern durch Felder, Wiesen und Wald kommt eine recht steile, kurvenreiche Abfahrt in das Dorf Girsterklaus. Es ist benannt nach der Klause, in der der Heilige Bernhard von Clairvaux im 13. Jahrhundert gelebt haben soll. Der Sage nach wurde die Muttergotteskapelle von Elbert von Clerf erbaut, als Dank für seine glückliche

und wundersame Heimkehr von den Kreuzzügen. Auf jeden Fall gehört die Girsterklaus zu den ältesten Marien-Heiligtümern im Großherzogtum Luxemburg.

Von Girsterklaus geht's nun wieder zurück zur Sauer. Der Weg verläuft durch die Felder, vorbei an einer Marienkapelle, durch ein steiles, kurviges Waldstück – Vorsicht, nicht zu schnell fahren, Gegenverkehr möglich – über die „Rue Girsterklaus" bis nach Hinkel. Dort stoßen wir wieder auf den Radweg. Der verläuft fortan mal rechts, mal links der Straße, immer parallel zur Sauer. Das nächste Dorf ist Born.

Es fällt auf, daß an einigen Häusern hier in der Gegend für selbstgebrannten Schnaps geworben wird. Tatsäch-

Literatur

„Landschaft ohne Grenzen. Eifel-Ardennen", Herausgeber Naturfreunde International, J.P. Bachem Verlag.

„Schnaps", das war sein letztes Wort…

Echternach ist bekannt für geistliche Pilger und geistige Getränke.

lich ist auch das eine weitverbreitete Tradition und Nebenerwerb sowohl auf luxemburgischer als auch auf deutscher Seite. Die Früchte der unzähligen Streuobstwiesen werden in kleinen Brennereien destilliert zu Kirsch-, Mirabellen- oder Zwetschen-Schnaps. Wer Glück hat, kann bei dieser Tour auch mal einem Brenner bei der Arbeit über die Schulter sehen.

In Moersdorf ist genau die Hälfte der Route geschafft. Wir verlassen hier die luxemburgische Uferseite. Über eine kleine Holzbrücke geht's nach Metzdorf in Deutschland und von nun an wieder die Sauer aufwärts. Der Radweg auf deutscher Seite ist nicht durchgängig. Von Metzdorf bis Wintersdorf und von Minden bis Echternach fährt man über die Bundesstraße 418. Das Landschaftsbild ist ähnlich wie zuvor. Viele

Wiesen, viel Wald. Die Sauer erinnert an einigen Stellen an einen Wildbach mit kleinen Stromschnellen und Strudeln.

Die Tour endet, wo sie begann, in Echternach. Man kann sie dort vor einem kleinen Cafe ausklingen lassen bei einem zünftigen Schoppen Elbling. Und – zur Erinnerung – während der Sommermonate gibt's abends auf dem historischen Marktplatz Musik.
Gute Fahrt!

Marie-Elisabeth Denzer

Die Sauer kann man stromabwärts mit dem Kanu befahren und stromaufwärts mit dem Fahrrad.

Römische Wasserleitung von Gorze nach Metz.

Schon das Ortsschild mit dem Zusatz „Cité historique" weckt Erwartungen, und sie werden von der kleinen Stadt, die südwestlich von Metz in die hügelige Wiesen- und Waldlandschaft des Parc Régional de Lorraine eingebettet ist, wahrlich nicht enttäuscht. Gorze hat zwar nur an die 1600 Einwohner, aber gleichzeitig eine beeindruckende Geschichte, die ihre Spuren seit der Römerzeit hinterlassen hat.

Zuerst waren in der Tat die Römer da, als sie im 1. Jahrhundert n. Chr. die Feuchtgebiete in der Umgebung

Geburtsort der Gregorianik
Ein Spaziergang durch Gorze

des heutigen Gorze anzapften, um das antike Mettis – das spätere Metz – mit Trinkwasser zu versorgen. 25 000 Menschen in der seinerzeit bedeutendsten Metropole des Moseltals bezogen ihr Wasser über ein mehr als 22 Kilometer langes Aquädukt, das bei Gorze seinen Anfang nahm, von dort aus unterirdisch geführt erst beim heutigen Ars-sur-Moselle zu Tage trat, um dann das letzte Stück das aufgefangene Quellwasser

über monumentale Pfeiler und Bögen zu leiten. Reste des 18 Meter hohen Bauwerks, das mit seinem doppelten Kanal die Mosel überquerte, sind heute noch – zum Teil in fast intaktem Zustand – zu bewundern.
Trotzdem, Gorze hat seine Entstehung nicht den Römern zu verdanken, sondern vielmehr einer Abteigründung im 8. Jahrhundert. Der Metzer Bischof Chrodegang ließ ein Benediktinerkloster errichten und dorthin die Reliquien des hl. Gorgonius überführen. Daher auch der Ortsname Gorze.
Der Besucher sollte nicht enttäuscht sein, wenn er

Nicht nur Wasser strömte von Gorze ins Hinterland, sondern auch Mönche in das gesamte karolingische Reich.

vergeblich nach der Abtei Ausschau hält. Sie fiel im 16. Jahrhundert einer kriegsbedingten Brandstiftung zum Opfer. Aber im alten Kellergewölbe des Office de Tourisme und im angeschlossenen kleinen Museum wird die Geschichte der vor Cluny bedeutendsten Abtei Europas wie auch die Geschichte von Gorze durch Ton, Bild und Exponate vorbildlich veranschaulicht. Eine Diashow bzw. ein sogenanntes Diaporama läßt die Historie lebendig werden, ergänzt später bei einer Führung durch die fachkundigen Erklärungen von Monsieur Riethmüller, dem Präsidenten des Tourismusbüros. Dabei erfährt man unter anderem, daß der bischöfliche Abteigründer als erster den gregorianischen Gesang notieren ließ und daß das Kloster zu seiner Blütezeit ein geistliches Zentrum von enormer Reichweite war, dem sich über 160 andere Abteien angeschlossen hatten.

Als Zeuge der glorreichen Zeit der Abtei ist noch die frühgotische Kirche St. Stephanus da, errichtet Ende des 12. Jahrhunderts, den Übergang zwischen zwei Epochen markierend. Der wuchtige Vierungsturm der früheren Laienkirche der Abtei und die Rundbögen der meisten Fenster lassen von außen zunächst an Romanik glauben. Das Interieur zeigt sich dann frühgotisch, mit eher angedeuteten Spitzbogenformen über den Rundpfeilern mit ihren wunderschönen Knospenkapitellen. Gegen einen kleinen Obulus schaltet sich ein Tonbandgerät ein, gregorianischer Gesang sorgt für die Einstimmung, bevor die Stimme vom Band auf die Besonderheiten im Kirchenraum aufmerksam macht. Auf Wunsch ist aber auch hier Herr Riethmüller zur Stelle,

Weil in Gorze die Gregorianik entstand, wird der Besuch von St. Stephanus mit Musik unterlegt.

der die Besuchergruppen gerne auch hinüber zum „Palais abatial" führt, zur Prälatur aus dem 17. Jahrhundert, die er als „Versailles von Gorze" zu bezeichnen pflegt. Die Architektur ist natürlich von wesentlich bescheideneren Ausmaßen, als das angesprochene Vorbild bei Paris, vermittelt indes trotz der langen Zweckentfremdung als Lazarett, Kaserne, Bezirksanstalt und Armenhaus sowie trotz einer schleichenden Verwahrlosung immer noch den Eindruck einer gewissen Vornehmheit. Das dreiflügelige Gebäude weist sparsame barocke Zierformen auf und beherbergt eine barocke Kapelle. Sehenswert ist auch die Gartenanlage, die im rückwärtigen Teil ihren Abschluß mit sechs in eine Mauer eingelassenen Brunnennischen findet, dekoriert mit steinernen Quellnymphen und Göttergestalten, dort plaziert einst zur Ergötzung der Titularäbte. Das Wasser ist hier allerdings schon längst versiegt, und im Schatten eines großen häßlichen Altersheims der Neuzeit ist die Brunnenanlage leider dem Verfall preisgegeben.

Das aber ist wohl das einzig Enttäuschende in und an Gorze. Vom Place du Château, an dem St. Stephanus und Prälatur zu finden sind, geht man durch die Rue de l'eglise mit dem Touristenbüro hinunter zur Hauptstraße, zur Rue du commerce nur wenige Schritte. Diese schmale Straße ist von alten Häusern, zum Teil aus der Renaissance, gesäumt und führt auf das ehemalige Rathaus zu, das durch eleganten Klassizismus besticht. Bei schönem Wetter ist es, als gehe man durch ein verschlafenes Städtchen in Südfrankreich.

Die waldreiche Umgebung von Gorze bietet sich mit ihren gut gekennzeichneten Wanderwegen für Ausflüge in die Natur an. Es kann auch mal bis zum Lac de Madine sein. Und natürlich ist auch in Gorze die Küche Lothringens zu empfehlen, nicht zu vergessen zum Abschluß des kulinarischen Menues das vor Ort gebrannte Eau-de-vie.

Gabor Filipp

Kontakt
Syndicat d'Initiative de Gorze
Josef Riethmüller
F-57680 Gorze
Tel.: 0 03 33/87 52 00 19
oder 87 52 02 17, privat

Öffnungszeiten
Führungen (Museum/Kirche/ Prälatur) von April - Oktober an Sonn- und Feiertagen von 14 - 18 Uhr. Bei Voranmeldung sind Besichtigungen auch in den anderen Monaten möglich.

Eintrittspreise
Museum mit Diaporama für Erwachsene: FF 10,-
Kinder: FF 9,- .
Gesamte Führung (Museum/Kirche/Prälatur) Erwachsene: FF 20,-
Kinder: FF 18,- .

Anfahrtsweg
Autobahn bis Metz, ab Metz die D 6 an der Mosel entlang bis Ancy-sur-Moselle und von dort aus die D 6 bis nach Gorze.

Hier können Sie einmal Zug spielen im Verhältnis eins zu eins und nicht im Kleinformat, wie es ja vor allem bei vielen Jungen und Männern beliebt ist. Diese Art, Zug zu spielen, ist etwas für die ganze Familie von der Oma bis zum kleinen Mädchen.

Auf einem Fahrrad bewältigen alle die ca. 24 Kilometer lange Strecke der alten Bundesbahntrasse zwischen dem saarländischen Freisen und dem pfälzischen Städt-

Fahrradfahren wie eine Lokomotive
Der Fritz-Wunderlich-Weg bei Kusel

chen Kusel, der Geburtsstadt Fritz Wunderlichs, der diesem außergewöhnlichen Radwanderweg seinen Namen gegeben hat. Fast ebenerdig führt die Trasse über das eindrucksvolle Viadukt bei Oberkirchen, durch mehrere Tunnel und über Brücken. Dichtes Laubwerk bietet im Sommer angenehmen Schatten und läßt trotzdem den Blick frei auf die „Preußischen Berge" von Pfeffelbach, mit immerhin über 600 m die höchsten Erhebungen der Gegend. Zwischen Kusel und Thallichtenberg kann man sogar noch den Grenzstein sehen, der einst Preußen von der bayerischen Pfalz trennte. Bei Schwarzerden ist ein kleiner Mithrastempel in eine Felswand aus rotem Sandstein gehauen.

Die Attraktion schlechthin ist natürlich die Burg Lichtenberg, eine der größten Burganlagen Deutschlands, die oberhalb Thallichtenberg steht. Um das Jahr 1200 muß sie erbaut worden sein. Heute ist sie Ruine und dann auch wieder nicht, denn einige Teile der ehemaligen Burg sind noch völlig erhalten und werden genutzt, die Zehntscheune z.B. als Konzertsaal. Für ausgelaugte Fahrradfahrer ist das vorzügliche Restaurant besonders interessant. Eine Jugendherberge befindet sich ebenfalls dort oben und das Musikantenmuseum, das an die traditionsreiche Zeit der westpfälzischen Wandermusikanten erinnert, die im 19. Jahrhundert in die ganze Welt hinauszogen bis nach Amerika und meist reich in ihre Heimat zurückkehrten. Vielleicht ist ja Fritz Wunderlich in diese Tradition hineingeboren worden, ein Musikant war er anfangs jedenfalls. Der „Fritz", wie ihn die Kuseler nennen, und die meisten wollen ihn noch persönlich gekannt haben, hat ja in seiner Jugend noch bei der Kirchweih zum Tanz aufgespielt, bis er entdeckt und der berühmte Kammersänger wurde, der viel zu früh im Alter von 35 Jahren infolge eines Treppensturzes verstarb. 1966 war das, einige Monate bevor er an der New Yorker Metropolitan Opera als Mozarts Don Ottavio debütieren sollte. Franz Grillparzers Worte über Schubert sind oft bemüht worden: „Die Tonkunst begrub einen reichen Besitz, aber noch schönere Hoffnungen."

Von so viel großer Musik ist beim Fritz-Wunderlich-Radwanderweg nur eine schwarze Achtelnote auf weißem Untergrund übriggeblieben, die Wegmarkierung.

Maria Gutierrez

Kontakt

Touristikinformation Kusel
Barbara Fauß
66869 Kusel
Tel.: 0 63 81/42 42 70

Öffnungszeiten

Museum der Burg Lichtenberg:
10 - 12 Uhr und 14 - 17 Uhr

Anfahrtsweg

A 6 Richtung Mannheim, Kreuz Landstuhl auf A 62 Richtung Trier, Abfahrt Kusel.

In lothringer Kristallerien versteht man sich auf den letzten Schliff.

Glasmacher reden nicht viel. Das Material hat die Menschen geformt. Kargheit und Disziplin prägt die Gegend und die Zunft der Glas- und Kristallmanufakturen in Lothringen.

Meisenthal, Lemberg, St. Louis-les-Bitche, Wingen sur Moder – seit Jahrhunderten wird in diesen nordvogesischen Dörfern Glas und Kristall hergestellt. Meisenthal hat sich aufs Museale spezialisiert. In Wingen sur Moder profitiert die Cristallerie Lalique von dem Mythos René Lalique, der den französischen Jugendstil mitgeprägt hat. Das spannendste Glasmacherdorf ist Saint Louis-les-Bitche. Vierhundert Männer und Frauen blasen, schleifen und gravieren Trinkgefässe

Glasmacher reden nicht viel
Die Lothringer „Route du Cristal"

und Aschenbecher, vergolden Karaffen und Flacons und schließen Glasblumen in gläserne Briefbeschwerer ein.

Sand als Rohmaterial, Wald als Energie und Farn in rauhen Mengen als Pottaschelieferant, das waren schon in der späten Antike und im Mittelalter die Gründe, warum Glasmacher die Vogesen heimsuchten. Landstrich für Landstrich wurde der Wald gerodet und verbraucht. 1767, auf Geheiß des Königs, wurde die Glasmanufaktur in Saint Louis heimisch, das Brandroden sollte ein Ende haben, dafür wurden die Glasmacher stark privilegiert.

Heute kommt der schneeweiße Sand aus Belgien und dem Pariser Becken, und der Produktionsleiter betont, daß jeder ankommende LKW auf die Reinheit der Ladung penibel geprüft wird. Ein Teelöffel Ungestein kann die Produktion mehrerer Tage zu Ausschuß machen.

Glasmacher sind äußerst disziplinierte, auch im Umgang miteinander strenge Leute. Sie arbeiten in Gruppen zu sechst, alles muß schnell und reibungslos gehen.

Wie Honig wird das Glas beim Blasen auf die Pfeife genommen.

Der „Anfänger" holt einen rötlich glühenden Glastropfen an die Pfeife, der „Bläser" bläst die Masse in das Model. Der Meister formt den Stiel, der Fußmacher dreht und dreht und hält zwei nasse Holzlättchen an

Die Arbeit erfordere deutsche Disziplin, meinen die Franzosen.

den Fuß. Nasses Holz von Vogelkirschen hat die nötige glatte Oberfläche. Die sechs arbeiten wortlos, verständigen sich allenfalls durch Gesten. Alles ist Übung, Kenntnis des richtigen Moments, Disziplin. Ihre Arbeit halb Ballett, halb Drill. Manche Schleifer machen einen schier abwesenden Eindruck. Sie sind mit der Furche im Fuß des Glases beschäftigt, die sie seit Jahren schleifen, eins geworden, so scheint es. Schell: „On a un petit peu le sang allemand, le programme allemand", so diszipliniert wie sie seien die Franzosen nicht.

St. Louis-les-Bitche ist ein Dorf, ist eine Firma, ist eine Familie. Seit Jahrhunderten heißen die Glasbläser Greiner, Schaeffer, Stenger, Lutz. Die Umgangsformen sind knapp aber herzlich, die Tradition und das edle

Produkt machen stolz. Fremde haben es schwer. Saint Louis exportiert in die ganze Welt und das Dorf ist eine Welt für sich. Schweigsam und karg.

Aus Saint Louis aber kommen die weltberühmten Briefbeschwerer. Vor 150 Jahren zeitgleich mit der Briefmarke erfunden, verschwand dieses unnötigste Ding der Welt nach einem kurzen kräftigen Boom zunächst wieder aus den Regalen des Souvenirhandels. Nur, es verschwand in Sammlungen, und die Sammler haben ein Jahrhundert später dafür gesorgt, daß die Produktion (1953) wieder anlief. Lila Lotusblüten,

Viele Produkte aus St. Louis verschwanden in den Sammlungen der ganzen Welt.

Kaum zu glauben, daß das einmal Sand war.

blaue Palmetten, rosa Tannenzäpfchengirlanden, anmutig als schillernde Wirbel arrangiert, – eingefaßt in einen runden Klumpen Glas. „Körbchen aus Fadenglas mit vollplastischen Früchten" heißt ein solches Produkt.

Erst seit drei Jahren kann der Besucher und/oder Sammler nicht nur das lokale Glas- und Kristallmuseum sehen, sondern, was auch spannender ist, die Glasproduktion. Am interessantesten ist Glas, wenn es wie Honig auf die Pfeife genommen wird, wenn der Tanz der sechs neu beginnt und die knappe Minute danach, wenn es erkaltet.

Dietmar Schellin

Kontakt

Cristallerie de Saint Louis
Maison du Verre et du Cristal
Mme Yvette Sonntag
1, place Robert Schumann
rue de Coetlosquet
F-57960 Meisenthal
F-57620 Saint Louis-les-Bitche
Tel.: 0 03 33/87 96 91 51
Tel.: 0 03 33/87 06 40 04

Öffnungszeiten

Tägl. 10 - 12 Uhr
von 15. März - 15.Oktober
und 14 - 17 Uhr
Führungen stündlich

Anfahrtsweg

Über Sarreguemines, Richtung Bitche, in Rohrbach links, Richtung Lemberg, dort ist es dann ausgeschildert.

Nasses Holz von Vogelkirschen ist für die Glasbearbeitung gerade richtig.

„Das wird ein schlechter Müller sein, dem niemals fiel das Wandern ein", wer kennt sie nicht diese Textzeile aus einem der bekanntesten Volkslieder. Und nun können Sie sich selbst wie ein wandernder Müllergeselle vergangener Zeiten fühlen, eintauchen in die Romantik der Hunsrücktäler rund um Morbach.

Sie beginnen die Wanderung der insgesamt vier Tage dauernden Mühlentour in Heinzerath. Wenn man die Brieschmühle passiert hat, erreicht man Merscheid mit einer Getreidemühle, die sogar noch in Betrieb und zu besichtigen ist. Sie wird wie anno dazumal mit Wasserkraft betrieben.

Von dort führt der Weg weiter in Richtung Dhrontal, hier hat der Schriftsteller Stefan Andres einen Teil seiner Jugendzeit verbracht und die wunderschöne Gegend in einigen seiner Romane verewigt.

„Auf dieser Mühle wurde ich am 26. Juni des Jahres 1906 geboren. Es war mittags, als die Schnitter vom Hafermähen heimkamen. Meine Mutter befand sich in einem besonders gedeihlichen Zustand. Vater hatte ihr ein Fäßchen Rotwein... in den Keller gelegt. Dieses Oehmchen, so hatte er angeordnet, sollte die Mutter in den letzten Monaten vor meiner Geburt allein trinken. Vaters Rezept bestand die Probe: Mutter erhob sich am dritten Tag nach meiner Geburt und buk Schnitten und Pfannkuchen."

(Stefan Andres, Ein Junge vom vom Lande.)

Nicht nur für Don Quixote
Romantische Mühlenwanderung im Hunsrück

Fast schon alpenländischen Charakter hat die Hölzbach-Klamm.

Die nächste Mühle auf dem Weg ist wieder einen längeren Aufenthalt wert. Die Schülersmühle wurde in den letzten Jahren zu einem Tagungshaus mit Gäste- und Konzertsaal umgebaut. Mit sehr viel Liebe zum Ursprünglichen allerdings, denn die Schülersmühle wurde schon im 13. Jahrhundert urkundlich erwähnt, gehörte zum Besitz der Grafen von Hunolstein, von deren einstiger Burg noch einige Ruinen im nahen Ort Hunolstein künden. In der Schülersmühle finden im Sommer immer wieder Konzerte mit klassischer Musik statt.

Nicht weit der stattliche Hunolsteiner Hof, in dem ein sogenanntes Bauerncafé eingerichtet wurde (ab 11.00 Uhr geöffnet, Mo, Di Ruhetag). Von Hunolstein aus geht es weiter in Richtung Hunsrückhöhenstraße. Die müssen Sie überqueren. Dann auf dem linken Wanderweg bis zur Cornelymühle (Rastmöglichkeit – Montags Ruhetag). Über die Bauernmühle, die Kochsmühle und die alte Ölmühle erreichen Sie Deuselbach, das Etappenziel des ersten Tages. Übernachtungsmöglichkeit im Gasthaus Erbeskopf. Am zweiten Tag ist in etwa die gleiche Wegstrecke von 20 Kilometern zu bewältigen. Zielort ist Wenigerath. Zunächst wandert man erst einmal einen wunderschönen Weg der Bahnstrecke entlang bis zum Hunsrückbahnviadukt bei Hoxel. Über einen Natur- und Waldlehrpfad gelangt man dann zur Schmausemühle, einem Sägewerk. Unmittelbar dahinter gibt es eine Ölmühle zu entdecken. Interessanter ist da schon die Jakobsmühle, eine gut erhaltene Getreidemühle.

Auf Schinderhannes' Spuren wandeln wir am dritten Tag. Von Wenigerath ist es nicht weit zur Baldenauermühle. Hier hat Johannes Bückler, der Schinderhannes, seinen ersten Mord begangen. Er erschlug einen seiner Räuberkumpane, den Placken-Klos im Streit um ein Mädchen. Vor der Baldenauer Mühle erhebt sich die Burg Baldenau, bekannt aus Edgar Reitz' vielgelobtem Film „Heimat". Nebenbei bemerkt, in Morbach betreibt der Bruder des Regisseurs ein Uhrmachergeschäft.

Und die Burgruine Baldenau schließlich, die einzige Wasserburg des Hunsrücks, war auch in verschiedenen Szenen Kulisse für den Film „Schinderhannes" mit Curd Jürgens und Maria Schell. Über Hundheim ge-

Kontakt
Verkehrsamt Morbach
Unterer Markt 1
54497 Morbach
Tel.: 0 65 33/71 18 oder 30 05

Anfahrtsweg
Hermeskeil - Thalfang - Morbach.

langt man nach Wederath. Hier steht eine Mehl- und Schrotmühle, die seit den 20er Jahren elektrisch betrieben wird. Sie ist noch in Betrieb und kann besichtigt werden. Etappenziel ist Gonzerath, früher ein berüchtigter Treff von Räubern und anderem lichtscheuen Gesindel, heute ein properes Dorf, in dem nichts mehr an die wenig ruhmreiche Vergangenheit erinnert.

Am vierten und letzten Tag ist Heinzerath das Ziel. Am Weg die Lamberty- und die Olksmühle. Die

Thielenmühle ist bewirtschaftet und eignet sich zu einer ersten Rast. Nach 17 Kilometern ist das Endziel, die Brieschmühle, natürlich ein Gasthaus, erreicht. Spätestens jetzt, nachdem Sie rund ein Dutzend der unterschiedlichsten Mühlen kennengelernt haben, dreht sich bei Ihnen entweder alles im Kopf oder Sie haben erfahren, warum „das Wandern des Müllers Lust ist".

In dieser romantischen Umgebung soll der Schinderhannes seinen ersten Mord begangen haben.

Michael Lentes

An manchen Gedenktagen pilgerten die Franzosen in blauen, weißen und roten Kleidern zu den Gräbern. Blau-weiß-rot auf einem Stoff war verboten.

Wer heute von Metz aus über die Landstraße N 3 Richtung Verdun fährt, hat meist ein anderes Ziel als unsere Urgroßväter und Großväter, die patriotische Schülerferienreisen zu den Schlachtfeldern um Metz selbst aus weiter Ferne – aus Dresden, Hamburg und Berlin – unternahmen. Für uns ist es ein Sonntagsausflug zu unseren französischen Nachbarn ins lothringische Land. Und dennoch befinden wir uns auf den Spuren unserer Vorfahren. Ein Freilichtmuseum der Kriegserinnerung an die deutsch-französische Erb-

Wallfahrtsstätten der Nation
Gravelotte und Mars-la-Tour

feindschaft von 1870/71 zieht sich entlang der N 3 von Metz nach Gravelotte und von dort aus über die D 903 nach Mars-la-Tour. Wir fahren durch einstige Hochburgen nationalen Gedenkens, durch Wallfahrtstätten der deutschen und der französischen Nation.
Auch hier heilt die Zeit alle Wunden. Die Natur überdeckt gnädig die blutige Spur der mörderischen Augustschlachten 1870. Die damals als Altäre des

Vaterlandes konzipierten Anlagen, bepflanzt mit typisch deutschem Baumbestand – Eiche, Linde, Tanne -, scheinen uns heute zu einer musealen Landschaft verschmolzen.

Nur wenige hundert Meter vor dem Ortseingang von Gravelotte sehen wir rechter Hand deutsch-französische Massengräber und eines der frühen Kriegerdenkmäler: eine achtkantige Säule von 1872. Der flügelschlagende Adler auf der Spitze ist schon lange eingeschmolzen, doch die Inschriften erzählen uns von Vaterlandsliebe und Treue bis in den Tod. Es ist nur ein kurzer Weg an der Straße entlang, bis wir die damals heißumkämpfte Schlucht von Gravelotte erreichen. Von 1897 bis 1918 stürmte hier auf dem heute noch erhaltenen terrassenförmigen Unterbau eine bronzene Jägergestalt in Kampfausrüstung dem Feind entgegen

Gravelotte, einst Ziel patriotischer Kriegstouristen, ist heute eher ein stiller Ort des Gedenkens.

Kontakt
Musée de Guerre 1870
27 rue de Metz, Gravelotte
F-57130 Ars-sur-Moselle
Tel.: 0 03 33 / 87 60 92 56

Informationen
Faltblatt „Val de Metz" in französischer Sprache (mit einer sehr kurzen deutschen Zusammenfassung) crhältlich über das Syndicat d'Initiative - Office de Tourisme du Val de Metz.
Marie d'Ars-sur-Moselle
F-57130 Ars-sur-Moselle

Faltblatt „Moselle-Gravelotte" mit Informationen zum Kriegsmuseum (deutsch/französisch/englisch) erhältlich im Museum oder über das Office Départemental du Tourisme en Moselle.
Hotel du Département
B.P. 1096
F-57036 Metz-Cedex

Musée de Guerre 1870
27, rue de Metz, Gravelotte
F-57130 Ars-sur-Moselle
Tel.: 0 03 33/8 76 09 25

Öffnungszeiten
Kriegsmuseum Gravelotte:
Mi: 14 - 18. Uhr und Sa, So:
10 - 12 Uhr und 14 - 18 Uhr

Die Schlucht war einst Hauptanziehungspunkt für Tausende von Veteranen, die jedes Jahr nach Gravelotte reisten, um Gräber und Denkmäler mit Kränzen zu schmücken und Erinnerungsfeiern abzuhalten. Das 1875 für die Schlachtfeldbesucher eröffnete Kriegsmuseum lädt uns auch heute noch mit den auf den Schlachtfeldern gefundenen Waffen, Uniformen, Ausrüstungsstücken und dem Schlachtfeldpanorama mit Zinnsoldaten zu einer Reise in die Vergangenheit ein. Schräg gegenüber befindet sich ein großer Kriegerfriedhof, letzte Ruhestätte von über 3000 deutschen und französischen Soldaten. Still und verträumt wartet die von Wilhelm II. mitentworfene und in seiner Gegenwart 1905 eingeweihte nationale kreuzgangartige Gedenkhalle auf unseren Besuch. Und wer nach so viel Geschichte Appetit auf französische Küche verspürt, kann dort einkehren, wo schon Theodor Fontane 1871 sich von den Strapazen einer Schlachtfeldbesichtigung erholte, im Cheval d'Or.
Und weiter geht es auf der D 903 über Rezonville nach Vionville, vorbei an zahlreichen Kriegerdenkmälern, die die Straße säumen – Zeugnisse der wechselhaften Mode, der selbst Denkmäler unterworfen waren: einfache, preisgünstige Obelisken, eine aufwendige Turmkonstruktion, germanisierende Findlinge, und immer wieder verwaiste Denkmalsockel. Die bronzenen Figuren wurden 1918 entfernt und eingeschmolzen, doch die Sockel, die als Grabsteine den Gefallenen gesetzt worden waren, blieben unberührt. Der Respekt vor den Toten war größer als Rache und Vergeltung.
Vionville war damals der letzte Ort auf deutscher Seite vor der deutsch-französischen Staatsgrenze, die heutige Departementsgrenze zwischen den Departements Moselle und Meurthe-et-Moselle, und nach wenigen Kilometern erreicht man von hier aus Mars-la-Tour, die französische Hochburg des Kriegsgedenkens. Für Fontane war es „mehr ein Flecken als ein Dorf, ... von greisenhafte(r) Erscheinung", für Frankreich ruhmreicher Name einer wenn auch verlorenen Schlacht. Die Dorf-

kirche wurde 1877 zur Erinnerungskirche umgestaltet, das benachbarte Kriegsmuseum ist schon lange geschlossen, ein deutscher Grenzpfosten mit preußischem Adler hält davor trutzig Wacht. Die von den Dorfbewohnern 1906 auf dem Kirchplatz errichtete Statue der Jeanne d'Arc scheint die Straße, die damals in deutsches Gebiet führte, zu bewachen. Am Dorfausgang trifft man auf das 1875 errichtete beeindruckende französische Nationaldenkmal. Frankreich, stolz und erhaben in der Trauer über den Verlust Elsaß-Lothringens, blickt zur Grenze und hält einen tödlich verwundeten französischen Krieger im Arm, ihn mit Lorbeer krönend. Die zu Füßen der Figur sitzenden Kinder greifen nach dem Gewehr des Gefallenen und nach einem Anker, Symbole der Kampfbereitschaft und der Hoffnung auf Rückkehr der verlorenen Provinzen. Und wer nun entlang der damaligen deutsch-französischen Grenze durch die kleinen Orte auf der D 13 über Bruville und Batilly fährt, wird sie auf Denkmälern treffen, die Heldinnen Frankreichs, Marianne und Jeanne d'Arc. Richtung Metz zurückkehrend über die N 43 durch Ste. Marie-aux-Chênes und St. Privat, erkennt man an den vielen Erinnerungssteinen, wie ernst es unseren Vorfahren mit dem Heldentod auf dem Schlachtfeld war. So ist auf einem Denkmal zu lesen: „Und schlägt einst mein Stündlein im Schlachtenrot, willkommen dann schöner Soldatentod."

Annette Maas

„Und schlägt einst mein Stündlein im Schlachtenrot, willkommen dann schöner Soldatentod." Von solcher Begeistung ließen die Schrapnelle des Ersten Weltkriegs wenig übrig.

Anfahrtsweg

Von Metz N 3 Richtung Verdun. Von Gravelotte aus auf der D 903 über Rezonville und Vionville nach Mars-la-Tour, von dort aus auf der D 13 nach Bruville und Batilly, weiter über die N 43 nach Ste. Marie-aux-Chênes und St. Privat, von dort entweder zurück auf die Autobahn nach Saarbrücken, oder auf der Landstraße N 43 über Chatel-St.Germain nach Metz.

Schiff auf der Brücke über den Fluß
Eine Radtour am Saar-Kohlekanal

Jeder saarländische Radler kennt den Treidelpfad, der an der Saar entlang nach Saargemünd führt. An Sommerwochenenden ist dort mehr Betrieb als zu Weihnachten in den Einkaufszentren. Aber weiter als bis Saargemünd kommen die wenigsten dieser Feierabendveloten, dabei beginnt hier eine besonders attraktive Route, am Saar-Kohlekanal entlang. Er eignet sich nicht nur ausgezeichnet für Bootsfahrten aller Art,

Normalerweise fährt man ja mit dem Schiff unter Brücken auf dem Fluß und nicht auf Brücken über den Fluß, wie hier über die Albe.

sondern sein Uferweg stellt eine nahezu ideale Radstrecke dar, ohne Verkehrsprobleme, ohne Lärm und ohne Steigung, eine ganz eigene Verbindung von Industrieromantik, malerischen Schleusen, die im Handbetrieb aufgekurbelt werden, klassischen Kunstdenkmälern und Natur.

Der Kanal ist etwas über 60 Kilometer lang und wurde im vorigen Jahrhundert gebaut, um die Saarkohle zu den lothringischen Hütten zu befördern. Heute dient er fast nur noch den Freizeitkapitänen.

Bei Rémelfing halten noch einige Industriebrachen die Erinnerung an die vergangene Eisenzeit wach, aber schon bei Sarreinsming dominiert die Romantik. Eine Wassermühle verlockt zum ersten Postkartenphoto. Ab jetzt wird es still. Auf mehr oder weniger holprigem Untergrund – das geht von Asphaltschollen über Beton zu Feldwegen – fährt man den Treidelpfad auf wechselnden Seiten des Kanals. In Zetting scheint die Welt noch in Ordnung zu sein, und wer die Steigung nicht scheut, sollte sich die Pfarrkirche St. Marcel dort auf dem Hang nicht entgehen lassen. In einer ganz ungewöhnlichen Kombination sind da ein ehemaliger romanischer Wehrturm und eine überhöhte gotische Apsis durch ein auffallend niedriges Kirchenschiff verbunden. Im Innern sieht man die Reste von Fresken und vor allem wunderschöne Fenster aus dem 15. Jahrhundert, die von Straßburger Künstlern gestaltet wurden.

Von Zetting aus geht es über Wittring durch eine malerische Hügellandschaft nach Herbitzheim und schließlich Sarrealbe. Dort ist weniger die neugotische Kirche als vielmehr die „Tour d'Albe" interessant, ein wuchtiger Torturm aus dem 13. Jahrhundert. Noch ungewöhnlicher aber ist die Brücke, auf der der Kanal über die Albe fließt, einen Nebenfluß der Saar. Sie ist immerhin eine der ältesten Kanalbrücken Frankreichs. Wenn man Glück hat, kann man hier also, so paradox es klingt, ein Schiff auf einer Brücke einen Bach überqueren sehen. Wer sich Zeit lassen will für seine Tour, der findet in Harskirchen den ersten Campingplatz der Strecke. Der Ort ist ganz auf den Tourismus eingestellt. Man kann eine der wenigen Wassermühlen besichtigen, die tatsächlich noch Mehl mahlen, die „Moulin de Willer". Für Saarländer ist die barocke Kirche des Ortes von besonderer Bedeutung: „erbaut durch den saarbruckischen Baumeister Friedrich Joachim Stengel 1762" heißt es da am Eingang. Die Portale außen sind reich geschmückt, innen dagegen herrscht eher vornehme Strenge. Wer in Harskirchen übernachtet, sollte auch einen kleinen Abstecher (3,5 Km) nach Sarrewerden machen, wo sich der Besuch einer spätgotischen Pfarrkirche lohnt, mit Netzgewölben im Chor und einer sehenswerten Muttergottes aus dem 16. Jahrhundert. Von da sind auch die Renaissancehäuser von Sarreunion nicht mehr weit.

Freunde der Barockliteratur kennen natürlich Fénétrange, ein malerisches Örtchen etwa 6 km vom Saar-Kohlekanal entfernt. Der Amtmann Johann Michael Moscherosch beschrieb es im 17. Jahrhundert in seinem „Philander von Sittenwald" anschaulich. Das, was er damals „Lügenstraß" nannte, steht heute noch und einiges mehr, das den Besuch lohnt.

Die Fahrt nach Mittersheim wird jetzt noch ruhiger als bisher. Der Kanal fließt durch bewaldetes Gebiet, und die Radler sind mit sich und der Natur allein, bevor sich in Mittersheim (an Wochenenden) lärmender Tourismus breit macht. Drei Seen (Etang de Mittersheim, Etang du Stock, Etang de Gondrexange) laden hier zum Baden ein. Der Saar-Kohlekanal, der hier über dem Wasserniveau der Weiher verläuft, bietet, wenn man auf den Dämmen steht, einen guten Überblick über das, was der Volksmund „Saarbrücken 9" nennt. Zahlreiche Saarländer haben hier Grundstücke erworben, auf denen schicke Ferienhäuser entstanden sind oder zumindest Wohnwagen parken.

Der Saar-Kohlekanal trifft in der Nähe von Gondrexange auf den Rhein-Marnekanal. Wer jetzt noch kein wundes Hinterteil hat, ist eingeladen, hier noch weiterzufahren.

Stefan Miller

Literatur

Carl Conrath:
„Bootsfahrten auf der Saar. Teil 1. Saaraufwärts ab Saarbrücken und Saar-Kohlekanal". Saarbrücker Druckerei und Verlag, 1983 (sehr empfehlenswert auch für Radler).

Gabriele Schneider:
„Radwanderwege Elsaß-Lothringen. Von Saarbrücken nach Basel". Morstadt Verlag, 1992 (nicht besonders informativ in kulturellen Belangen).

Bernd-Wilfried Kießler:
„Elsaß-Lothringen. Führer für Binnengewässer". Edition Maritim, 1991 (einige Fotos geben einen gewissen Eindruck von den Strecken, die Karten mit eingezeichneten Schleusen sind vor allem für Bootstouristen nützlich).

Das Kino im Wasserturm ist wohl einmalig in der Republik.

Dort, wo über 150 Jahre lang das Herz der Stadt schlug, geben Relikte des Eisenwerkes Einblick in die Lebenswelt der Hüttenbesitzer und der Arbeiter, der Neunkircher Hüttenweg. Vom Ausgangspunkt des Weges, das ist der Parkplatz hinter den Meisterhäusern in der Königstraße, öffnet sich der Blick auf das Fördergerüst der ehemaligen Schachtanlage „Grube König". Sie lieferte teilweise die Kohle für das Werk, die Energiebasis der Eisenverhüttung.

Im Reich des Stahlbarons
Der Neunkircher Hüttenweg

Die sogenannten Meisterhäuser wurden ab 1882 als Werkswohnungen für die Arbeiter des Eisenwerkes errichtet. Die sechs eingeschossigen Doppelhäuser sind mit Hausgärten, einem kleinen Wirtschaftsgebäude, Waschküche und Stall ausgestattet und lagen ursprünglich direkt im Werk.

Hinter den Meisterhäusern biegt man links ab. Es geht am Heinitzbach entlang zur Hochofenanlage. Von dieser einst das Stadtbild beherrschenden Anlage blieben nur die Hochöfen Zwei und Sechs, das alte Gasgebläsehaus und der zur Kühlung dienende Wasserturm erhalten. Die massive Stützmauer, die den Hang sichert, geht in ihren Ursprüngen noch auf das Jahr 1593 zurück, als der erste Hochofen in Neunkirchen angeblasen wurde.

Der Hochofen Nummer Zwei, mit zwei von ursprünglich drei Winderhitzern, sogenannten Cowpern, wurde erst 1969 anstelle eines älteren Ofens errichtet. Bei einem Gestelldurchmesser von 7 Metern und einer Höhe von 52 Metern erreichte er eine Tagesleistung von 1 400 Tonnen Stahl. Bei einer Restaurierung 1989/90 wurde der Kern der Anlage freigelegt. Dabei erhielt der Hochofen einen Anstrich, der durch seine unterschiedliche Abstufung von Rottönen den Verhüttungsprozeß deutlich macht.

Einen besseren Eindruck von der ursprünglichen Anlage vermittelt der Hochofen Sechs. Hier ist neben drei Winderhitzern auch noch die Gichtbühne erhalten.

„Neunkircher Stahl" gehört zwar der Vergangenheit an, aber die Zeugen dieser Epoche prägen immer noch die Landschaft.

Gußeiserne Denkmalstätte inmitten der Familiengräber. Mit dem Tod des Königs von Saarabien ging eine Ära zu Ende.

Der 1913 erbaute Ofen wurde mehrfach modernisiert, das letzte Mal 1976. Bei einem Gestelldurchmesser von 6 Metern betrug die Tagesleistung 700 Tonnen.

In dem alten Gebläsehaus aus dem Jahre 1903 waren die mit Hochofengas, dem Gichtgas, betriebenen Gebläse untergebracht. So konnten die Cowper mit Luft versorgt werden. Die Maschine ist noch vorhanden, sie stammt aus dem Jahr 1909.

Nun geht es an Hochofen Zwei vorbei zur nächsten Station, der „Stummschen Reithalle". Sie gehörte zum Ensemble des unmittelbar neben den Werksanlagen erbauten Herrenhauses. 1840 errichtete sie Carl-Friedrich Stumm für seine Kinder. Man erhält durch sie einen guten Eindruck vom üppigen Lebensstil der Industriellenfamilie im 19. Jahrhundert.

Nach 1880 wurde der achteckige Bau zunächst als Wagenschuppen, dann als Feuerwehrhaus und ab 1985 als Lehrlingswerkstatt genutzt. Heute dient er der Stadt Neunkirchen als Veranstaltungsraum für kulturelle Aktivitäten.

Von der Reithalle spaziert man wieder den Hang hinab zur Lindenallee. Dort befindet sich der Hammergraben. Er stellte zusammen mit dem Parkweiher ab 1593 die Wasserversorgung des Eisenwerkes sicher.

Man überquert die Lindenallee und kommt nach einem kurzen Anstieg in einem kleinen Waldstück zur Stummschen Kapelle. Sie beweist noch deutlicher als die Reithalle das Repräsentationsbedürfnis der Stumms, die sich in diesem Punkt ganz klar am Adel orientierten. Die im neogotischen Stil erbaute Kapelle war im Zweiten Weltkrieg zerstört worden und ist mittlerweile renoviert.

Von der Kapelle geht es wieder zurück zum Hammergraben. Über den Parkweiher und die 1921 erbaute Direktorenvilla gelangt man in die Saarbrücker Straße. Nach etwa 300 Metern biegt der Sinnertalweg zur Erbbegräbnisstätte der Familie Stumm ab. Deren Mittelpunkt bildet eine eiserne Denkmal-Stele, um die sich

Kontakt
Neunkircher Hüttenweg
Ein Faltblatt ist beim
Verkehrsverein der Stadt-
verwaltung Neunkirchen
erhältlich
Tel.: 0 68 21/202-717

Öffnungszeiten, Eintritt
Besuch ist jederzeit kostenlos
möglich.

Anfahrt
A 8 bis Ausfahrt Neunkirchen,
in Neunkirchen parkt man am
günstigsten am Saarpark-Cen-
ter in der Königsstraße dort
liegen auch die Meisterhäuser.

Stummsche Kapelle.
Kirche und Industrie
gingen Hand in Hand.
Heiratswillige Arbeiter
mußten den Baron erst
um Erlaubnis fragen.

mit gußeisernen Kreuzen versehene Gräber der Familie gruppieren.
Der Weg folgt nun der Saarbrücker Straße und verläuft
über die 1851 eröffnete Hüttenschule zum Denkmal
Karl-Ferdinand Stumms (1836 - 1901).
Die beiden letzten Stationen sind die neogotische
Christuskirche und das Karl-Ferdinand-Haus, ein Altenheim, das auf eine Stiftung des „Königs von Saarabien", wie Karl-Ferdinand Stumm genannt wurde,
zurückgeht.

Michael Lentes

Stellen Sie sich vor, Sie fahren extra nach Luxemburg, und die ganze Altstadt ist verstopft! Vor dem Museum steht man Schlange, und auch in ihrem Lieblingslokal ist kein Platz mehr. Was also tun?

Vielleicht mal ganz was anderes, machen Sie eine Rad-

Mam Velo ronderem d'Stad
Mit dem Leihrad rund um Luxemburg

tour, lernen Sie Luxemburg mal von einer ganz neuen Seite kennen!

Wenn Sie nicht ihr eigenes Rad mitbringen wollen – drunten im „Grund", im Bisserweg an der Alzette, gibt es eine kleine kommunale Fahrradwerkstatt. Da werkeln Jugendliche aus sozial „schwierigem" Milieu (auch das gibt's in Luxemburg!) unter Anleitung von Technikern und Sozialpädagogen an schnieken „City-Bikes", deren Ausleihe sie auch organisieren, und bauen sich so eine berufliche Zukunft auf. Wenn Sie hier ein Rad leihen, tun Sie also nicht nur was für Ihre Gesundheit, sondern auch etwas Gutes für die Jugendlichen.

Das Schönste aber kommt noch, und zwar direkt vor der Haustür: eine herrliche Radtour, die durch das idyllische Tal der Alzette führt. Durch das Bissertor geht es erst in Richtung Pulvermühle, dann beginnt ein traumhafter Streckenabschnitt, auf dem man direkt am Fluß entlang auf einem ebenen, asphaltierten Radweg an alten Mühlen, kleinen Weilern und lauschigen Wäldern „vorbeischwebt". Schon nach etwa 5 Kilometern kann man an der „Gantebeensmillen", einem Ausflugslokal mit kleinem Schwimmbad, Rast machen. Danach kommt Hesperange mit seiner trutzigen Burgruine über dem Ort (ca. 10 km).

Nächstes Zwischenziel ist das Naherholungsgebiet Kockelscheuer mit seinen tiefen Wäldern und mehreren kleinen Weihern, die zum Verweilen laden (ca. 15 km). Bis hierhin und zurück ist es eine gemütliche Halbtagestour für den „Easy Rider". Wer jedoch „mam Velo ronderem d'Stad" – also mit dem Rad die ganze Stadt umrunden will, der muß ab jetzt kräftiger in die Pedale treten, und noch weitere 25 km durchhalten. Zuerst geht es über Merl und Strassen bergauf in die tiefen, kühlen Wälder von Baumbusch. Hinter Bridel winkt wieder eine idyllische Rast: im Ausflugslokal „Juegdschlaß" sitzt man gemütlich bei „Radlermaß"

und Luxemburger Spezialitäten. Danach geht's bergab, in recht rasanter Fahrt wieder zurück ins Tal der Alzette. Über Dommeldange, Eich, Pfaffenthal und Clausen radelt man auf ebener Strecke wieder zum Ausgangspunkt zurück, vorbei an den Festungsresten von Fort Thüngen und am Geburtshaus von Robert Schuman über die Kirche Ste.Cunigonde in Clausen.

Wolfgang Felk

Kontakt
„Velo en Ville"
Bisserweg 8
L-1238 Luxemburg-Grund
Tel.: 0 03 52 / 4796 - 2383
(Der Radweg ist ausgeschildert. Zur Orientierung bekommt man beim Verleih ein Faltblatt mit Streckenverlauf und Erläuterungen.)
Leihgebühr: pro Rad für
1 Stunde LUF 100,-,
einen halben Tag LUF 250,-
und für 24 Stunden LUF 400,-
20% Ermäßigung für Kinder, Jugendliche und Gruppen.

Öffnungszeiten
30. März - 31. Oktober täglich
9 - 12 Uhr und 13 - 20 Uhr

1000 Jahre in 100 Minuten
In Luxemburg wandert man auf den Spuren eines deutschen Kaisers

Ehemals das „Gibraltar des Nordens"...

Ende 1994 wurde der Stadt Luxemburg eine ganz besondere Ehre zuteil. Teile der Altstadt und der Festung wurden in das Weltkulturerbe der UNESCO aufgenommen. Eine Ehre mit ganz praktischen Folgen auch für die Besucher der Stadt. Georges Calteux und sein Team vom staatlichen Konservatoramt haben in den letzten Jahren mit Phantasie und Sachkunde daran gearbeitet, bedeutende Überreste der Festung zu sichern, zu restaurieren und der Öffentlichkeit wieder zugänglich zu machen. Das erste sichtbare Resultat dieser Anstrengungen ist der sogenannte „Wenzelrundweg". Er ist nach dem einstigen Herzog von Luxemburg und späteren deutschen Kaiser Wenzel II. benannt, der im 14. Jahrhundert eine mächtige Stadtmauer errichten ließ, die auch die Unterstadt Grund und das gegenüberliegende Rham-Plateau mit in die Stadtbefestigung einbezog.
Kernstück dieses „runderneuerten" historischen Rund-

wegs ist das „Stierchen", eine alte Fußgängerbrücke über die Alzette, an die sich mehrere Türme, Stadtpforten und Teile der erhaltenen oder rekonstruierten Stadtmauer anschließen. „Clou" dieses Abschnitts: in den Türmchen am Wegesrand erklingt mittelalterliche Musik, im Jakobsturm auf dem Rham-Plateau gibt es gar eine audiovisuelle Info-Show über die Festungsgeschichte Luxemburgs. Doch damit noch nicht genug. Info-Tafeln am Wegesrand versuchen auch den Alltag des „kleinen Mannes" im Mittelalter zu schildern, weiter gibt es Hinweise auf die Tier- und Pflanzenwelt von einst, die man in einigen hübschen Terrassengärten am Fluß sogar versucht hat „wiederzubeleben". Und was

Kontakt
Luxembourg City Tourist Office
L-2011 Luxembourg
Tel.: 0 03 52 / 22 28 09

Öffnungszeiten
Bock-Kasematten und
archäologische Krypta:
1.März - 31. Oktober:
tägl. 10 - 17 Uhr
Jakobsturm: Ostern - 31.Okt.:
10 - 18 Uhr
Führung Wenzelrundweg:
Ostersa - 31.Okt.: Sa 15 Uhr

Preise
Führung Wenzelsrundweg:
Erwachsene: LUF 280,-
Kinder: LUF 140,-

...ist die Luxemburger Festung heute Weltkulturerbe der UNESCO.

Das „Stierchen" im Alzette-Tal. Im Hintergrund der Tutesaal, wo ehedem Häftlinge Tüten klebten.

das Schönste ist, man genießt einen grandiosen Blick auf den Bockfelsen und die Altstadt Luxemburgs! „1000 Jahre in 100 Minuten" – so lautet der Slogan dieses Rundwegs, der auf dem Bockfelsen beginnt, dort, wo einst Graf Siegfried 963 die „Lützelburg" errichtete. (Kurzes Einführungsvideo in der Krypta.) Von dort geht man (dem Wegsymbol, einem gekrönten „W", folgend) über die Schloßbrücke und dann ein Stück die „Corniche" entlang, jenen Wallweg am Rande der Altstadt, der im 17. Jahrhundert von den Spaniern angelegt und von Vauban, dem Festungsbaumeister Ludwigs XIV., befestigt wurde. Durch das „Grundtor" von 1632 gelangt man dann ins Tal der Alzette zu den schon erwähnten Brücken, Türmen und Toren der Wenzelsmauer. Eine eigenwillige architektonische Mixtur aus restaurierten Überresten und postmodernen Ergänzungen.

Über eine Treppe und eine neue Brücke steigt man hoch zum Rham-Plateau mit seinen wiederum von Vauban erbauten Kasernengebäuden. Über das „Maierchen", einen ehemaligen Wehrgang der Wenzelsmauer, geht man wieder hinunter in den „Grund", wo man den Rundgang am besten in einer der gemütlichen Kneipen bei „Zwickelbier" oder einem Schoppen Elbling ausklingen läßt.

Wolfgang Felk

Das „Trierer Tor", Teil der Wenzelsmauer, mit Blick auf die Corniche.

Natürlich kann man sich schon vor Dahn in den Sattel schwingen und an die Wieslauter fahren. Schließlich verläuft die B 427 ab Hinterweidenthal parallel zu dem Flüßchen, und immer wieder laden mit Fahrrädern markierte Pfeile zum Abbiegen ein. Aber es gibt hier soviel zu sehen, daß man die Etappen nicht allzu groß wählen sollte, damit noch Zeit bleibt für Besichtigungen.

Wo Hans Trapp Weißenburg überschwemmte
Eine Fahrradtour an der Wieslauter

Wir starten also in Dahn, mitten im malerischen Felsenland des Wasgaus. „Braut und Bräutigam", „Jungfernsprung", „Galgenfelsen" (wie romantisch!) ..., die bizarren Buntsandsteinformationen, die hier Wanderer und Kletterer anlocken, lassen wir hinter uns und fahren auf dem gut ausgeschilderten Radweg die Wieslauter entlang (keine Steigungen) Halt!, Burgenfreunde können natürlich Abstecher zu den Ruinen Alt-, Neu-, oder Grafendahn machen, und auch der schön restaurierte Berwartstein ist nicht weit, wo Hans von Drott, alias Hans Trapp, residierte. Aber wenn wir erst mit Abstechern anfangen, kommen wir nie bis Weißenburg. Jener Hans Trapp übrigens, der heute immer noch als eine Art Kinderschreck herhalten muß, lag ständig mit den elsässischen Nachbargemeinden im Krieg. Einmal belagerte er Weißenburg und trocknete das Städtchen aus, indem er die Wieslauter aufstaute. Nach ein paar Wochen ließ er den Damm einreißen und überschwemmte den Ort. Heute überschwemmen nur noch Touristen die mittelalterlich geprägten Straßen, aber davon ist hier auf dem Radweg nichts zu bemerken. Fast ungestört passieren wir so verschlafene Dörfchen wie Bruchweiler-Bärenbach („Tor zum Wasgau" – immer diese blumigen Wortschöpfungen der Tourismusstrategen!), Bundenthal oder Niederschlettenbach. (Hier liegt ganz in der Nähe der alte Gauner Hans Trapp in der gotischen St. Anna Kapelle begraben.) Hinter Bobenthal (hübsche Fachwerkhäuser) passieren wir kurz vor Weiler an der Siebentalbrücke die französische Grenze. Der Radweg ist jetzt nicht mehr asphaltiert, und der Wald sieht auch nicht mehr wie ein Park aus.

Weißenburg schließlich ist geprägt von alten Fachwerkhäusern. Da ist zum Beispiel das ehemalige Zunfthaus der Pfeiffer und Winzer, das heute das stadtgeschichtliche Musée Westercamp beherbergt. Optisch beherrscht wird die Silhouette des Städtchens jedoch von der Kirche der ehemaligen Benediktinerabtei Peter und Paul. Die neben dem Straßburger Münster größte gotische Kirche des Elsaß besticht durch wertvolle Glasmalereien in den Chorfenstern und in der Rose des Querhauses sowie durch wohlproportioniertes Maßwerk in dem wunderschönen Kreuzgang. Das Steinrelief vor der Kirche erinnert an Gottfried den Dichtermönch, der hier in der Benediktinerabtei im 9. Jahrhundert sein fünfbändiges Versepos „Krist" ver-

faßte, die erste gereimte Dichtung in deutscher Sprache. Beim Bummel durch die Altstadt lassen wir uns vom pittoresken Anblick der alten Zehntscheuer faszinieren oder dem krummbuckeligen mit Biberschwanzziegeln gedeckten Dach des Salzhauses. Weißenburg allein ist schon einen Ausflug wert, und auch hier bieten sich wieder Abstecher in die Umgebung etwa nach Altstadt an. Aber die wollten wir uns ja heute verkneifen, vielleicht ein anderes Mal.

Tourenverlauf: Start/Ziel: Dahn, Ecke Hasenbergstraße/Im Kaltenbächel, dann durch das Wieslautertal über Bruchweiler-Bärenbach, Bundenthal, Bobenthal bis zur Siebenteilbrücke/Grenze,

Ortsdurchfahrt Bruchweiler-Bärenbach/Bundenthal – Straßen: Im Grün, links ab auf Dorfstraße, rechts ab auf Wiesenstraße, links ab auf O.-Muck-Straße, rechts ab auf Industriestraße/Bundenthal, nächste Straße rechts ab, nach Brücke links ab, Am Falkeneck, Finsternheimer Straße, Friedhofstraße.

Ortsdurchfahrt Bobenthal – Straßen: Feldstraße, rechts ab in Hauptstraße, rechts ab in Mühlstraße, links ab in Lauterstraße.

Siebenteilbrücke überqueren, links ab auf Wirtschaftsweg Richtung Weiler bis Einmündung in Landstraße zwischen Bobenthal - St. Germanshof und Weiler, rechts ab auf Landstraße weiter nach Weiler, Weiler auf der Hauptstraße durchfahren, am Ortsausgang auf Radweg bis Ortseingang von Weißenburg, erste Straße rechts ab (Schild Centre Ville) bis zum Bach (Lauter), den Straßen entlang der Lauter folgen bis Ortsmitte von Weißenburg. Rückfahrt: gleiche Strecke nach Dahn. Länge: 48 km (praktisch keine Steigungen).

Stefan Miller

Die Burgruine „Alt-Dahn" ist nur eine von zahllosen Burganlagen im Wasgau. Die Felsentürme waren für Ritter einfach wie geschaffen.

Kontakt

Tourist Information
Dahner Felsenland
Frau Burghard
Schulstr. 29
66994 Dahn
Tel.: 06391/5811
Fax: 06391/1362

Anfahrtsweg

A 6 Richtung Mannheim,
A 8 bis Pirmasens, dann auf der B 10 bis Hinterweidenthal und auf der B 427 bis Dahn

Literatur

Fahrradwandern im Dahner Felsenland, herausgegeben von der Tourist-Information Dahn (enthält 9 Tourenvorschläge)

Die Welt in neun Farben	406
Epinal	
Dantes Bücher	410
St. Mihiel	
Schmöker und Kuhdung	414
Fontenoy-la-Joute	
Comics aus der Kosterschule	416
Echternach	
Und dann kam die Kelly Family	420
Finstingen	
Im elsässischen Sibirien	424
Waldersbach	
Philosophie als Architektur	428
Bernkastel-Kues	

LiteraTour

Als die Lettern laufen lernten	432
Schlettstadt	

Die Bilderbögen aus Epinal waren die Vorläufer von Donald Duck und Asterix.

Wir befinden uns im Jahre 50 v. Chr. Vercingetorix, der Fürst der Gallier, wirft Julius Cäsar seine Waffen vor die Füße. Damit ist ganz Gallien von den Römern besetzt. Ganz Gallien? Nein, denn ein kleines von unbeugsamen Galliern bevölkertes Dorf... so habe ich mit meinem sehr kleinen Latinum vom Gallischen Krieg erfahren. Die Szene mit Cäsar und dem Gallier-Chef – nachzulesen in „Asterix und der Avernerschild" (Band XI) – hat sich tief in mein Gedächtnis gegraben. Ich hatte keine Mühe, sie jetzt auf einem Bilderbogen aus Epinal wiederzuerkennen, so sehr ähnelt der Knubbelnasen-Vercingetorix dem hünenhaften Recken auf dem Bilderbogen. Das ist kein Wunder, denn wie alle Menschen im französischen Kulturkreis hat wahrscheinlich auch der Asterix-Zeichner Uderzo mit den Bildern aus Epinal das Lesen gelernt. Epinal ist das kollektive Gedächtnis der Franzosen in neun Farben.

„Une image d'Épinal" – das ist in Frankreich ein fest-

Die Welt in neun Farben

Die Bilderbögen von Epinal kennt in Frankreich jedes Kind

stehender Begriff für alles, was irgendwie in die Geschichte eingegangen ist: der waffenlose Vercingetorix in Sandalen, der gestiefelte Kater, Napoleon mit seinem Dreispitz, Jeanne d'Arc in ihrer Rüstung und

Madame Denis mit entblößtem Busen – alles, was in Frankreich je zur Legende wurde, ist in Epinal auf zeichenblockgroße Bögen gedruckt und zum Teil in Hunderttausenderauflage in die Welt geschickt worden.

Die „Images d'Épinal" waren Zeitung und Comic, Karikatur und Sittenspiegel, Lehr- und Lernmaterial für Generationen von Schülern, Propaganda, Reklame und Kultobjekt. Sie zeigten die Schlachten Napoleons (incl. Waterloo!), erschröckliche Moritaten wie die von dem Betrüger, der zwei Schauspieler schwarz anmalte und sie für Geld als Wilde aus der Neuen Welt ausgab, sie dokumentierten die Trachten französischer Regionen und lehrten die Schulkinder das Fürchten vor dem Erzfeind, den Preußen. Im Bilderlotto von 1870 machen die französischen Generäle Punkte, während Bismarck und Konsorten die Nieten sind. Immerhin: die meisten Punkte sticht eine Karte mit „La Paix" – Frieden. Schließlich kam man ja aus der Tradition der Heiligenbilder: St. Denis etwa, der steht im prächtigen Gewand in der Landschaft und hält seinen Kopf unterm Arm – den haben ihm böse Heiden nämlich abgeschlagen.

Mit der barbusigen Madame Denis hat er selbstredend nichts zu tun – die muß als warnendes Beispiel der Un-

Außer historischen Heldentaten wurden in Epinal auch Sittenbilder gedruckt, wie etwa dieser „Liebesbaum".

Kontakt

Imagerie d'Epinal
Mme. Lydie Capus
42 bis, quai de Dogneville
F-88000 Epinal
Tel.: 0 03 33/29 31 28 88
Fax: 0 03 33/29 31 12 24

Öffnungszeiten

Imagerie:
Mo - Sa: 8.30 - 12 Uhr und
14 - 18.30 Uhr
So: 14 - 18.30 Uhr

Eintrittspreise

Eintritt frei
Mehrmals täglich gibt
es Führungen:
Kinder: FF 5,-
Erwachsene: FF 25,-
Studenten: FF 15,-
Für Gruppen über 20 Personen
gibt es Sondertarife.

Anfahrtsweg

Metz - Nancy - Epinal.
Ausfahrt „Epinal centre",
der Hauptstraße folgen,
vor der Brücke rechts
abbiegen in den Quai de
Dogneville.
Nach 500 m rechts auf den
Parkplatz, et voilà!

zucht herhalten, weil sie sich so sehr direkt um die Gunst von Monsieur bemüht... Es ist dies das einzige Bild einer nackten Frau in der Geschichte der Bilderbögen. Denn allen Revolutionen zum Trotz – der französischen wie der sexuellen – die Bilder von Epinal blieben doch immer der bürgerlichen Tugend treu. Männerkörper sieht man daher am häufigsten in Uniform, weibliche in langen Roben mit Faut-cul. Die gute alte Zeit...

Angefangen hatte alles 1796. Da gründete ein gewisser Jean-Charles Pellerin eine Druckerei. Zuerst stellte er nur Spielkarten her und bedruckte Tapeten, aber dann witterte er im Druck von Heiligenbildern das große Geschäft. Hausierer und fahrende Händler verbreiteten die Bilder in ganz Frankreich, und bald legte das Unternehmen nach: Märchen, Legenden, Lieder, Zeitgeschichte.

Pellerin war bei weitem nicht das einzige Unternehmen, das Bilderbögen herstellte. Die Idee kam eigentlich aus Paris, und auch in Pont-à-Mousson und Metz gab es „Imagerien".

In Epinal selbst bekamen die Pellerins bald Konkurrenz aus dem eigenen Hause. Ihr bester Zeichner, Charles Pinot, machte sich 1860 selbständig und wurde Hoflieferant des Kaisers. Die Firma Pellerin aber belieferte die Kaiserin... Der Konkurrent mußte irgendwann kläglich aufgeben, seine Druckplatten und das Papier überließ er Pellerin, der schließlich die Imagerie Frankreichs wurde. In seiner Blütezeit hatte das Unternehmen 180 Mitarbeiter.

Es kam die Dampfmaschine, es kam der elektrische Strom, und all das nutzte die Firma zur Herstellung ihrer Bilderbögen. Aber im Grunde ist die Technik heute noch dieselbe wie vor 200 Jahren. Immer noch werden die Negative der Bilder in Steinplatten graviert, koloriert und einzeln auf die Bögen gedruckt. Und immer noch funktioniert die sinnreiche Erfindung von 1897, die 9 Farben gleichzeitig auftragen kann. Bis zu 500 Bilder in der Stunde schafft die Maschine.

Vom Steinschneiden bis zur fertigen Lithographie ist es dennoch ein langer und mühsamer Prozeß, den kann man sich täglich ansehen. Denn die Imagerie d'Épinal, die nach dem Zweiten Weltkrieg ständig kurz vorm Zusammenbrechen war, ist heute wieder ein florierendes Unternehmen. Der jetzige Besitzer, Eric Staub, hat alles, was in Epinal Rang und Namen hat für sein Projekt begeistern können: Rettet die Imagerie. Vom Bäcker an der Ecke bis zum Präsidenten der Nationalversammlung, Pierre Séguin, der auch gleichzeitig Bürgermeister von Epinal ist, haben sich alle für ihr Kleinod stark gemacht. Eric Staub hat „Aktien" verkauft und den Laden wieder flott gemacht. Sieben Künstler arbeiten wieder im Dienste der Imagerie. Wie zu alten Zeiten bannen sie die große und die kleine Welt in Bilder, und jeder der will, kann ihnen kostenlos dabei über die Schulter schauen. Den freien Eintritt kann sich das Unternehmen leisten: Kaum ein Besucher wird Epinal verlassen, ohne ein Plakat, ein Bilderbuch, einen Originaldruck gekauft zu haben.

Die verführerische Macht der populären Bilder hatte man übrigens schon lange vor der Erfindung der Einschaltquote erkannt. Kaum war Vercingetorix in heroischer Pose auf einem Bilderbogen erschienen, da mußte er auch schon Reklame machen – und ausgerechnet für Kakao, der edle Recke!

Sven Rech

Die Bilder aus Epinal prägen noch heute das kollektive Gedächtnis der Franzosen.

20 000 Bände haben Benediktinermönche in dieser 50 Meter langen Galerie zusammengetragen.

Maître Dante Donzelli schaute verwirrt auf. Die Bibliothek – ? Ach ja. Der alte Mann war ganz versunken gewesen in sein ledergebundenes Buch, aus dem es im steilen Licht des Fensters ein wenig staubte, wenn er eine Seite umblätterte. Die Bibliothek, ja... Jetzt kramte er einen riesigen Schlüssel aus der Schreibtischschublade und schloß die schwere Eichentür hinter sich auf. Der Geruch von Papier und Wissen strömte ihm entgegen, ein fahles graues Licht drang aus dem Spalt, und mit feierlich-ehrfurchtsvollem Knarren gab die Tür den Blick frei auf eine lange Galerie, deren Wände bis unter die Decke voll waren mit Büchern. Die Bibliothek.

Dantes Bücher

Ein Besuch in der Benediktiner-Bibliothek von St. Mihiel

Maître Donzelli kicherte leise in sich hinein. So war es immer. Jedem neuen Besucher blieb vor Staunen der Mund offen, wenn er die Bibliothek betrat. So eine Schatzkammer würde in dem schäbigen Städtchen ja auch niemand vermuten. St. Mihiel sah auf den ersten Blick ziemlich trist und verbaut aus, und wer schaute schon an einem Tag wie diesem an der alten Abteikirche hinauf zum Turm, wo die Dohlen schrien und Windböen den Regen zerstäubten? Wer lief an der alten Kirchhofsmauer entlang durch die engen Gassen, um drüben in der Dunkelheit der anderen Kirche, in der Eglise St. Etienne nach dem Lichtschalter zu tasten, um die berühmte „Grablegung" von Ligier Richier zu bewundern?

Es regnete in St. Mihiel, es zog an allen Ecken und Enden, und selbst in dem Bistro an der Straßenkreuzung war es ungemütlich und kalt. Sie hatten wohl nichts Besseres zu tun gehabt, diese Besucher, als dem Schild nachzulaufen: Bibliothèque bénédictine. Jetzt standen sie da an der Türschwelle und trauten sich nicht hinein mit ihren nassen Schuhen. Wie alle seine Gäste senkten sie plötzlich die Stimme zu einem Flüstern. Als ob sie in einer Grabkammer wären! Kommen Sie nur. Maître Donzelli wackelte mit schnellen Schritten vor ihnen her. Er griff in Regale, pustete über verstaubte Folianten, blätterte in vergilbten Seiten, die fast zerfielen. Schauen Sie!

Er war hier zu Hause, das war seine Bibliothek. Sein weißes Haar, das ihm in langen Strähnen ins Gesicht hing, machte ihn zu ihrem würdigen Hüter – ein Wesen aus einer anderen Zeit.

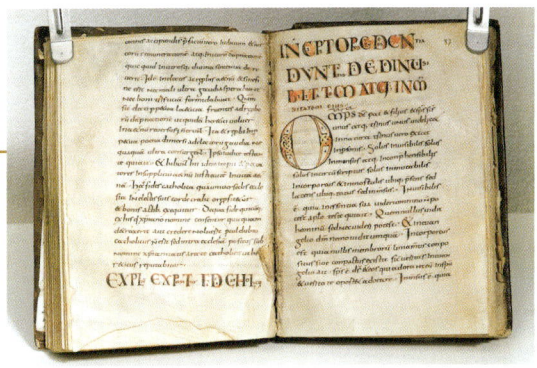

Von Bibeln bis Atlanten in Schweinsleder findet der Bibliophile alles, was sein Herz begehrt.

Dante Donzelli war Bildhauer, und die hatten in St. Mihiel Tradition. Die Richiers hatten im 15., 16. Jahrhundert ganze Generationen von Skulpteuren hervorgebracht. Der berühmteste von ihnen war Ligier Richier, ein Michelangelo aus Lothringen. Wer weiß, vielleicht war Maître Donzelli ja seine Reinkarnation. Jedenfalls gab er mittwochnachmittags Mal- und Bildhauerunterricht für die Kleinen. Und ansonsten wachte er über die Bibliothek. Meist saß er im kleinen Vorzimmer an seinem Schreibtisch und las. Manchmal kam jemand aus der Stadt und suchte etwas für seine Ahnenforschung zum Beispiel, oder Geschichtsstudenten kamen zum Quellenstudium oder Touristen zum Staunen. Maître Donzelli konnte meistens allen helfen. Er kannte seine Bibliothek. Sein Nachfolger, ein Spezialist aus Paris, sollte später zwei Jahre brauchen, um ein genaues Inventar der Büchersammlung zu erstellen. In über tausend Jahren hatten die Benediktinermönche von St. Mihiel ihre Bibliothek zusammengetragen. 20 000 Bände. Seit Ende des 18. Jahrhunderts standen sie in dieser schönen 50 Meter langen Galerie.

Dante Donzelli wußte auch ohne Inventar, wo was zu finden war. Die schönen Atlanten aus einer Zeit, als Rom noch der Mittelpunkt der Welt war. Die Bibel aus dem 13. Jahrhundert, eine Prachthandschrift mit vielen Miniaturen und Initialen auf Plattgold. Das große I vom In principio der Schöpfungsgeschichte war mit so vielen Schnörkeln versehen, daß die Essentials der Bibel alle darauf Platz hatten: Die Erschaffung der Welt, der ewige Vater im Himmel und Christus am Kreuz. Ein schönes Stück. Dante Donzelli schob das Buch ins Regal zurück. Da stand es zwischen anderen Bänden im Schweinslederumschlag. Kein Panzerschrank, keine Glasvitrine. Wozu auch? Bücher sind zum Lesen da. Maître Donzelli schlug die kostbaren Pergamentseiten eines kiloschweren Graduals um. 15. Jahrhundert. Wunderbar, nicht? Und hier – das erste Buch, das im lothringischen Herzogtum gedruckt wurde: Ein Meßbuch aus Toul in gothischen Buchstaben, 1502 von einem Martin Mourot in Longeville gedruckt. Aber das ist noch gar nichts – schauen Sie. Das älteste Stück der Bibliothek. Eine Handschrift aus dem 9. Jahrhundert, aus der Zeit Karls des Großen. Sie wird dem heiligen Athanasius zugeschrieben. Über tausend Jahre alt... Jetzt packte auch den Maître die Ehrfurcht. Er zeigte noch auf ein paar andere Prachthandschriften, legte Bildbände und Atlanten auf die Lesetische, holte die Bücher aus dem Regal, die während der vielen Kriege der letzten 200 Jahre von Kugeln durchlöchert wurden – dann ließ er seine Gäste allein und bezog wieder Posten im Vorzimmer. Es konnte ja sein, daß jemand kam und eine Frage hatte.

Das ist lange her. Inzwischen ist die Bibliothek von St. Mihiel aufwendig restauriert worden. Sie hatte es bitter nötig. An manchen Stellen waren die Mauern feucht, die prachtvolle Stuckdecke bekam Risse, und den Büchern ging es gar nicht gut in diesem Klima. Zwei Jahre dauerten die Arbeiten, in diesem Sommer kann man den wunderbaren Raum wieder besichtigen – hinter Glas. Den ungehinderten Zugang so vieler Menschen will man den Büchern der Benediktinermönche nicht mehr zumuten, die Bibliothek ist zum Museum geworden. Und Maître Dante Donzelli ist längst in Rente.

Ein Besuch in St. Mihiel lohnt sich trotzdem. Gleich nebenan in der Abteikirche stützt Johannes die niedersinkende Maria, daß man am liebsten zu Hilfe eilen möchte – eines der vielen Meisterwerke von Ligier Richier, der so um 1500 in St. Mihiel geboren wurde. Sein berühmtestes und wohl schönstes Werk, „Sepulcre – die Grablegung Christi" ist ein paar Gehminuten von der Bibliothek entfernt in der Kirche St. Etienne zu bestaunen. Und wenn Sie den Maître Donzelli auf der Straße treffen, dann grüßen Sie ihn schön. Vielleicht hat er ja noch den Schlüssel zu der großen Eichentür...

Sven Rech

Kontakt

Bibliothèque St. Mihiel
Mme Vast
Tel.: 0 03 33/29 89 02 87
Mairie
Tel.: 0 03 33/29 89 15 11

Anfahrtsweg

Von Metz über die Autobahn Richtung Nancy, in Pont-à-Mousson nach Westen Richtung Commercy (D 958), nach etwa 25 km in Rambucourt rechts ab Richtung St. Mihiel (D 907).
Die Bibliothek ist ausgeschildert, sie ist nicht zu verfehlen: gleich neben der größten Kirche der Stadt.

Fontenoy-la-Joute gehört zu einem Netz von Bücher-Dörfern, das sich von Carcassonne bis Redu über ganz Europa erstreckt.

Bücher und Kuhdung, paßt das zusammen? Es paßt. Den Beweis liefert ein kleines lothringisches Dorf: Fontenoy-la-Joute mit 14 Buchhandlungen und Antiquariaten, die im Juli und August sogar täglich geöffnet sind, und einer Buchbinderei.

Ein monatlicher Büchermarkt überschwemmt das kleine Dorf dann vollends mit bedrucktem und gebundenem Papier aller Art. An jedem letzten Sonntag im Monat kommen nämlich zusätzlich 50 Bouquinisten in den Ort und bauen auf den drei Straßen ihre Stände auf. Über 100 000 Bücher sind dann in diesem kleinen lothringischen Winkel zu kaufen. Das Ganze funktioniert wie eine Art Börse, erzählt der Buchhändler Jacquemin, dessen Geschäft „A la Recherche du livre perdu" heißt, ganz frei nach Proust. „Von Null ging die Erfolgskurve gleich steil nach oben. Und an den großen Sonntagen, wie wir sie nennen, kommen meist über 6000 Leute nach Fontenoy und zwar aus ganz Ostfrankreich, Belgien, Deutschland und der Schweiz. Ich kaufe und verkaufe Bücher, an manchen Tagen auch schon mal über 2000. Regelmäßig kommt z.B. ein Interessent aus Toulouse. Die Leute im Dorf haben

Schmöker und Kuhdung
Das Bücherdorf in Fontenoy-la-Joute

uns vollkommen akzeptiert. Ich wohne gleich hier um die Ecke, werde mit Gurken und Eiern versorgt und vermisse Nancy, wo ich noch ein Antiquariat habe, nicht sehr. Kein Streß, keine Parkautomaten, die Kunden bringen viel mehr Zeit zum Stöbern mit." Daniel Mengotti von der Association „Les Amis du livre" berichtet von der Begeisterung der Dorfbewohner und das sind gerade mal 280, die in ihren Häusern und Scheunen extra Platz geschaffen haben für so viele Bücher und die anreisenden Bücherfreunde. Die Bevölkerung setzt sich vor allem aus Bauern und Arbeitern zusammen, die in der nahen Cristallerie Baccarat beschäftigt sind. Drei Bücherdörfer gibt es insgesamt in ganz Frankreich, eins in der Bretagne und ein weiteres im Südwesten Frankreichs nahe Carcassone. Das Modell in Fontenoy-la-Joute orientiert sich am belgischen Vorbild Redu, und die Belgier haben beim Aufbau des lothringischen Bücherdorfs ganz praktisch mit Rat und Tat zur Seite gestanden.

Bücherdörfer dieser Art, und zwar jeweils eines, gibt es übrigens noch in den Niederlanden, der Schweiz und in Wales, wo 1964 das erste Bücherdorf weltweit gegründet wurde.

Für Kinder steht in Fontenoy-la Joute immer ein Atelier zum Schreiben, Malen und Erzählen zur Verfügung. Ein einfaches Restaurant besänftigt den schlimmsten Hunger, und die umliegenden Wiesen bieten ausreichend Parkmöglichkeiten. Aber Vorsicht, wenn Sie stapelweise mit Büchern bepackt über die Wiesen zurück zu Ihrem Auto spazieren. Bücher und Kuhdung...

Maria Gutierrez

Kontakt

Les Amis du livré
Daniel Mengotti
9 rue de Paris
F-54000 Nancy
Tel.: 0 03 33/83 98 01 14
Fax: 0 03 33/83 98 13 14

Anfahrtsweg

Über Nancy, liegt zwischen Lunéville und Saint Dié (RN 59).

Über 100 000 Bücher sind in diesem kleinen Kuhdorf zu kaufen.

„Comics" aus der Klosterschule
Ein Besuch im Abteimuseum Echternach

Wer Echternach hört, denkt erstmal: drei Schritte vor und zwei zurück. Dabei hüpfen die Pilger bei der sprichwörtlichen Springprozession am Pfingstdienstag höchstens ein paarmal hin und her, sonst aber immer geradeaus – ans Grab des Heiligen Willibrord in der Krypta der Basilika.

Willibrord, der Klostergründer aus England, sorgte in „seinem" Kloster schon im 8. Jahrhundert für eine erste Blütezeit der Schreib- und Malschule Echternach, die – mit Unterbrechungen – bis ins 17. Jahrhundert Bestand hatte. Die Mönche brachten die Zeit zwischen den Gebeten nämlich hauptsächlich damit zu, das Evangelium in kunstvoller Schrift niederzuschreiben und mit manchem Zierat und auch Illustrationen des biblischen Geschehens zu versehen. So entstanden dickleibige, aufwendig gestaltete, farbenfrohe, manchmal gar an frühe fromme „Comics" erinnernde Evangelienbücher, die von den Experten zu den höchsten Leistungen frühmittelalterlicher Buchmalerei gezählt werden.

Die berühmteste Echternacher Handschrift ist der 1040 entstandene „Codex Aureus", ein ganz in Gold gehaltenes Evangeliar. Diese und alle anderen Handschriften sind allerdings nicht im Original zu sehen, denn zur Zeit der französischen Revolution machten sich die Mönche auf und davon. Mit im Gepäck die

Kontakt
Abteimuseum
11, Parvis de la Basilique
L-6401 Echternach
Tel.: 0 03 52/72 74 72

Öffnungszeiten
1. April - 31. Oktober:
10 - 12 Uhr und 14 - 18 Uhr
Sa, So: 14 - 17 Uhr

Eintrittspreise
Erwachsene: LUF 50,-
Kinder und Gruppen: LUF 20,-

Anfahrtsweg
Die Mosel entlang bis Wasserbillig und an der Sauer bis Echternach.

Im „Denzelt",
dem Dingstuhl, wurde
Recht gesprochen.

Willibrord, dem diese Basilika gewidmet ist, importierte die Buchmalerei von Irland nach Echternach.

kostbaren Schriften, die nicht in die Hände der Klosterstürmer fallen sollten. So kommt es, daß die Originale der Echternacher Schriften heute – von Uppsala über Bremen, Nürnberg, Brüssel, Paris und Madrid – in ganz Europa verstreut sind.

Doch dank hochentwickelter Reproduktionsverfahren sind die in Echternach ausgestellten Faksimiles qualitativ so hervorragend, daß der Laie keinen Unterschied sieht. Doch nicht nur die Endprodukte klösterlichen Fleißes sind hier ausgestellt, es wird auch anschaulich dargestellt, wie die Mönche ihr Pergamentpapier und die Farben für ihre Kunstwerke herstellten.

Nach dem Besuch des Abteimuseums sollte man natürlich auch noch einen Blick in die Basilika (mit dem Grabmal Willibrords in der Krypta) und in den schönen Klosterpark (mit Orangerie und Rokoko-Pavillon) werfen. Auf dem Marktplatz neben der Kirche fällt das

Nachbildung eines mittelalterlichen Schreibplatzes im Abteimuseum.

vorspringende Gebäude des „Denzelt" auf, der „Dingstuhl", in dem im Mittelalter Gericht gehalten wurde. Manche Urteile wurden gleich unter dem „Urtsel", der „Urteilssäule", vollstreckt. Heute bevölkern keine Delinquenten, sondern vorwiegend jugendliche Ausflügler die Nachbildung der Säule auf dem pittoresken Marktplatz der Stadt.

Wolfgang Felk

Der saarländische Schriftsteller Ludwig Harig nennt Finstingen, das lothringische Fénétrange, gleich hinter Sarre-Union auf der Straße nach Sarrebourg gelegen, „eine kleine alte Dame, die allzulange ihr Spitzenkleid getragen hat," und dies beschreibt das verschlafene Städtchen und seinen verstaubten Charme vortrefflich. Johann Michael Moscherosch, ein sächsischer Barockdichter, hat in den Jahren 1635 bis 1642, den schweren Kriegszeiten der Glaubenskämpfe des Dreißigjährigen Krieges, in Finstingen als Amtmann gearbeitet. Hier vertrat er die Interessen seines Fürsten Ernst Bogislav von Pommern. Als Amtmann war er das Gesetz schlechthin, und er zog die Steuern ein. Die

Und dann kommt die Kelly Family
Finstingen des Barockdichters Moscherosch

Hauptstraße, die er beschreibt, sieht heute noch fast genauso aus: „Zum Eingang ein schönes Portal von zierlichen Politischen Grifflein aufgeführt, ein köstliches Haus von herrlichen juristischen Ausflüchten erbaut, besser hienein. Ein hohes von weitem hellscheinendes Gebäu, beneben einem Garten mit Geistlichen Labyrinthen austaffiret, nicht weit davon ein niedriges, aber wohlgesetztes Gebäu von Mechanischer Arbeit, Ends ein Anderes viel schöneres Portal zum Außgang mit Galenischem Laubwerk gezieret, (..) den du bey jenem Eck selbander herkommen siehest mit einem busch Federn, güldiner Kette und zerfetztem Kleid, ist ein Ertzheuchler, ein Pfeffersack."

Ob denn die Pfeffersäcke in Finstingen überlebt haben, konnte ich nicht herausfinden, aber das Schlößchen, die Stiftskirche aus dem 15. Jahrhundert oder das französische und das deutsche Stadttor, – von letzterem

Die Umgebung des Finstinger Schlosses ist auch ein Paradies für Wanderer und Angler.

Die Stiftskirche St. Remy lohnt schon wegen der Fenster einen Besuch.

blieb allerdings nur der Turm übrig – oder das Moscheroschhaus, das zeitweise als Haus der Finstinger Amtmänner diente, aber keinesfalls das Haus des Barockdichters war, oder das alte Spital, die Wachtürme und Reste der alten Stadtmauer, dies alles macht den etwas verwunschenen Reiz des winzigen Städtchens aus, das in seiner Blütezeit im Mittelalter eine freie Stadt war. Die große Zeit erlebte Finstingen, als es den deutschen Fürsten unterstand. Im 18. Jahrhundert wurde es dann der französischen Krone abgetreten und damit begann sein Abstieg. Davon sind die heutigen Finstinger überzeugt. Die meisten von ihnen kennen Moscherosch kaum und seine Werke schon gar nicht, denn die hat er ausschließlich in deutscher Sprache geschrieben.

Johann Michael Moscherosch, 1601 geboren und 1669 in Frankfurt gestorben, war ein Satiriker, ein Schriftsteller und Philosoph. Zu Ruhm und Ehren ist jedoch nur sein Zeitgenosse Johann Jakob von Grim-

melshausen gekommen. Das berühmteste Werk von Moscherosch heißt „Wunderliche und Wahrhaftige Geschichte Philanders von Sittewalt", und genau die hat Moscherosch im lothringischen Finstingen geschrieben. Und das Städtchen und seine Umgebung, besonders die nahegelegene Ruine der Wasserburg Klein-Geroldseck, dienen als Schauplatz. In Finstingen war es auch, daß Moscherosch unmittelbarer Augenzeuge des Dreißigjährigen Krieges wurde. Schweden und Kroaten verwüsteten damals das Land. Die marodierenden Truppen raubten mindestens dreimal das Haus des Amtmannes aus. Und Moscherosch traute sich nur mit Waffen gewappnet aus dem Haus. Dem Alltag und der Gesellschaft begegnete er oft nur mit beißendem Spott. Bei den Finstingern war er als schwierig und streng verschrien. „Bin ein geborener Teutscher von Sittewaldt, Weiß zwar selbst schier nicht, was ich sonst bin: Ich bin, was man will; hab mich in diesen Elenden Zeiten müssen in allerley Leute Köpffe schicken und wie Hanß Wursts Hut auff allerley weise winden, trähen, drücken, ziehen, zerren und bögeln lassen; viel leiden, viel sehen, viel hören, und mich doch nichts annehmen müssen; Lachen, da es mir nicht umbs Hertz war, Gute Wort geben denen, die mir böses thaten; mich müssen gebrauchen lassen wie das kalte Gebratens; bald für ein Ambtmann, und nachdem ich von den Wüterichen entlichmahl außgeplündert, geängstigt, geschätzt, tribulirt, verjagt und vertrieben worden, für ein Hofmeister, Rentmeister, Advocaten; bald für einen Jäger, Stallmeister, bald wiederumb für einen Ambtmann."
Noch eine Anekdote am Rande: das vermeintliche Haus des Johann Michael Moscherosch in Finstingen hat die Popband „Die Kelly Family" gekauft, nun werden die Massen, wenn schon nicht wegen des Barockdichters, so doch zumindest wegen der Kellys das kleine Städtchen aus dem Dornröschenschlaf wecken.

Maria Gutierrez

Kontakt
Syndicat d'initiative
Office du Tourisme au chateau
Monsieur Marc-André Kuhn
F-57930 Fénétrange
Tel.: 0 03 33/87 07 53 78

Öffnungszeiten
1. Mai - 30. September:
8 - 12 Uhr und 14 - 18 Uhr
außer Montagvormittag.

Anfahrtsweg
Saargemünd, Sarre-Union in Richtung Sarrebourg.

Den 20. Januar ging Lenz durchs Gebirg... Es war, als ginge ihm was nach, und als müsse ihn etwas Entsetzliches erreichen, etwas, das Menschen nicht ertragen können, als jage der Wahnsinn auf Rossen hinter ihm. Endlich hörte er Stimmen, er sah Lichter, ... es ward ihm leicht, er war bald in Waldbach im Pfarrhause. Man saß am Tische, er hinein; die blonden Locken hingen ihm um das bleiche Gesicht, es zuckte ihm um die Augen und um den Mund, seine Kleider waren zerrissen. Oberlin hieß ihn willkommen, er hielt ihn für einen Handwerker. 'Sein Sie mir willkommen, obschon Sie mir unbekannt ... Der Name, wenn's beliebt?' 'Lenz'. 'Ha, ha, ha, ist er nicht gedruckt? Habe ich nicht einige Dramen gelesen, die einem Herrn dieses Namens zugeschrieben werden?'" (Georg Büchner, „Lenz", Werke und Briefe, S. 69 ff)

Dieser Jakob Michael Reinhold Lenz kam krank und erschöpft Anfang 1778 in das kleine Vogesendorf, das heute Waldersbach heißt. Er oder genauer noch die Geschichte des Georg Büchner über die qualvollen Leiden des „unglücklichen Poeten namens Lenz" sollen Anlaß sein, das verwunschen schöne Dorf im entlegenen Steintal (Ban de la Roche) zu besuchen. Dann bleibt am Ende nicht nur das Wandern auf literarischen Spuren, sondern die Faszination für einen besonderen Ort, vor allem aber für einen außergewöhnlichen Mann, den Pfarrer Johann Friedrich Oberlin. Ohne ihn wäre Büchners fragmentarische Erzählung „Lenz" sicher nicht entstanden. Büchner fand den Zugang zu seinem „Lenz" in den Aufzeichnungen eines Freundes. Dieser war August Stoeber,

Im elsässischen Sibirien
Oberlin, Lenz und Büchner in Waldersbach

der erste einer langen Reihe von Biographen des Pfarrers Oberlin.

Lenz hatte in Straßburg studiert, er war dort häufig mit Goethe zusammen. Wohlmeinende Freunde aus Straß-

burg waren es dann später, die Lenz nach Waldersbach zu Pfarrer Oberlin schickten. Lenz war psychisch schwer krank, und man hoffte der menschenfreundliche, tatkräftige, pädagogisch und medizinisch begabte Pfarrer mit dem festen Glauben könne dem Dichter helfen. Doch nach drei Wochen schon mußte Oberlin ihn schließlich nach Straßburg zurückbringen lassen. „Er ist wie ein Kind, keines Entschlusses fähig, ungläubig gegen Gott und Menschen."
Pfarrer Oberlin konnte diesen verwirrten Geist nicht

Waldersbach, der Geburtsort der Kindergärten in Frankreich.

retten. Was er aber alles für das wilde Steintal und seine für lange Zeit sehr benachteiligten Einwohner getan hatte, das erfährt man im idyllischen „Musée Oberlin", dem ehemaligen Pfarrhaus von Waldersbach. Oberlin hat dieses Haus im barocken Stil selbst geplant und entworfen. Lenz jedoch kannte das gemütliche Anwe-

Kontakt

Association du Musée Oberlin
25, Montée Oberlin
F-67130 Waldersbach,
Tel.: 0 03 33/88 97 30 27
Estelle Mery, Konservatorin
des Musée Oberlin
Tel.: 0 03 33/88 97 32 21
Pascal Hetzel, Pfarrer

Öffnungszeiten

April, Mai, Juni, September, Oktober: Mi, Do, Sa, So 14.00 - 18.00 Uhr.
Juli und August: Alle Tage (außer Di) 14.00 - 18.00 Uhr.
November, Dezember, Januar, Februar, März: nur nach Absprache.
Gruppen werden gebeten sich in jedem Fall anzumelden.

Eintrittspreise

Erwachsene: FF 15,-
Kinder: FF 10,-

sen nicht. Er wurde noch in dem Vorgängerbau beherbergt, der „Rattenfalle" wie Oberlin das kleine reetgedeckte Haus nannte, in dem er mit seiner zwölfköpfigen Familie zur Zeit des Lenz-Besuchs hauste.

In dem gut erhaltenen „neuen" Haus des Pfarrer Oberlin ist ein Museum eingerichtet, das anhand vieler originaler Exponate einen Einblick in das Wirken des vielseitig engagierten Pfarrers bietet, vermittelt allerdings vor allem durch die Führung. Nach Voranmeldung wird diese Führung auch auf Deutsch angeboten. Der aufgeklärte Denker Oberlin hat z.B. eine eigene Theorie über das Leben nach dem Tod entwickelt, er hat sich mit den Erkenntnissen vieler Wissenschaftler und Denker seiner sehr produktiven Zeit auseinandergesetzt. Vor allem aber hat er viele dieser Gedanken in die Praxis umgesetzt. Er war kein Theoretiker, er war ein Mann der Tat, er wollte den Menschen im Steintal zu einem besseren Leben verhelfen, indem er ihnen Schreiben und Lesen beibrachte und die landwirtschaftlichen Arbeitsweisen verbesserte. „Oberlin hat das Steintal, das elsässische Sibirien, umgeschaffen", schrieb sein Zeitgenosse Gottfried Conrad Pfeffel. Er sorgte für bessere Straßen und Wege, für die Einrichtung von Kindergärten, für mehr Arbeitsmöglichkeiten, für bessere medizinische Versorgung und vieles mehr. Meist gelesenes Buch der hiesigen ersten französischen kleinen Leihbücherei: Robinson Crusoe.

„Papa Oberlin" steht einfach und alles bedeutend auf dem Grabkreuz auf dem Friedhof von Fouday. Von 1767 bis zu seinem Tod 1826, nahezu 60 Jahre lang, war er tatkräftig und ideenreich rund um Waldersbach tätig.

So kommt man wegen der Dichter in das malerische Dorf, in dem die Zeit stehen geblieben scheint, und erfährt, daß es ein weltweit bekannter „Pilgerort" für protestantische Tatkraft und gläubige Lebensfreude ist. Schließlich wird man vom Geist des Ortes und seiner bescheidenen Schönheit erfaßt.

Vielleicht machen Sie nach dem Museumsbesuch eine

Pause in der kleinen protestantischen Waldersbacher Kirche. Man kann sich einbilden, hier den Lenz zu hören, den Oberlin probeweise als Hilfsprediger einsetzte. Oberlins Kommentar: Lenz predigte „mit zu vieler Erschrockenheit".

In der ruhigen Kirche (man muß sie sich aufschließen lassen) kann man aber auch mit der Lektüre von Büchners Novelle beginnen. Sie sollten bei schönem Wetter dann aber unbedingt mit dem Buch im Gepäck ein Stück durch die Landschaft streifen, am Abend in der Ferme Auberge im benachbarten Bellefosse einkehren und mit einem Blick über diese Berglandschaft bei gutem Essen und Gesprächen mit den „wilden" Steintalern einen Tag voller Geschichte und Geschichten beschließen. Und ...

Vergessen Sie nicht am Ausgang des Steintals in Fouday auf dem Friedhof Papa Oberlin beim Heimfahren Adieu zu sagen.

Hier hat auch schon Jakob Michael Reinhold Lenz gepredigt.

Anfahrtsweg

Autobahn in Richtung Straßburg bis Saverne, dann die Route N 4 in Richtung Marmoutier/Molsheim. Hinter Molsheim die Route N 420 in Richtung Schirmeck, ca. 11 km hinter Schirmeck links (D 57) in Richtung Fouday bis Waldersbach. Das Museum befindet sich links oben im Dorf, unweit der Kirche.

Helga Knich-Walter

In der europäischen Kulturlandschaft ist das Sankt Nikolaushospital in Bernkastel-Kues, das laut Stiftungsurkunde am 3. Dezember 1458 gegründet wurde, ein seltenes und durch seine konkrete Nutzung als Altenheim bis heute ein hervorragendes Beispiel der Spätgotik, in das sich auch Elemente der Renaissance und des Barock harmonisch einfügen. Das Hospital geht zurück auf den Kardinal Nikolaus von Kues, dessen Leben und Werk von einer Dynamik geprägt ist, die sich im geistesgeschichtlichen, kulturellen und sozialen Bereich bis heute als wegweisend darstellt.

So wird die wertvolle, weltberühmte Bibliothek, die

Philosophie als Architektur
Die Cusanus Bibliothek in Bernkastel

der Kardinal dem Hospital vermacht hat, mit Recht als ein Kleinod und eine Fundgrube der Wissenschaft und Forschung betrachtet. Außer den eigenen wissenschaftlichen Werken des Kardinals finden sich hier auch Handschriften aus der Zeit des 9. bis 15. Jahrhunderts, die er gesammelt hatte.

Daneben sind in dem gotischen Raum der Bibliothek auch wertvolle Urkunden über die Geschichte des Hospitals verwahrt. Dazu kommen Wiegendrucke aus frühester Zeit.

Das Spektrum umfaßt alle damals klassischen Wissenschaftsbereiche: Theologie, Philosophie, Jurisprudenz, Mathematik und Physik, die Geometrie, die Medizin und die Mystik, aber auch umfangreiche Literatur aus dem Bereich der Liturgie, vor allem viele großformatige Meßbücher.

Der Stifter Nikolaus Cusanus, Gründer des nach ihm benannten Hospitals, war einer der bedeutensten Philosophen des ausgehenden Mittelalters.

Stein gewordene Philosophie: Kreis und Achteck symbolisieren den Zusammenklang von Einheit und Vielfalt.

Seine eigenen Schriften geben Zeugnis einer leidenschaftlichen Denkarbeit aus zeitbedingter Betroffenheit über die Geheimnisse von Gott, Mensch und Welt. Die will er mit gläubiger Vernunft durchleuchten und begreifbar machen. Sein Credo ist die Lehre von der gelehrten Unwissenheit (docta ignorantia), die in Demut vor Gottes Größe und Allmacht die Weisheit schenkt.

Die Cusanus Bibliothek ist chronologisch und nach Sachgebieten geordnet und enthält heute rund 3000 Titel. Es grenzt schon fast an ein Wunder, daß die Handschriften so vorzüglich erhalten sind. Damit das so bleibt, werden die Besuchergruppen klein gehalten, nicht mehr als 10 Interessenten werden auf einmal durch die doppelten, feuersicheren Stahltüren eingelassen. Dahinter erblicken sie einen kunstvoll gestalteten Raum, in dem Philosophie zu Architektur geworden ist. Die gotischen Spitzbogen ruhen auf einer einzigen Säule in der Mitte, die mit Blumenornamentik verziert ist. Die runde Säule geht in ein Achteck über, das mittelalterliche Symbol der Vielfalt. Die Gegensätze von Einheit (Kreis) und Vielfalt (8) werden hier also vereint. Und eben die Coincidentia oppositorum (die Einheit der Gegensätze) war ja eines der zentralen Themen des Philosophen Nikolaus von Kues, der an der Grenze zweier Zeiten stand und zwischen beiden zu vermitteln versuchte. Dieser Nikolaus von Kues, der Gründer von Hospital und Bibliothek, zählt zu den größten Denkern des Mittelalters und zugleich zu den Wegbereitern der Modernen Philosophie. In seinen Schriften hat er sich von der scholastischen Tradition gelöst. In seinem grundlegenden Werk „De docta ignorantia", das er 1440 abgeschlossen hat, benutzte er geometrische Symbole zur Veranschaulichung philosophischer Gedankengänge. Alles trifft sich im Unendlichen, das der Mensch nicht fassen könne, so Cusanus. Damit hat er im Grunde die Erkenntnisse des Kopernikus vorgedacht. Er macht den menschlichen Geist zum Mittelpunkt der Welt, seine Philosophie steht am Beginn der Neuzeit.

Bis die Bücher des Nikolaus von Kues endlich in seiner Geburtsstadt waren, hatten sie eine kleine Odysse hinter sich. Nachdem er als Bischof von Brixen auf allzugroßen Widerstand der einheimischen Kleriker gestoßen war und sogar fliehen mußte, deponierte er seine Bücher in Venezien. Ein gewisser Heinrich Walpot nahm die Schriften in Empfang, wie durch Urkunden belegt ist, und brachte sie nach Bernkastel-Kues. Anhand des überlieferten Inventars kann man davon ausgehen, daß nur ganz wenig verloren ging.

Michael Lentes

Kontakt

Cusanusstift
Frau Gabriele Neusius
Cusanusstr. 2
54470 Bernkastel-Kues,
Tel.: 0 65 31/22 60
Fax: 0 65 31/9 40 87

Öffnungszeiten

Mo - Fr: 9- 12 Uhr und
14 - 18 Uhr
Sa , So: 9 - 12 Uhr

Offene Führungen:
Di: 10.30 Uhr
Fr: 15 Uhr
Besichtigung nach Vereinbarung für Gruppen bis 10 Pers.

Eintrittspreise

Erwachsene; DM 5,--
Kinder und Gruppen:DM 3,50

Anfahrtsweg

A 1 in Richtung Trier,
Abfahrt Bernkastel-Kues.
Das Cusanus Stift liegt
am Moselufer in Kues.

"Edles Schlettstadt, wer hat als erster dein Gebiet umgrenzt und dich unter so günstigen Vorzeichen gegründet? Woher kommt dein so beglückender und wohlwollender Genius?

… diese Gabe ist dir in besonderem Maße eigen: Daß du nämlich, eine einzige kleine Stadt, so viele tugendhafte und geistvolle Männer hervorbringst…Begünstig dich die Gottheit aus der Stadt der Pallas?… Bloße Leiber schaffen andere Städte, Geister du."
(Erasmus von Rotterdam, Ausgewählte Schriften S.356 ff, Studienausgabe Darmstadt 1975).
Eines sanften Schubs nur, scheint dem Besucher, bedürfte es, und das Rad der Zeit, es würde bereitwillig

Als die Lettern laufen lernten
Die Humanistenbibliothek in Schlettstadt

um vierhundert, fünfhundert Jahre zurückschnurren. Schlettstadt im Elsaß. Hier war mal was, diese Empfindung drängt sich auf in jedem Winkel der großzügigen historischen Altstadt.

Hier war mal was. Ganz in der Nähe der Zeugen vergangener kultureller Größe hat sich ein Storch ein Nest gebaut auf dem Schornstein eines alten Fachwerkhauses. Er klappert. Es würde einen nicht wundern, wenn keiner hier je etwas von künstlicher Befruchtung gehört hätte.

Sélestat im Elsaß, oder wie es damals hieß: Schlettstatt, lag tatsächlich einmal im brodelnden Zentrum des europäischen Geisteslebens, war eines der Zentren des europäischen Humanismus.

Der Humanist Erasmus von Rotterdam hat gar eine Elegie gedichtet auf dieses Städtchen. Und auch der konnte es nicht fassen:

Edles Schlettstadt, wer hat zuerst deine Grenzen gezeichnet

Und dir das Fundament günstiger Auspizien gelegt?

Woher dein glücklicher Genius, dein wohltätig freundlicher Schutzgeist

Welches edle Gestirn leuchtete dir zur Geburt?

Wie konnte es dazu kommen? Werfen wir einen Blick in die Mitte des 15. Jahrhunderts. Eine Clique junger Leute aus den besten Familien Schlettstadts studiert in

500 Jahre vor dem Computer fand in Schlettstadt eine Medienrevolution statt.

Alle Geistesgrößen des Humanismus von Erasmus bis Beatus Rhenanus gaben sich in Schlettstadt die Hand.

Kontakt
Bibliothèque Humaniste
M. Hubert Meyer
rue de la Bibliothèque 1
F-67600 Sélestat,
Tel.: 0 03 33/88 92 03 24
Fax: 0 03 33/88 82 50 64

Öffnungszeiten
Mo - Fr: 9 - 12 Uhr und
14 - 18 Uhr
Sa: 9 - 12 Uhr
In den Monaten Juli und
August: Sa, So:14 - 17 Uhr

Die Schule steht heute nicht mehr, doch zu wissen, daß es sie gab und welch' fetten Humus sie abgab für den damals aufkeimenden Humanismus, dieses Wissen hilft, den noch erhaltenen Schatz Schlettstadts zu würdigen: die Humanistenbibliothek, mit ihren 530 Inkunabeln und 450 Handschriften, deren älteste gar aus dem 7. Jahrhundert stammen, das weltweit größte Depot humanistischen Gedankenguts.

Offen vor den Augen von uns Neuzeitlern liegen wichtige humanistische Veröffentlichungen, wie auch die Ingredienzien zu diesem Gedankengut, alte lateinische Handschriften. Denn praktisch die gesamten Privatbibliotheken der Professoren und auch die berühmter Schüler wurden in Schlettstadt gesammelt und haben in dieser merkwürdigen Zeitkapsel von einer Stadt Regen und Schimmel, Seuchen und Kriege überdauert.

Lateinschulen waren nichts Besonderes, es gab derer im Elsaß einige, so wie man heute in fast jedem deutschen Städtchen Englischkurse belegen kann. Erst Dringenberg machte aus der Schule in Schlettstadt etwas Besonderes.

Nicht trockene Grammatiken zu pauken, sondern mit lebendigen literarischen Texten umzugehen, schien Dringenberg der angebrachte Weg in die lateinische Sprache. Er besorgte die Texte, diktierte sie seinen Schülern, ließ die Schüler auch selbst dichten.

Die Originalbücher und die Schülerhefte, säuberliche Handschriften mit winzigkleinen Kommentaren am Rand, vieles davon ist noch erhalten, einiges ausgestellt. Doch nicht nur ihre literarischen Fähigkeiten sollten die Schlettstadter Schüler nach Dringenberg ausbilden, er wollte sie auch zu guten, sittlichen Menschen erziehen. „Ganzheitlich" würde man heute so einen Ansatz nennen. Mit Dringenberg entstand ein Klima an der Lateinschule, das junge Talente begünstigte.

Ein solches Talent war Jakob Wimpfeling (1450-1528), ein gottesfürchtiger Mann, der die Auffassungen seines Lehrers Dringenberg weit über das Elsaß hinaus in das humanistische Europa hineintrug und die Grundlage für die humanistischen Gymnasien schuf, wie es sie in jüngster Vergangenheit noch bei uns gab.

530 Inkunabeln und 450 Handschriften hat man in Schlettstadt zusammengetragen.

Eintrittspreise
Erwachsene: FF 20,-
Schüler/Studtenten: FF 10,-

Anfahrtsweg
Mit öffentlichen Verkehrsmitteln äußerst unbequem. PKW dringend empfohlen. Auf der A 4 in Richtung Straßburg. Sélestat hat dann eine eigene Ausfahrt. Autobahngebühr für einen Weg: FF 36,--

Lehrers Dringenberg weit über das Elsaß hinaus in das humanistische Europa hineintrug und die Grundlage für die humanistischen Gymnasien schuf, wie es sie in jüngster Vergangenheit noch bei uns gab.

Wimpfelings Gottesfurcht verwandelte sich mit zunehmendem Alter in Fanatismus, seine Frömmigkeit ließ ihm schließlich alle Dichtung als Teufelszeug erscheinen. Doch die Uhren hatten sich noch zu seinen Lebzeiten einen Tick weitergedreht. Bei Humanisten heißt das: zurück in vorchristliche Zeit. Die nach Wimpfeling liederlichen Poeten Properz, Tibull, Ovid und Juvenal hatten ihren Platz auf dem Unterrichtsplan behauptet, gleichberechtigt neben den Kirchenwerken.

Beatus Rhenanus (1485-1547) war das Licht der nächsten Schlettstadter Humanistengeneration. Er tat sich als Herausgeber hervor. Glückliche Fügungen bescherten auch dem Elsaß einen Anschluß an den High-Tech-Standard von damals: den Buchdruck. Kommentierte Ausgaben der Kirchenväter und der Klassiker machten ihn berühmt. Auch Werke seines Freundes und Zeitgenossen Erasmus von Rotterdam brachte er heraus.

Seine Bibliothek vermachte er seiner Geburtsstadt Schlettstadt. Hinter schmiedeeisernen Gittern steht sie heute im Kornhaus der Stadt, wo die Humanistenbibliothek seit dem 19. Jahrhundert ihre Heimat hat. Den Weg dorthin weist einem jeder gern.

Die schön bemalte Fassade und das große Portal des ehemaligen Kornhauses locken zum Eintritt, doch der Besucher muß sich hinter das Haus begeben und eine Treppe hinaufsteigen. Hinter gewaltigen Türen aus Holz: Lesesaal und Empfang. Von da aus geht es in die Sammlung.

Selbst etwas anzufassen von den kostbaren Schätzen in Schlettstadts Humanistenbibliothek, das bleibt Historikern und Philologen vorbehalten. Vor Fingern, nicht aber vor Blicken geschützt sind zahlreiche Beispiele für die in Schlettstadt gesammelten Bücher ausgestellt. Originale, keine Faksimiles, deren satte Farben unge-

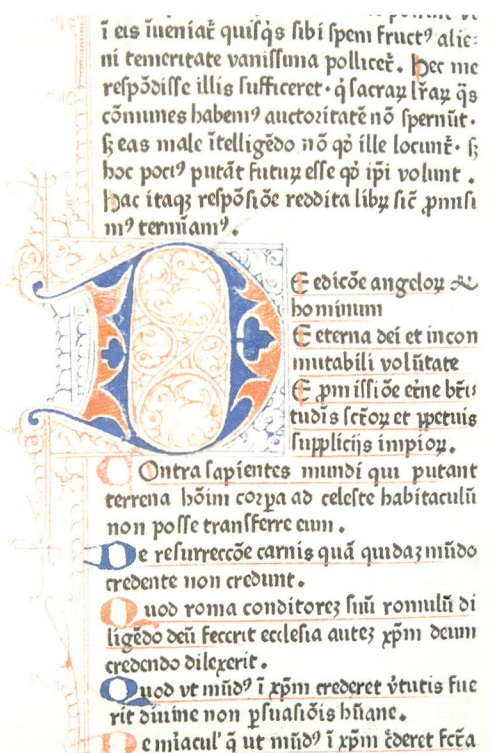

Die Schriften der Bibliothek datieren vom 7. bis zum 16. Jahrhundert.

rührt den nächsten Jahrhunderten entgegenzustrahlen scheinen.
Neben den Büchern gibt es auch Druckerpressen zu sehen und alte Bleilettern. Außerdem in einem großen Glaskasten ein Modell des historischen Schlettstadt. Und wer nicht genau hinschaut, der merkt den Unterschied zu heute gar nicht.

Sokrates Evangelidis

A
Abreschviller 120
Amnéville-les-Thermes 288
Ars-sur-Moselle 366
Arzviller 56
Asbacherhütte 134
Asselborn 252
Aumetz 314
Avricourt 32

B
Baccarat 355
Bar-le-Duc 164
Berg 349
Bernkastel-Kues 428
Birkenfeld 91
Bitche 106
Blaesheim 246
Bobenthal 401
Braunshausen 94
Brotdorf 190
Bruchweiler 401
Bundenthal 401

C
Clausen 395
Clerveaux 85
Conflans-en-Jarnisy 302
Courcelles/Chaussy 204
Crusnes 194

D
Dabo 56
Dahn 400
Deinviller 353

Ortsregister

Deuselbach 378
Dhronecken 356
Dhrontal 378
Diemeringen 346
Drulingen 349

E
Echternach 234, 360, 416
Ellergrund 81
Epfig 156
Epinal 406
Erfweiler 166
Esch/Sauer (Esch-sur-Sure) 48
Esch-sur-Alzette 78
Eschweiler 349
Étain 164

F
Feldbach 159
Fénétrange
 (vgl. Finstingen) 389, 420
Fond de Gras 24
Fontenoy-la-Joute 414
Forbach 174
Frauenberg 308
Freisen 360

G
Gerbéviller 352
Gerolstein 130
Girsterklaus 362
Göllheim 150
Gonzerath 380
Gorze 366
Grand 290
Graufthal 148
Gravelotte 382

Grevenmacher-s.-Moselle 278

H
Habkirchen 308
Haroué 220
Harskirchen 346, 388
Hauenstein 28, 166
Heinzerath 378
Herbitzheim 388
Hermeskeil 102, 356
Hesperange 395
Hinterweidenthal 400
Hirschland 349
Homburg 274
Hoxel 379
Hunawihr 118
Hundheim 378
Hunolstein 379
Husseren-Wesseling 70

I
Idar-Oberstein 139

J
Jaulny 210

K
Kaiserslautern 76
Karlstal 40
Kintzheim 114
Kusel 370

L
Lasauvage 24
Leidingen 38
Lemberg 372
Longwy 334, 340
Lorentzen 349
Lunéville 110, 355

Lutzelbourg 56
Luxemburg (Luxembourg) 64,
98, 304, 306, 318, 394, 396

M
Magnières 353
Mainz 55
Mars-la-Tour 382
Martelingen 38
Meisenthal 372
Merchingen 190
Merscheid 378
Metz 60, 238
Metzdorf 360
Mittersheim 389
Moersdorf 360
Morbach 378
Moyen 353
Munshausen 84

N
Nancy 260
Neufchef 314
Neunkrichen 390
Niderviller 59
Niedaltdorf 286
Niederschlettenbach 401
Nonnweiler 90
Nothweiler 68

O
Obermartelingen 38
Obernai 268
Oberkirchen 370
Obersteinbach 68
Oermingen 349
Ösling 252
Otterberg 182

P
Peterberg 93
Pfeffelbach 370
Pirmasens 29
Pont-à-Mousson 164
Prosterath 357
Püttlingen 320

R
Rauental 142
Rémelfing 388
Rockenhausen 330
Rodingen (Rodange) 24
Rosenthal 153
Rosheim 157

S
Saarbrücken 124, 128, 256
Saargemünd (Sarreguemines) 20, 386
Saarlouis-Beaumarais 242
Saint Louis 56
Sarrealbe 388
Sarrebourg 186
Sarreinsming 388
Sarre Union 347
Sarrewerden 389
Saverne 52
Schlettstadt (Sélestat) 432
Sillegny 170
Schönau 68
Siersburg 282
St. Dié 140
St. Ingbert 44, 144
St. Louis-les-Bitche 372
St. Marcel 388
St. Mihiel 160, 410
Ste Croix 189

Ste Marie aux Mines 140
Straßburg (Straßbourg) 156

T
Thallichtenberg 371
Thionville 228
Thorey 224
Trippstadt 40, 76

V
Vasperviller 178
Verdun 264
Vianden 88
Vionville 384
Völklingen 16, 198

W
Wachenheim 326
Wadgassen 310
Waldersbach 424
Wederath 380
Weiler 401
Weißenburg (Wissembourg) 159, 401
Wenigerath 379
Weyer 349
Wieslautertal 68, 400
Wingen sur Moder 372
Wittring 388
Woerth (Wörth) 296
Wolfskirchen 349

Z
Zetting 388
Zweibrücken 216

Seiten 338 und 441: Schlettstadt

Autoren der Beiträge

Klaus Behringer
Katharina von Bormann
Patricia Brever
Marie-Elisabeth Denzer
Susanna Dörhage
Sabine Ertz
Sokrates Evangelidis
Wolfgang Felk
Gabor Filipp
Maria Gutierrez

Gerd Heger
Silvia Hudalla
Sabine Janowitz
Helga Knich-Walter
Michael Lentes
Annette Maas
Herbert Mangold
Nikolaus Meyer
Stefan Miller
Rainer Petto

Sven Rech
Karl-Otto Sattler
Diemar Schellin
Erhard Schmied
Maria C. Schmitt
Wolfgang Schmitt
Elisabeth Sossong
Ulli Wagner
Thomas Wolter

Bild: Tomi Ungerer im „Schadt".

Abbildungsnachweis

Landesverkehrsamt Luxembourg 9, 26, 78, 79, 279, 304, 306, 318, 344, 360

Musée Sarreguemines 21, 22

AMTF - F. Wagner 25, 27

Comité de Sauvegarde de l'Ancien Gare d'Avricourt 32, 33, 35, 36, 37

Les Amis de l'Histoire des PTT, Alsace 52, 53, 54, 55

Association Touristique des S.I.de St.Louis & Lutzelbourg 56

Gräber 69

Musée de Textile du Haute Alsace 70, 71, 72, 73

Verkehrsamt Trippstadt - H.G. Hauser 76, 77

Rob Kieffer 81, 394, 396, 397, 398, 399, 416, 417, 419

Gemeinde Nonnweiler 90, 91, 93

„Nature Musée", Luxembourg 98, 99, 100

CDT Moselle - J.C. Kanny 106, 107, 108, 109, 170, 171, 172

Sylvain Cordier 115, 116, 117

Association du Chemin de Fer d'Abreschviller 120, 121, 122 - 123

Chr. Kiefer 128

A.S.E.P.A.M. - M. Kannenthaler 140, 141, 143

M. Baus 145

A.M.U.S. Graufthal 149

K. Stepan 150, 153

Comité regional du Tourisme d'Alsace 156, 157, 158, 159

Association des Amis des Cordeliers, Sarrebourg 187, 188

Alfred Diwersy 190, 192 o.

Gamma Rossi/Scorceletti 194, 196, 197

Sipa Press - Arnaud Betnat 195

Archives départementales de la Moselle (AL 162) 207

Comte de Selancy 208, 228, 230, 231

AGD-Peter Baus 216, 219, 222, 223

Fondation Lyautey 225, 226

Schadt 232, 247

Musée Lorrain-G. Mangin 241

Café Flo, Nancy 261, 262, 263

Hotel „Le Coq Hardi", Verdun 264, 265

Kultur- und Verkehrsamt, Homburg 274, 276

Jardin des Papillons 279

J. Krimmel 280-281

Dr. Klemm, Siersburg 282, 283, 284, 285

Aquarium Imperator, Amnéville 288, 289

Departement des Voges - J. Laurencon 290 o.

J.C. Golvin 290 u.

J.P. Michel 292-293

Musée de l'Art Forain, Conflans 302, 303

Musée de Mines de Fer, Aumetz 314, 315, 316, 317

H.J. Reichard 326, 327

Musée Minicipal, Longwy 340, 342, 343

J. von Saurma 372, 373, 374, 375, 376, 377

Musée de Guerre, Gravelotte 382

Bibliothèque Humaniste, Sélestat 404, 433, 437

Imagerie d'Epinal 406, 407, 409

Bibliothèque, St. Mihiel 410, 411, 419

Office de Tourisme, Fénétrange 420, 421, 422

Winfried Götzinger alle übrigen

Vorwort _____ 6

Einleitung _____ 8

Industriekultur

Per Mouseclick durch das Weltkulturerbe _____ 16
Ein virtueller Spaziergang durch die Völklinger Hütte
    Stefan Miller

Kacheln für Rio de Janeiro _____ 20
Der Fayencerie-Weg in Saargemünd
    Wolfgang Schmitt

Mit Volldampf zurück zur Jahrhundertwende _____ 24
Der Train 1900 und der Bahnhof Fond de Gras
    Stefan Miller

Die heissen Sohlen des Peter Kraus _____ 28
Die Schuhfabrik in Hauenstein
    Stefan Miller

Großer Bahnhof für Prof. Knatschke _____ 32
Wie bei Avricourt auf der grünen Wiese
ein Palast der deutschen Reichsbahn entsteht
    Sven Rech

Galerienbummel im Schieferwerk _____ 38
Im luxemburgischen Naturpark Obersauer
entsteht ein neues Industriemuseum
    Wolfgang Felk

Der Eisenhammer in Waldeinsamkeit _____ 40
Das Karlstal bei Trippstadt
    Michael Lentes

Arbeitersiedlung mit Industriekulturdisco _____ 44
Die Alte Schmelz in St. Ingbert
    Dietmar Schellin

Zur Kommunion ist Hochsaison ——————————————— 48
Die Kerzenfabik in Esch an der Sauer
    Patricia Brever

Opa der Datenautobahn ——————————————————— 52
Der optische Telegraph in Saverne
    Nikolaus Meyer

Aufzug für Penichen ————————————————————— 56
Das Schiffshebewerk in Arzviller
    Gabor Filipp

Schienendom ——————————————————————————— 60
Der „politische" Bahnhof in Metz
    Stefan Miller

Die Steinerne Provokation ————————————————— 64
Die Portraitgalerie am Luxemburger Bahnhof
    Stefan Miller

Nicht nur für Geologen ——————————————————— 68
Das Schaubergwerk der Grube Nothweiler
    Michael Lentes

Blick unter die Krinoline —————————————————— 70
Das „Musée du textile et des costumes" in Husseren-Wesserling
    Silvia Hudalla

Spaziergang durch die Wasserleitung ———————— 76
Der barocke Brunnenstollen in Trippstadt/Pfalz
    Michael Lentes

Im Land der roten Erde —————————————————— 78
Industriegeschichtlicher Rundwanderweg durch Esch sur Alzette
    Thomas Wolter

Kultur für Kids

Als die Pferde noch Holz holen gingen — 84
Das Museum der Ardenner Pferde in Munshausen
  Stefan Miller

Den Dinky — 88
Das Spielzeugauto-Museum in Vianden
  Stefan Miller

Star Trek — 90
Der Planetenwanderweg an der Talsperre Nonnweiler
  Stefan Miller

Den Himmel sehen lernen — 94
Die Volkssternwarte auf dem Peterberg bei Braunshausen
  Stefan Miller

Hinein ins volle Menschenleben — 98
Das „natur musée" in Luxemburg ist ein Abenteuer-Spielplatz
für Kinder und Erwachsene
  Wolfgang Felk

Taigatrommel und Krokodil — 102
Das Dampflok-Museum in Hermeskeil
  Gabor Filipp

Vom Geruch des Krieges — 106
Die Zitadelle von Bitche gibt nicht nur Bilder von 1870/71
  Gabor Filipp

Die Opas des Mountainbike — 110
Das „Musée du Cycle et de la Moto" in Lunéville
  Gabor Filipp

Mich laust der Affe! — 114
Von Störchen, Falken und Makaken rund um die Hochkönigsburg
  Wolfgang Schmitt

Auf dem Holzwege _____ 120
Das Holzbähnchen in Abreschviller
    Wolfgang Schmitt

Was Fürst Ludwig so alles aß _____ 124
Das Saarlandmuseum aus der Kinderspektive
    Wolfgang Schmitt

Gar nicht zum Gruseln _____ 128
Führung mit dem Gespenst des Saarbrücker Schlosses
    Wolfgang Schmitt

Mit Willi Basalt in die Erdgeschichte _____ 130
Der Geopark im Gerolsteiner Land
    Ulli Wagner

Speckschwarte und Tigerauge _____ 134
Die alte Wasserschleiferei Asbacherhütte
    Sabine Ertz

Schatzsuche vor 400 Jahren _____ 140
Das Silberbergwerk von Ste Marie aux Mines
    Helga Knich-Walter

Kinder als Bergleute _____ 144
Der St. Ingberter Rischbachstollen
    Sabine Ertz

Von Felsen, Rittern und Wundern _____ 148
Die legendenumwobenen Höhlenwohnungen von Graufthal
    Wolfgang Schmitt

High Noon in Göllheim _____ 150
Das Diorama vom Tod König Adolphs
    Sven Rech

Kirchengeschichten

Mittelalterliche Monster und christliche Kleinode — 156
Die Strasse romanischer Bauwerke im Elsass
    Susanna Dörhage

Der Michelangelo aus Lothringen — 160
Über den Bildhauer Ligier Richier
    Sven Rech

Steine im Brotbeutel — 166
Das Winterkirchel im Dahner Land
    Ulli Wagner

Die Sixtinische Kapelle des Seille-Tals — 170
St. Martin in Sillegny
    Stefan Miller

Alice von Forbach und ihre Kirche — 174
La Chapelle de Ste. Croix in Forbach
    Gerd Heger

Und Rahel stielt das Hitlerbild — 178
Der Turm in der Kirche von Vasperviller
    Stefan Miller

Der geteilte Himmel — 182
Baukunst und Ökumene in der Abteikirche Otterberg
    Sven Rech

Gläserner Friede — 186
Das Chagallfenster in Sarrebourg
    Wolfgang Schmitt

Großes Bauernhaus mit Scheune — 190
Die Holzmeister-Kirchen St. Agathe in Merchingen
und St Maria-Magdalena in Brotdorf
    Wolfgang Schmitt

Kirche aus Stahl ——————————————————— 194
Ste. Barbe in Crusnes
 Wolfgang Schmitt

Soldat mit Handgranate ——————————————— 198
Die Völklinger Versöhnungskirche
 Stefan Miller

Kaiser Wilhelm und die Hugenotten ———————————— 204
Die „Kaiserkirche" in Courcelles/Chaussy
 Wolfgang Felk

Feudaler Glanz

Jeanne d'Arc in Rente? ——————————————— 210
Die unglaublichen Geheimnisse von Schloß Jaulny
 Sven Rech

Wo Stanislaus den Pascha spielte ———————————— 216
Die „Fasanerie" bei Zweibrücken
 Elisabeth Sossong

Ein barockes Märchen —————————————— 220
Schloß Haroué
 Elisabeth Sossong

Das Schloß von Thorey-Lyautey... ———————————— 224
...ist kein Schloß, hat aber was zu erzählen
 Dietmar Schellin

Service Fouquet und andere Kostbarkeiten ———————————— 228
Chateau de la Grange bei Thionville
 Ulli Wagner

Denkma(h)lzeiten

Geigen und Galgen — 234
Das Restaurant „Beim Laange Veit" in Echternach
Stefan Miller

Maurice Barrès, der Bahnhof und die Fleischpasteten — 238
Das Restaurant „A la Ville de Lyon" in Metz
Sven Rech

Im Pfarrhaus schön versumpfen… — 242
Hofgut und Altes Pfarrhaus Beaumarais
Wolfgang Felk

Choucroute Garnie - mit einer Prise gepfefferter Erotik — 246
Das ungewöhnliche Restaurant „Schadt" in Blaesheim
Karl-Otto Sattler

Auf den Spuren des Klöppelkrieges — 252
Das Restaurant „Vieux Moulin" in Asselborn
Patricia Brever

Was du erbst von Deinen Vätern… — 256
Das „Gasthaus zum Stiefel" in Saarbrücken
Katharina von Bormann

Jugendstil für Feinschmecker — 260
Die Brassrie Flo in Nancy
Maria Gutierrez

Dinieren wie der Präsident — 264
Die Hostellerie Le Coq hardi inVerdun
Sven Rech

Bacchus im Fenster — 268
Das Hotelrestaurant de la Cloche in Obernai
Ulli Wagner

Natürlich Kultur

Geschichte - in den Sand geschrieben — 274
Die Homburger Schloßberghöhlen
    Herbert Mangold

Der Park der Schmetterlinge — 278
Grevenmacher sur Moselle
    Stefan Miller

Alraunen aus dem Blut der Gehängten — 282
Hexen und Kräutergarten Siersburg
    Michael Lentes

Steter Tropfen... — 286
Die Tropfsteinhöhle in Niedaltdorf
    Rainer Petto

Swimming Pool für Menschenfresser — 288
Das Meerwasseraquarium in Amnéville
    Wolfgang Schmitt

Antikes Zentrum für Traumdeutung — 290
Römische Ausgrabungen in Grand
    Maria C. Schmitt

Das etwas andere Museum

Schlachtfeld der Zinnsoldaten — 296
Das Diorama in Woerth
    Ulli Wagner

Drehorgel mit Lochstreifen — 302
Das Jahrmarkt- und Musikautomatenmuseum in Conflans
    Stefan Miller

Mit dem Salon-Aufzug durch die Stadtgeschichte ──────── 304
Das Historische Museum der Stadt Luxemburg
   Wolfgang Felk

Warhol im Tunnel ─────────────────────────── 306
Die Stadtsparkasse Luxemburg hat ihr unterirdisches
Herz für die Kunst entdeckt
   Wolfgang Felk

Von eines jeden Juden Seel… ──────────────────── 308
Das Zollmuseum in Habkirchen
   Klaus Behringer

Von „Saarperle" und „Trumpf As Saarbrücken" ─────────── 310
Das Motoradmuseum in Wadgassen
   Stefan Miller

Von Grubenpferden, die zählen können ────────────── 314
Das „Musée des Mines de Fer de Lorraine" in Aumetz-Neufchef
   Stefan Miller

80 Meter mit der Straßenbahn ─────────────────── 318
Das „Tramsmusée" der Stadt Luxemburg
   Erhard Schmied

Die Werkstatt des alten Frantz ────────────────── 320
Uhrmachers Haus in Püttlingen-Köllerbach
   Michael Lentes

Alles im Gleichgewicht ───────────────────── 326
Das Waagenmuseum in Wachenheim
   Ulli Wagner

Jedes Dorf hatte seine eigene Zeit ──────────────── 330
Das Turmuhrenmuseum in Rockenhausen
   Gabor Filipp

Bügeleisen wie Bettpfannen und Schraubenzieher _____ 334
Das Musée Municipal in Longwy
    Sabine Janowitz

Zum Beispiel Napoleons Suppenschüssel _____ 340
Email aus Longwy
    Gabor Filipp

En Route

Ehrenrunde im Krummen Elsaß _____ 346
Auf den Spuren von Friedrich Joachim Stengel
    Helga Knich-Walter

Unterwegs mit der Draisine _____ 352
Von Magnières nach Gerbéviller
    Sabine Ertz

Flugzeuge, Rotwild und Steinofenbrot _____ 356
Die Hermeskeil-Dhrontal-Tour
    Ulli Wagner

Nicht für Autofahrer _____ 360
Die Viez- und Schnapstour entlang der Luxemburger Sauer
    Marie-Elisabeth Denzer

Geburtsort der Gregorianik _____ 366
Ein Spaziergang durch Gorze
    Gabor Filipp

Fahrradfahren wie eine Lokomotive _____ 370
Der Fritz Wunderlich-Weg bei Kusel
    Maria Gutierrez

Glasmacher reden nicht viel _____ 372
Die Lothringer „Route du Cristal"
    Dietmar Schellin

Nicht nur für Don Quixote ——————————————————— 378
Romantische Mühlenwanderung im Hunsrück
    Michael Lentes

Wallfahrtsstätten der Nation ——————————————————— 382
Gravelotte und Mars-la-Tour
    Annette Maas

Schiff auf der Brücke über den Fluß ——————————————— 386
Radtour am Saar-Kohle-Kanal
    Stefan Miller

Im Reich des Stahlbarons ——————————————————————— 390
Der Neunkircher Hüttenweg
    Michael Lentes

Mam Velo ronderem d'Stad ————————————————————— 394
Mit dem Leihrad rund um Luxemburg
    Wolfgang Felk

1000 Jahre in 100 Minuten ——————————————————————— 398
Der Luxemburger Wenzelsweg
    Wolfgang Felk

Wo Hans Trapp Weißenburg überschwemmte ———————— 400
Eine Fahrradtour an der Wieslauter
    Stefan Miller

LiteraTour

Die Welt in neun Farben ————————————————————————— 406
Die Bilderbogen von Epinal kennt in Frankreich jedes Kind
    Sven Rech

Dantes Bücher ——————————————————————————————— 410
Ein Besuch der Bendiktiner-Biliothek in St. Mihiel
    Sven Rech

Schmöker und Kuhdung _____ 414
Das Bücherdorf von Fontenoy-la-Joute
   Maria Gutierrez

Comics aus der Kosterschule _____ 416
Das Abteimuseum in Echternach
   Wolfgang Felk

Und dann kam die Kelly Family _____ 420
Das Finstingen des Barockdichters Moscherosch
   Maria Gutierrez

Im elsässischenSibirien _____ 424
Oberlin; Lenz und Büchner in Waldersbach
   Helga Knich-Walter

Philosophie als Architektur _____ 428
Die Cusanus Biblitothek in Bernkastel Kues
   Michael Lentes

Als die Lettern laufen lernten _____ 432
Die Humanistenbibliothek in Schlettstadt
   Sokrates Evangelidis

Ortsregister _____ 438

Autoren der Beiträge _____ 442

Abbildungsnachweis _____ 443

Die Deutsche Bibliothek - CIP-Einheitsaufnahme

Tour de Kultur: 100 Entdeckungsreisen in Saar-Lor-Lux mit SR 3 / hrsg. von Stefan Miller. Mit einem Vorw. von Fritz Raff sowie Fotos von Winfried Götzinger u.a. - Blieskastel: Gollenstein, 1998
ISBN 3-930008-99-8

5. Auflage 2000
Alle Rechte vorbehalten
© 1999 Gollenstein Verlag, Blieskastel
und Editions Guy Binsfeld, Luxembourg

Buchgestaltung Johanna Krimmel
Satz Alexander Detambel und Johanna Krimmel
auf Apple Macintosh
Schriften Univers Condensed und Adobe Garamond
Papier SCA Finepaper Starline matt, weiß, chlorfrei, 135 g
Lithos und Druck Bliesdruckerei P. Jung GmbH
Bindung Fikentscher, Darmstadt

Printed in Germany
ISBN 3-930008-99-8 (Gollenstein)
ISBN 2-87954-060-7 (Editions Guy Binsfeld)

Wir bedanken uns für die Förderung bei

○ **SAARTOTO**

⊕ **LUXAIR**

und dem Ministerium für Wirtschaft und Finanzen
des Saarlandes